GEISTERPHÄNOMENE

GEISTERPHÄNOMENE

eco

INHALT

Bewahrer vergangener Taten

Es gibt Häuser, auf denen Schatten der Vergangenheit zu lasten scheinen, stumme steinerne Zeugen der Leidenschaften und Ränke, die sich in ihren Mauern abspielten. In Gängen und auf Korridoren alter, windgepeitschter Schlösser und Burgen, in feuchten Räumen nebelumhüllter Herrenhäuser scheinen Untaten, Sünden und Sehnsüchte vergangener Generationen ein unsterbliches Leben zu führen und sich wie Schemen an die kalten Steine zu klammern.

Legenden über Spukhäuser existieren seit Urzeiten. Aber gibt es tatsächlich Geister, oder sind sie nur Erfindungen von Menschen, genährt durch die bedrückende Atmosphäre und das finstere Aussehen gewisser Gebäude? Einige PSI-Forscher glauben, daß wirklich Geister existieren, die Häuser heimsuchen, und sei es nur als verschwommene Nachbilder leidenschaftlicher Gefühle und verhängnisvoller Ereignisse. So stellte im Jahre 1908 der Physiker Sir Oliver Lodge die These auf, daß es sich bei Spukerscheinungen um eine gespenstische Verkörperung einer längst vergangenen Tragödie handele. Lodge wie auch andere meinten, daß sich intensive Emotionen möglicherweise irgendwie in ihre Umgebung einprägen und später auf sensitive Menschen übertragen können.

So ist es wohl nicht überraschend, daß Spukgeschichten durch die Jahrhunderte in der Regel von tiefen Gefühlen handeln. Wie die Beispiele auf den folgenden Seiten zeigen, sollen Geister als schreckliche Vorboten von Unheil erscheinen oder als Phantome jener, welche zu Lebzeiten Leidenschaften hegten, die sie im Tod keine Ruhe finden lassen – Menschen, die von schändlichen Begierden, großer Gewissensqual, dem Durst nach Gerechtigkeit getrieben werden oder dazu verdammt sind, die Tragödie einer unerfüllten Liebe auf ewig zu wiederholen.

Die Zofe der Königin

Auf einem Basaltfelsen, der 80 Meter über dem Fluß Forth aufragt, liegt Stirling Castle, eine Festung, die lange Zeit als die mächtigste Schottlands galt und aufgrund ihrer Lage von dem Dichter Alexander Smith einmal als eine „riesige Brosche" bezeichnet wurde, die „Hochland und Tiefland zusammenhält". Der wehrhafte Bau, der auch heute noch existiert, wurde im 15. Jahrhundert an der Stelle errichtet, von der aus 300 Jahre lang ein hölzernes Fort die umliegende Ebene überschaute. Stirling war der bevorzugte Sitz vieler Könige, und von seinen Fenstern aus konnte man die entscheidenden Schlachten beobachten, in denen die Schotten im Mittelalter um ihre Unabhängigkeit von England kämpften. Im Jahre 1543 wurde in der dazugehörigen Kapelle Maria Stuart noch als kleines Kind zur Königin von Schottland gekrönt, und auch als Erwachsene kam sie immer wieder nach Sterling zurück.

Wie es heißt, spuken in den düsteren Hallen unzählige Geister, um die sich viele Legenden ranken. Eine erzählt von einer Frau in Grün, die in der Vergangenheit – und auch noch in heutiger Zeit – häufig von Bewohnern der Burg gesehen wurde. Manche sagen, zu Lebzeiten sei sie die Zofe von Maria Stuart gewesen und habe ihrer Herrin einmal das Leben gerettet. Das Mädchen soll eines Nachts, von einer Vorahnung ergriffen, in das Schlafgemach der Königin gestürzt sein, wo die Vorhänge des königlichen Bettes in hellen Flammen standen. Beherzt trat sie hinzu, befreite die Königin und brachte sie unverletzt in Sicherheit.

Durch die Jahrhunderte betrachtete man das Erscheinen der Frau in Grün als ein Omen für Brände und andere Katastrophen. In jüngerer Zeit wurde sie angeblich von einem Armeekoch gesehen, der mit seinem Regiment in der Burg einquartiert worden war. Wie er behauptete, hatte er gerade Suppe umgerührt, als er spürte, daß ihn jemand beobachtete. Er wandte sich um und sah eine schemenhafte Frau in grünen Kleidern. Ein Unglück trat nicht ein, wenngleich der Koch auf der Stelle ohnmächtig umsank.

Ein Pakt mit dem Bösen

Gedrungen, drohend und unheimlich erhebt sich die Sandsteinruine des Hermitage Castle über die öde schottische Moorlandschaft nahe der Grenze zu England. Der Legende zufolge geht der Name der Burg auf einen Einsiedler zurück, der an dieser Stelle im 11. Jahrhundert eine Kapelle errichtete. Die Burg selbst wurde im 13. Jahrhundert von Nicholas de Soulis, dem Oberhaupt einer normannischen Adelsfamilie, fertiggestellt. Es war Nicholas' Sohn William, der Schande über die Familie brachte und – wie manche meinen – damit einen Spuk auf sie zog.

Wie die Menschen der Gegend erzählen, war William der schwarzen Magie verfallen. Sein Meister war der Zauberer Michael Scot, und im Laufe der Zeit entwickelte sich de Soulis zu einem teuflischen Ungeheuer. In seinem düsteren Kerker ermordete er angeblich entführte Kinder und benutzte ihr Blut für Rituale, in denen er einen Dämon namens Robin Redcap beschwor. Als Gegenleistung für das Blut der jungen Opfer versprach Redcap seinem Herrn, daß ihm weder Stahl noch Strang etwas anhaben konnten, und somit glaubte dieser sich gegen die gewaltsamen Todesarten gefeit, die in jener Zeit üblich waren. In der Annahme, unverwundbar zu sein, versetzte William das Land mit seinen Greueltaten in Angst und Schrecken.

Der Geschichtschreibung zufolge wurde de Soulis nach einem erfolglosen Komplott gegen König Robert I. in den Kerker geworfen, wo er starb. Die Legende aber weist ihm ein anderes Schicksal zu. Angeblich trugen die Bewohner der Gegend ihre Beschwerden über de Soulis König Robert vor, und verärgert über ihre ständigen Klagen sagte der König: „Hängt ihn, verbrüht ihn, tut mit ihm, was ihr wollt, aber laßt mich um Himmels willen mit ihm in Ruhe." Die Leute nahmen den Monarchen beim Wort, ergriffen de Soulis, fesselten ihn und warfen ihn in einen Kessel mit kochendem Wasser.

Seit dieser Zeit soll de Soulis' Geist alle sieben Jahre in den Kerkergewölben von Hermitage Castle erscheinen. Dort trifft er sich mit Robin Redcap, dem Herrn seiner Seele, und in der Umgebung hört man schauerliches Schreien und teuflisches Gelächter.

Eine Kindsmörderin

Bisham Abbey, rund 80 Kilometer westlich von London an der Themse gelegen, steht in dem Ruf, das Haus mit den meisten Spuks in Berkshire zu sein. Im 13. Jahrhundert von den Templern, einem mittelalterlichen Ritterorden, errichtet, wurde der Bau von nachfolgenden Besitzern mehrfach erweitert und architektonisch umgestaltet.

In Elisabethanischer Zeit lebte dort die adlige Familie Hoby, der zahlreiche Gelehrte und Diplomaten angehörten. Lady Elizabeth Hoby, eine gebildete und brillante Frau, war die Vertraute von Königin Elizabeth I., aber, wie es heißt, auch eine Kindsmörderin.

Lady Hoby soll sechs Kinder gehabt haben, von denen der Jüngste, William, einfältig und lernunwillig war. Mit unsauber geschriebenen Hausaufgaben verärgerte er seine stolze, ehrgeizige Mutter derart, daß sie ihn eines Tages zu Tode prügelte. Nach anderen Versionen der Geschichte soll Lady Hoby den Jungen zur Strafe in einen Schrank gesperrt beziehungsweise an einen Stuhl gefesselt und ihm aufgetragen haben, seine Arbeit zu verbessern. Dann begab sie sich auf einen Besuch bei der Königin, und als sie Tage später zurückkehrte, war William tot.

Möglicherweise sind alle Versionen der grausamen Geschichte erfunden, denn von William existiert keine Geburtsurkunde. Aber als 1840 das Gebäude renoviert wurde, fanden die Arbeiter zwischen den Dielenbalken etliche vergilbte Hefte, die von der Familie Hoby stammten. Eins war mit verwischten Wörtern und Tintenflecken übersät.

Falls Elizabeth Hoby ihren Sohn tatsächlich tötete, so mußte sie noch lange mit ihrer Schuld leben. Berichten zufolge starb sie mit 81 Jahren; manche sagen sogar, daß sie über 90 wurde. Und vielleicht endete die Reue nicht einmal mit ihrem Tod. Unter den zahlreichen Geistern, die angeblich in Bisham Abbey spuken, soll sich auch der von Lady Hoby befinden. Es handelt sich um eine Gestalt mit bekümmerter Miene, vor der eine Schale mit unsichtbarem Wasser schwebt, in das sie wie Lady Macbeth ihre Hände taucht, um sich von ihrer Schuld reinzuwaschen.

Die Rache der Baronin

Am Ufer der Donau stehen die Ruinen der bayerischen Festung Wolfsegg, die in ihrer fast tausendjährigen Geschichte all ihren Feinden trotzte. Doch während die Mauern von Wolfsegg Belagerung und Ansturm von außen standhielten, herrschten in ihrem Innern Kämpfe und Intrigen, von denen heute noch die Gestalt einer Frau zeugen soll, die einst eines gewaltsamen Todes starb.

Die Feste wurde im Jahre 1028 errichtet und kam im Laufe der Zeit in den Besitz einer Reihe streitsüchtiger bayerischer Edelleute, von denen die meisten in die unablässigen Machtkämpfe verstrickt waren, die in der Gegend tobten. Eines dieser aristokratischen Rittergeschlechter waren die Laaber von Wolfsegg, um die sich die Geschichte eines dreifachen Mordes rankt. Nach der Legende heiratete im 14. Jahrhundert einer der Barone Laaber eine schöne Frau, die Opfer eines schändlichen Komplottes werden sollte. Um des wertvollen Anwesens habhaft zu werden, heckten die habgierigen Verwandten des Barons einen Plan aus, der die junge Braut in eine kompromittierende Situation mit einem anderen Mann bringen sollte. Dem Baron trug man zu, seine Frau plane ein heimliches Stelldichein. Als er daraufhin in die Burg eilte und die beiden bei dem fingierten Rendezvous entdeckte, brachte er sowohl seine Frau als auch ihren vermeintlichen Liebhaber um. Er wurde von seinen Verwandten ermordet, die ihre Tat als einen Akt der Gerechtigkeit hinstellten.

Zusammen mit dem feudalen Besitz aber erbten die Verwandten vielleicht auch einen Fluch, denn es heißt, daß die Baronin, in leuchtende weiße Gewänder gehüllt, immer noch in den Korridoren und auf den Treppen von Wolfsegg wandelt. Bewohner der Burg berichteten, Leuchterscheinungen gesehen, geisterhafte Schritte gehört und unerklärlich kalte Zugluft gespürt zu haben.

Skeptiker wenden dagegen ein, daß die Leuchtphänomene auf Wolfsegg lediglich Irrlichter seien, hervorgerufen durch Gase, die aus einer fledermausbewohnten Tropfsteinhöhle unter der Burg kommen.

Im Netz von Liebe und Wahnsinn

Torpfeiler rahmen die efeuüberwachsenen Ruinen von Baldoon Castle, das in einer einsamen Gegend des schottischen Tieflandes liegt, etwa 130 Kilometer südlich von der Stadt Glasgow. Mitte des 17. Jahrhunderts wurde Baldoon zum Schauplatz einer Tragödie, die später Sir Walter Scott als Vorlage für *Die Braut von Lammermoor* diente.

Die wahre Geschichte handelt von der Familie des Sir James Dalrymple, einem angesehenen Juristen und Staatsmann. Seine älteste Tochter war die schöne Janet Dalrymple, die noch vor ihrer Volljährigkeit dem armen jungen Lord Rutherford heimlich ewige Treue schwor. Janets Eltern aber wollten von dieser Verbindung nichts wissen. Vor allem ihre hochmütige Mutter war dagegen, und ihren Wünschen wagte sich nicht einmal ihr Mann zu widersetzen. Und so brach Janet, unfähig sich über den eisernen Willen der Mutter hinwegzusetzen, das Versprechen, welches sie ihrem Liebsten gegeben hatte, um den Mann zu nehmen, auf den die Wahl ihrer Eltern gefallen war – Rutherfords Neffen David Dunbar, den Erben von Baldoon. Am 24. August 1669 fand die Hochzeit statt.

Von den Geschehnissen in Janets Hochzeitsnacht gibt es verschiedene Versionen, doch die bekannteste ist diese: Auf Baldoon wurden eine rauschende Hochzeitsfeier und ein Ball gegeben, während dessen sich Braut und Bräutigam nach alter Sitte zurückzogen. Bald aber hörten die Gäste entsetzliche Schreie aus dem Brautgemach dringen. Als sie die Tür aufbrachen, fanden sie Dunbar mit Stichwunden und blutüberströmt auf der Schwelle liegen. Seine Braut kauerte, das Kleid mit Blut befleckt, in einer Ecke. Offensichtlich hatte sie den Verstand verloren. Die einzigen zusammenhängenden Worte, die sie herausbrachte, waren: „Nehmt euren hübschen Bräutigam." Dunbar überlebte, aber Janet starb innerhalb eines Monats. Und wie es heißt, spukt ihr Geist immer noch auf Baldoon, vielleicht, um Buße zu tun, vielleicht auf der Suche nach ihrer verlorenen Liebe.

KAPITEL 1

Wesen aus einer anderen Welt

Der Name Elke Sommer hatte in Hollywood schon einen guten Klang, als die damals 23jährige Schauspielerin 1964 mit ihrem Mann, dem amerikanischen Journalisten Joe Hyams, ein Haus im kalifornischen Beverly Hills kaufte. Doch schon wenige Tage nach ihrem Einzug mußten sie feststellen, daß in ihrem neuen Heim beunruhigende – und wahrhaft gespenstische – Dinge vorgingen. Wie Hyams in einem Zeitschriftenartikel später erklärte, hatten weder er noch seine Frau einen Hang zum Übersinnlichen. Er war ein hart arbeitender, an Fakten interessierter Journalist mit 15 Jahren Berufserfahrung und sie eine vielbeschäftigte Schauspielerin und nicht gerade ängstliche Frau, die „eines Tages im Garten mit der Gartenschere eine Klapperschlange getötet hatte". Dennoch sollten die unerklärlichen Vorkommnisse, die sich in den folgenden zwei Jahren in ihrem Haus ereigneten, die Eheleute von der Existenz von Gespenstern überzeugen.

Hyams zufolge begannen die unheimlichen Geschehnisse am 6. Juli 1964, als Elke Sommer die Journalistin Edith Dahlfeld zu Besuch hatte. Während Elke Sommer den Kaffee einschenkte, bat die Journalistin beiläufig ihre Gastgeberin, sie doch mit dem Mann bekannt zu machen.

„Welchem Mann?" erkundigte sich Elke Sommer, denn ihres Wissens war ihr Mann nicht zu Hause.

„Dem Mann in der Eingangshalle, der gerade ins Eßzimmer gegangen ist", erwiderte Edith Dahlfeld leicht verwirrt.

„Das muß Joe sein", sagte Elke Sommer und ging nachschauen, doch sie konnte im ganzen Haus niemanden finden, obgleich die Journalistin dabei blieb, einen stämmigen Mann mit dunklen Hosen, weißem Hemd und schwarzer Krawatte gesehen zu haben. Da er, wie sie sagte, eine große „Kartoffelnase" gehabt hatte, konnte es sich nicht um Joe Hyams handeln. An jenem Abend grübelten die Schauspielerin und ihr Mann über das seltsame Ereignis nach, aber schließlich taten sie den Vorfall als unerklärlich und unwichtig ab und vergaßen die Sache.

Zwei Wochen später war Elke Sommers Mutter bei den Hyams zu Besuch. Eines Nachts erwachte sie in ihrem im Erdgeschoß gelegenen Schlafzimmer und sah am Fußende ihres Bettes einen Mann stehen, der sie anstarrte. Doch noch bevor sie schreien konnte, war der Mann wieder verschwunden. Als sie am folgenden Morgen davon erzählte, überzeugte Hyams sie, daß sie wohl im Halbschlaf einen Landstreicher am Fenster für einen Mann in ihrem Zimmer gehalten hatte. Als Hyams aber auf dem Boden vor dem Fenster suchte, konnte er keine Spuren finden, obwohl in der vergangenen Nacht die Erde vom Regen aufgeweicht worden war.

Etwa um diese Zeit begannen die Hyams beinahe jede Nacht seltsame Laute zu hören. Es waren die Geräusche von Stühlen, die im Eßzimmer über den Boden geschoben wurden, als stünden Menschen vom Tisch auf. Etwas später, als Elke Sommer zu Filmaufnahmen in Jugoslawien war, fand Hyams am Morgen Fenster geöffnet vor, die er am Abend verriegelt hatte.

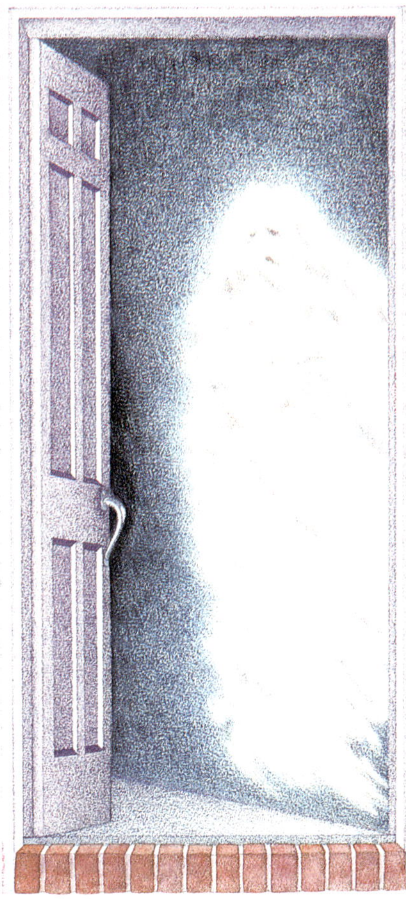

Er beschloß nun, in seinem eigenen Haus eine Abhöranlage zu installieren. Bei einer Spezialfirma kaufte er drei Miniatursender und stellte drei Empfänger auf, die mit Tonbandgeräten verbunden waren. Einen dieser empfindlichen Sender brachte er versteckt am unteren Ende der Auffahrt an, so daß sich kein Fremder unbemerkt nähern konnte, den zweiten an der Eingangstür des Hauses und den dritten im Eßzimmer. Schließlich rückte er die Stühle im Eßzimmer ordentlich zurecht und markierte ihren Standort mit Kreide.

In der folgenden Nacht vernahm er oben im Schlafzimmer die mittlerweile vertrauten Geräusche von Stühlen, die über den Eßzimmerboden schurrten. Er nahm seinen Revolver, der auf dem Nachttisch lag, schlich leise die Treppe hinunter, durchquerte den Flur und öffnete die Tür zum Eßzimmer. Während er den Revolver mit einer Hand in das Zimmer gerichtet hielt, schaltete er mit der anderen das Licht ein. Der Raum lag still und friedlich da. Niemand war zu sehen. Die Stuhlbeine standen absolut genau an den mit Kreide markierten Stellen.

Als er später die Tonbänder abhörte, fanden sich weder auf denen von der Haustür noch der Auffahrt ungewöhnliche Geräusche. Anders verhielt es sich mit dem Tonband aus dem Eßzimmer. Auf ihm waren die Laute von schurrenden Stühlen zu vernehmen, die in dem Moment abrupt aufhörten, in dem Hyams den Lichtschalter betätigt und nervös hustend in den Raum gespäht hatte – als er jedoch wieder fort war, begannen die Geräusche von neuem.

Über ein Jahr lang tauchte der stämmige Mann mit weißem Hemd und schwarzer Krawatte vor den Augen von Hausgästen auf, und manche bekamen einen solchen Schreck, daß sie auf der Stelle abreisten. Mit Bauplänen bewaffnet inspizierten Hyams und ein Architekt jeden Winkel des Hauses, und Kammerjäger krochen überall herum, um eine Ritze oder Ecke, in der ein ungeladener Besucher unentdeckt leben könnte, oder eine Maueröffnung, durch die sich ein Störenfried Zutritt verschaffen könnte, zu finden. Sie fanden nichts. Geologen und Baufachleute versicherten Hyams darüber hinaus, daß das Haus und der Grund, auf dem es gebaut war, sich nicht bewegten.

Hyams fragte sich, ob die ganze Angelegenheit nicht vielleicht mit einer Überlastung der Nerven in Verbindung mit zufälligen Ereignissen zu erklären war. Und obwohl weder er noch seine Frau an einen Geist glauben wollten, richteten sie das Eßzimmer völlig neu ein, nachdem sie gehört hatten, daß Gespenster eine vertraute Umgebung bevorzugen würden. Aber die Geräusche hielten an. Außerdem legten die Hunde der Hyams plötzlich ein seltsames Verhalten an den Tag. So bellten sie beispielsweise oftmals, während sie in das leere Eßzimmer starrten.

Nun bat Hyams die Niederlassung der American Society for Psychical Research in Los Angeles um Hilfe. Im Laufe der folgenden Monate schickte diese verschiedene „seriöse und, wie ich glaube, mit wenigen Ausnahmen ehrliche" Medien, die das Haus mit ASPR-Forschern sowie einigen interessierten Wissenschaftlern von der Universität in Los Angeles abschritten. Die Aussagen von mehreren Sensitiven deckten sich in einigen bemerkenswerten Punkten, obwohl sie keine Einzelheiten über die Erlebnisse der Hyams kannten und nicht einmal wußten, wer die Besitzer des Hauses waren.

Ein Medium beschrieb den Geist als einen stämmigen Mann, „einen Europäer, der im Leben eine Enttäuschung erlitten hatte". Zwei andere spürten offenbar die Gegenwart desselben Mannes und gaben an, daß er etwa 58 Jahre alt und an einem Herzleiden gestorben sei. Ein Medium fügte ergänzend hinzu, er sei ein Arzt und durch seinen Tod an der Vollendung eines Vorhabens mit dem „Herrn des Hauses" – also Hyams – gehindert worden. Tatsächlich hatte Hyam einige Jahre zuvor mit einem Arzt dieses Alters, der einem Herzinfarkt erlegen war, an einem Buch gearbeitet. Einige Sensitive machten aber auch abweichende Aussagen. Eine Frau nahm einen großen, ungepflegten Mann wahr, den sie als ein „Ungeheuer" voller Haß und „völlig betrunken" beschrieb. Ein weiteres Medium berichtete von einem jungen, blonden Mädchen, das an einer Lungenkrankheit gestorben und dessen Heim später einem Feuer zum Opfer gefallen war. Und wirklich hatte Elke Sommer eine Freundin gehabt, auf die diese Beschreibung zutraf.

Nun bekam die Schauspielerin Angst. Hyams fand heraus, daß zwei frühere Eigentümer das Haus nach kurzer Zeit wieder verkauft hatten – weil es dort angeblich spukte. Schließlich bat Hyams Lotte von Strahl, eines der Medien von der ASPR, das Haus von dem Geist zu befreien.

Lotte von Strahl machte es kurz und schmerzlos, setzte sich ans Kopfende des Eßzimmertisches und erklärte, das „schreckliche, rücksichtslose Ungeheuer" stehe neben ihr. Dann bat sie Elke Sommer, mit ihr ein kurzes, stilles Gebet zu sprechen. Anschließend wandte sie sich direkt an den Geist: „Im Namen Jesu Christi befehle ich dir, dieses Haus auf der Stelle zu verlassen. Laß diese guten Menschen in Ruhe und störe ihren Frieden nicht länger." Dann, nach einigen weiteren Worten und einem Augenblick der Stille, verkündete sie triumphierend: „Er geht."

Nachdem an jenem Abend Joe Hyams und seine Frau Türen und Fenster verriegelt hatten, begaben sie sich zu Bett. Joe schlief gerade ein, als seine Frau etwas hörte. „Hörst du das?" fragte sie. Es war das Geräusch von Stühlen, die im Eßzimmer gerückt wurden.

In seinem Bericht über jene zwei Jahre, in denen sie nächtliche Erscheinungen und Geräusche marterten, schrieb

Das Photo zeigt Joe Hyams und Elke Sommer auf der Auffahrt, die zu ihrem Haus in Kalifornien führt. Ihnen voraus eilt der Hund Hasi, dessen erregtes Bellen an der Tür zu einem menschenleeren Zimmer als mögliches Zeichen für einen Spuk gewertet wurde. Ein Detektiv, der das Haus beobachtete, gab an, daß sich verriegelte Fenster und Türen öffneten und Lampen ein- und ausschalteten, wenn niemand zu Hause war.

Dieses Photo wurde 1967 im Eßzimmer der Hyams' aufgenommen, nachdem dort ein unerklärliches Feuer gewütet hatte. Es zeigt Joe Hyams (links) und die Sensitive Lotte von Strahl. Über der linken Seite des Bildes liegt ein Schleier, der dem Photographen Allan Grant zu denken gab, zumal ein weiteres Photo, das er an dem Tag aufnahm, einen ähnlichen Schatten aufwies. An Geister mochte Grant jedoch nicht glauben.

Hyams: „Selbst ich bin widerstrebend zu der Überzeugung gelangt, daß wir mindestens einen Geist beherbergen, aber wir haben nicht die Absicht, das Haus aufzugeben." Elke Sommer glaubte, daß es sich bei dem Geist um ihren Vater handelte, und hielt ihn deshalb für harmlos oder zumindest nicht für eine Gefahr. Und Hyams setzte hinzu: „Kein Lebender könnte mich aus meinem Haus vertreiben, und schon gar kein Toter."

Etwa ein Jahr später sollte er seine Meinung ändern. Wie Hyams berichtete, wurden er und seine Frau am frühen Morgen des 13. März 1967 durch laute Schläge an ihre Schlafzimmertür geweckt. Als er, die Pistole in der Hand, die Tür öffnete, hörte er aus dem Erdgeschoß etwas, das wie ein Lachen klang. Er konnte zwar niemanden entdecken, sah aber, daß von unten Rauchwolken die Treppe hinaufdrangen. Hyams und seine Frau flohen durch ein Schlafzimmerfenster und über das Dach, das fast bis zum Boden ging. Dort entdeckten sie, daß ihr Eßzimmer lichterloh brannte. Brandspezialisten konnten keine Ursache für das Feuer finden. Auch für das laute Klopfen, welches den beiden das Leben gerettet hatte, gab es keine Erklärung. Aber das Maß war voll. Die Hyams boten das Haus zum Verkauf an.

Nach Hyams' Beschreibung wurden er und seine Frau offenbar Zeugen eines klassischen Spuks, wenngleich er nicht in einer alten Burg am Rande eines einsamen englischen Moors oder einer anderen, gemeinhin damit assoziierten Umgebung stattfand, sondern in einem modernen Haus inmitten einer belebten Stadt. Im Lande der Autobahnen, Fernsehstudios und Raumfahrtindustrie, unter der vom Smog verschleierten südkalifornischen Sonne machten die Eheleute wider Willen Bekanntschaft mit dunklen Kräften, die seit Jahrhunderten den Stoff für Gespenstergeschichten liefern und die nach Erkenntnissen von PSI-Forschern für Spukhäuser typisch sind. Gelegentlich bezeichnet man diese klassischen Phänomene als „lokalisierte PSI-Effekte" (der Sammelbegriff PSI wird auf alle Ereignisse angewendet, die offenbar paranormaler oder parapsychologischer Natur sind), und sie können die Erscheinung eines Menschen oder eines Tieres einschließen, die immer wieder – gewöhnlich am gleichen Ort – für einen oder mehrere Perzipienten sichtbar wird, wenngleich nicht für jeden Menschen. Berichte über solche Phantome beschreiben ein ganzes Spektrum, das von flüchtig wahrgenommenen nebelhaften Gespenstern bis zu lebensecht wirkenden Gestalten wie dem stämmigen Mann in Elke Sommers Haus reicht.

Die Eigenschaft der Erscheinung wiederzukehren, also über einen gewissen Zeitraum immer wieder gesehen zu werden, ist von Bedeutung, da sie Spuk von einem anderen PSI-Phänomen, der sogenannten Krisenerscheinung, unterscheidet. Letztere soll sich im allgemeinen nur einmal zeigen und ist dem Perzipienten bekannt – zumeist handelt es sich um einen engen Freund oder Verwandten. Oft erfährt der Perzipient später, daß ihm der Geist genau in dem Moment erschienen ist, in dem sich der betreffende Mensch in einer Krisensituation befand. So kommt es beispielsweise vor, daß eine Mutter in dem Augenblick eine Vision ihres Sohnes sieht, in dem er im Krieg verwundet oder getötet wird. Eine solche Krisenerscheinung könnte nach Meinung von Forschern, die sich mit außersinnlichen Wahrnehmungen befassen, durch eine eindringliche Botschaft entstehen, die dem Perzipienten auf telepathischem Wege von dem ihm nahestehenden Menschen übermittelt wird, dessen Erscheinung er wahrnimmt.

Eine Spukerscheinung ist dagegen nicht an einen bestimmten Perzipienten, sondern an einen Ort gebunden. Möglicherweise wird sie von verschiedenen Menschen

Theorien über Geistererscheinungen

Im Volk hielt man Spukerscheinungen – oder Gespenster – seit alters her für die Geister von Toten, obgleich Skeptiker bereits früh Zweifel daran hegten. Ein Produkt „unserer Phantasie“ nannte Shakespeare ein Gespenst durch den Mund einer seiner Figuren, und Charles Dickens gab eine viktorianische Auffassung wieder, als sein Ebenezer Scrooge ein Phantom auf einen verdorbenen Magen zurückführte und das Gespenst beschuldigte, ein unverdautes Stück Rindfleisch zu sein.

Im vergangenen Jahrhundert begannen PSI-Forscher, nach anderen Erklärungen zu suchen. Zwar befriedigte keine ihrer Theorien die Skeptiker, nach deren Ansicht die meisten Berichte über Spukphänomene sowieso aus der Luft gegriffen sind. Aber so manche These, wenn auch unbewiesen, klang und klingt plausibel. Neben dem älteren spiritistischen Glauben werden hier die Grundzüge einiger neuer Theorien erläutert.

Spiritisten glauben, daß nach dem Tod die Seele den Körper verläßt, wie es hier gezeigt ist. Unter bestimmten Umständen begebe sich dieser Geist jedoch nicht ins Jenseits, sondern verweile auf der Erde, wo er als Gespenst gesehen werden kann. Eine leicht abgewandelte Version dieser Erklärung trug der italienische PSI-Forscher Ernesto Bozzano mit seiner „spiritistischen“ Theorie vor. Seiner Meinung nach handelt es sich bei Erscheinungen nicht um die Seelen von Verstorbenen, sondern um telepathische Botschaften ihres vom Körper getrennten Geistes, die sich wie traditionelle Gespenster manifestieren können.

Links ist ein Auge zu sehen, das eine Geistererscheinung sowohl projiziert als auch wahrnimmt. Es verdeutlicht die Vorstellung des amerikanischen Parapsychologen William G. Roll, nach der ein Perzipient die Erscheinung, die er wahrnimmt, vielleicht selbst erzeugt. Roll räumt ein, daß auch gespeicherte paranormale Eindrücke aus der Vergangenheit Erscheinungen hervorrufen können, sagt aber, in vielen Fällen würde der geistige Zustand des Perzipienten eine aktive Rolle spielen und unbewußt Spukphänomene erzeugen, um emotionale Bedürfnisse zu befriedigen.

Oben links tritt eine Erscheinung aus einer Wand heraus, in der sie als paranormale Energie gespeichert wurde. Nach dieser Theorie, die erstmals von der britischen Forscherin Eleanor Sidgwick aufgestellt wurde, nehmen Gegenstände seelische Eindrücke auf und übertragen sie später auf Menschen, die in ihre Nähe kommen. Wie deutlich das Phänomen wahrgenommen wird, hängt von der Stärke des Eindrucks und der Sensitivität des Perzipienten ab.

Nach der Theorie vom „psychischen Äther“, die Professor Henry Habberly Price von der Oxford University entwickelte, besteht ein Bild, das durch geistige Aktivität erzeugt wird, auf einer oder mehreren anderen Ebenen weiter (rechts), selbst wenn sein Schöpfer stirbt. Nach Price ist dieser Äther „etwas zwischen Geist und Materie“, das in einer Dimension oder Dimensionen existiert, die wir nicht kennen. Er glaubte, daß dieser Äther seelische Eindrücke speichert und sie auf einer Sensitiven zugänglichen Ebene wiedergibt.

wahrgenommen und ist keinem von ihnen bekannt. Bei den Hyams beispielsweise schien die Erscheinung mit dem Eßzimmer verbunden und offenbar keinem der Perzipienten bekannt zu sein. In einigen Fällen aber sollen Phantome auch einem bekannten Verstorbenen geähnelt haben.

Nach Hyams' Bericht trat in dem Fall noch ein anderes wichtiges Element klassischer Spukphänomene auf – ein Geräusch, das scheinbar von einem Menschen verursacht wurde. In diesem Fall handelte es sich bei dem Mimikry-Geräusch, wie Forscher es nennen, um den Klang von Stühlen, die über den Boden schurren. Die Geräusche rückender Möbel treten bei akustischen Spukerscheinungen häufig auf (zu den weiteren klassischen Phänomenen zählen Schritte in Zimmern oder auf Treppen und das Scheppern zerbrechenden Geschirrs).

Auch das Verhalten der Hunde des Ehepaares, die an der Eßzimmertür bellten, paßt ins Bild. Schon seit langem glaubt man, daß das Knurren oder Bellen eines Hundes, etwa vor einem leeren Stuhl oder in einem menschenleeren Raum, die Gegenwart von Geistern verrät, und moderne Forscher haben festgestellt, daß bei Phänomenen, die als Spuk bezeichnet werden, Tiere tatsächlich oft unruhig oder ängstlich reagieren. Ebenfalls typisch ist, daß Joe Hyams Fenster geöffnet fand, von denen er glaubte, sie seien verriegelt gewesen. In manchen Fällen wollen Zeugen sogar gesehen haben, daß sich Fenster und Türen öffneten, wie von unsichtbarer Hand, die den Türgriff drehte und Riegel hochhob. Und wie die meisten Vorkommnisse – wenn auch nicht alle – in dem Haus in Beverly Hills zeigen, ist Spuk ein vorwiegend nächtlich auftretendes Phänomen.

Aber was immer die häusliche Ruhe von Joe Hyams und Elke Sommer störte, es fehlten ihm doch einige der klassischen Phänomene, die man im allgemeinen mit Spuk assoziiert. So sah niemand Lichtkugeln und andere unheimliche Lichterscheinungen oder bemerkte, wie unerklärlicherweise an seiner Bettdecke gezerrt wurde. Ferner wird häufig von merkwürdig kalten Stellen und schwefelartigem Gestank oder einem anderen deutlich wahrnehmbaren Geruch in dem betroffenen Haus berichtet. Bei den Hyams kam nichts dergleichen vor.

Aber sie wurden Opfer eines gefährlichen Brandes. Falls in dem Haus tatsächlich eine paranormale Kraft am Werke und das unerklärliche Feuer im Eßzimmer eine weitere Manifestation war, müssen die Vorfälle bei den Hyams zumindest teilweise nicht als Spuk, sondern als Poltergeist-Phänomen betrachtet werden. Poltergeist-Erscheinungen schließen in stärkerem Maße Lärm und die – mitunter heftigen – Bewegungen von Gegenständen ein. Spuk ist dagegen für die Betroffenen zwar zumeist beunruhigend, aber nicht eigentlich gefährlich. Sollte das Feuer bei den Hyams einen paranormalen Ursprung gehabt haben, dann waren sie mit einer seltenen und äußerst beängstigenden Form des Spuks konfrontiert – einer, bei der den Perzipienten körperlicher Schaden droht oder tatsächlich zugefügt wird.

Schließlich entsprach auch ihre Reaktion auf das Erlebte dem klassischen Muster: Sie versuchten den Geist, der ihnen das Leben schwermachte, mit fremder Hilfe zu vertreiben. Denn seit es Spuk gibt, haben sich die Menschen bemüht, die Erscheinungen, die sie für Geister hielten, durch Exorzismus und andere Methoden zu bannen.

Und Spuk gibt es offenbar seit Urzeiten – seit Geister in die menschliche Vorstellungswelt Eingang fanden. Auf jeden Fall waren sie ein bekanntes Phänomen, als der griechische Philosoph Plato im 4. vorchristlichen Jahrhundert über „die Seele, die den Körper überlebt" schrieb. Wie er sagte, erhielt diese Seele mitunter eine irdische Hülle, die sie schwer und wahrnehmbar machte und in die sichtbare Region herabzog. War dies der Fall, so spukte diese Seele an den Gräbern und Gedenkstätten der Toten, wo solche Phantome manchmal gesehen werden.

Als Urheber hinter einem der ältesten überlieferten Spukfälle vermutete man Pausanias, einen spartanischen Heerführer, der sich, des Verrats angeklagt, in einen Tempel der Athena flüchtete, in dem er ausgehungert wurde. Sein rastloser Geist soll Gläubige im Tempel mit unheimlichen Geräuschen in Schrecken versetzt haben, bis er von einem Geisterbeschwörer ausgetrieben wurde.

Die Natur von Spukerscheinungen hat sich über die Jahrhunderte wenig verändert. „Es gibt viele Häuser, die von diesen Geistern und Kobolden heimgesucht werden, welche unablässig den Schlaf ihrer Bewohner stören", schrieb der Franzose Pierre Le Loyer vor beinahe 400 Jahren. „Sie machen sich an Geräten, Gefäßen, Tischen, Borden, Tellern und Schüsseln zu schaffen und werfen sie um ... schleudern Steine, kommen in Schlafkammern ... zerren an Vorhängen und Bettdecken ... und vollführen tausend andere Streiche." Aber die Geister richteten keinen wirklichen Schaden an, wie er meinte, „denn die Haushaltsutensilien, die sie anscheinend heruntergeworfen und zerbrochen haben, findet man am nächsten Morgen unbeschädigt".

Interessanterweise bleibt auch die Zahl der Menschen, die Zeugen behaupteter Spukphänomene werden, relativ konstant, zumindest, wenn die Untersuchungen der letzten hundert Jahre eine richtige Einschätzung erlauben. Kurz nach ihrer Gründung im Jahre 1882 führte die British Society for Psychical Research eine großangelegte Erhebung durch und stellte fest, daß etwa zehn Prozent der Befragten glaubten, schon einmal ein unerklärliches Erlebnis gehabt zu haben, in dessen Verlauf sie eine Person oder Sache sahen, eine Stimme hörten oder von jemandem berührt wurden, obgleich dies, an den Maßstäben der Wirklichkeit gemessen, gar nicht möglich war. Bei ähnlichen Befragungen, die in den 70er Jahren unseres Jahrhunderts in den Vereinigten Staaten, Großbritannien und Island vorgenommen wurden, lagen die bejahenden Antworten zwischen 9 und 17 Prozent. Und die Mehrzahl derjenigen, die angaben, eine Erscheinung gesehen, gehört oder auf andere Weise wahrgenommen zu haben, hatte dieses Erlebnis in ihrer eigenen Wohnung gehabt und nicht an irgendwelchen gespenstischen, spinnwebenverhangenen Orten, die man in der Regel mit Spuk assoziiert.

„Die beliebte Frage ‚Glauben Sie an Geister?' ist eine der vieldeutigsten Fragen, die gestellt werden kann", schrieb Henry Habberley Price, ehemaliger Professor an der Oxford University und engagierter PSI-Forscher, der zweimal zum Präsidenten der SPR gewählt wurde. „Die Antwort lautet mit Sicherheit Ja, wenn wir sie in dem Sinne verstehen: ‚Glauben Sie, daß Menschen manchmal Erscheinungen wahrnehmen?' Wer sich mit den vorliegenden Fällen beschäftigt, kann zu keinem anderen Schluß kommen. Und statt die Fakten in Abrede zu stellen, müssen wir versuchen, eine schlüssige Erklärung für sie zu finden."

Den ersten systematischen Versuch einer Erklärung von Geistererscheinungen und anderen Spukphänomenen stellte die Gründung der Society for Psychical Research im England des Jahres 1882 dar. Die frühen Forscher – zumeist Akademiker verschiedener Fachrichtungen – sammelten Hunderte von persönlichen Berichten und bemühten sich, jene auszusondern, die natürlichen Ursachen, Schwindel oder unzuverlässigen Quellen zugeordnet werden mußten. Und wann immer möglich, versuchten die SPR-Forscher, die Phänomene selbst zu beobachten.

Eine besonders gute Gelegenheit, einen Spuk aus erster Hand mitzuerleben, hatte der SPR-Forscher G. A. Smith, der 1888 mit seiner Frau ein kleines Haus im Seebad Brighton an der englischen Südküste bezog. Offenbar war der Umzug der Familie Smith auf Betreiben der Gesellschaft zustande gekommen, um jene Spukphänomene genauer untersuchen zu können, die angeblich seit Jahren den Bewohnern des Hauses das Leben schwermachten.

Die SPR war auf das Haus erstmals durch eine Bewohnerin aufmerksam gemacht worden, der man, wie üblich, ein Pseudonym gab, in diesem Fall Miss L. Morris. (Das Pseudonym soll Beteiligte an behaupteten Spukphänomenen vor einer neugierigen Öffentlichkeit schützen.) Miss Morris, die 1882 in das Haus zog, war offenbar eine beherzte junge Frau. Wann immer sie ungewöhnliche Geräusche in ihrem neuen Heim wahrnahm, ging sie mit einem Feuerhaken bewaffnet von Raum zu Raum, um den unsichtbaren Eindringling zu stellen. Immer wieder hörte sie schwere Schritte und Schläge, aber der beunruhigendste Lärm während ihrer Zeit in dem Haus war das laute, willkürliche Läuten der Türglocke. Es handelte sich dabei um eine altmodische mechanische Vorrichtung mit einem Griff vor der Tür, der über einen Draht mit einer Glocke im Haus verbunden war. Wenn ein Besucher an dem Griff zog, setzte der Verbindungsdraht die Glocke in Bewegung. Während ihrer ersten beiden Jahre in dem Haus klingelte es immer wieder, doch wenn Miss Morris an die Tür ging, war niemand da. Zunächst schrieb sie die Belästigungen einem Streich von Lausbuben zu. die läuteten und dann fortliefen.

Aber im Juni 1884 begann die Glocke dann, „drei Wochen lang in Abständen von 15 Minuten oder einer halben Stunde unablässig zu läuten, und dieses Getöse trieb uns zum Wahnsinn". Dienstboten hielten an der geöffneten Tür Wache, aber sie sahen niemanden, obgleich die Glocke weiterläutete. Schließlich ließ Miss Morris sie entfernen. Doch man kann sich vorstellen, wie unheimlich ihr zumute war, als sie gemeinsam mit ihren Hausangestellten beobachtete,

Gespenster vor der Kamera

Seit der Erfindung der Kamera hat man versucht, Geister auf Photos zu bannen. Denn es gab wohl keinen besseren Beweis für die Existenz eines Phantoms als dessen Bild auf einem Film. Doch diese Bemühungen endeten meist mit Fehlschlägen und Betrug.

Betrug fand schon früh Eingang in die Photographie, deren Geburtsstunde in die Blütezeit des Spiritismus fiel. 1861 fertigte der Bostoner Photograph William Mumler erstmalig Porträts an, neben denen undeutliche Gestalten zu sehen waren – angeblich verstorbene Angehörige oder enge Freunde seiner Kunden. Das Geschäft blühte, bis auffiel, daß die Geistergesichter Ähnlichkeit mit lebenden Einwohnern Bostons hatten und es sich daher möglicherweise um doppelt oder überbelichtete Bilder handelte. Mumler wurde verhaftet, aber in seine Fußstapfen traten andere, die gefälschte „Geisterphotographien" anfertigten.

Dennoch gibt es gelegentlich Geisterphotographien, die aus unverdächtiger Quelle stammen, wenngleich ihre Echtheit nicht mit letzter Sicherheit bewiesen werden kann. Die hier gezeigten Bilder sollen ungefälscht sein. In allenFällen waren die Photographen von dem Ergebnis überrascht.

Miss Sybell Corbet bekam nach eigener Aussage einen großen Schreck, als sie auf einem Photo (unten), das sie 1891 in der leeren Bibliothek von Wellington Henry, Viscount Combermere, aufgenommen hatte, eine verschwommene Gestalt entdeckte, die in dem Sessel im Vordergrund saß. Noch mehr verblüffte sie die Ähnlichkeit mit dem gerade verstorbenen Lord Combermere, der am Tag der Aufnahme beigesetzt worden war.

Die Tatsache, daß die Belichtungszeit rund eine Stunde betrug und Miss Corbet ihre Kamera während dieser Zeit unbeaufsichtigt ließ, läßt ihre Überraschung allerdings unberechtigt erscheinen. Denn möglicherweise kam in der Zwischenzeit jemand in das Zimmer und setzte sich eine halbe Minute in den Sessel, wenngleich der Butler versicherte, es habe während der Aufnahme niemand den Raum betreten.

Nach Aussage eines Experten, der das oben gezeigte Photo prüfte, handelte es sich bei der Gestalt von Mabel Chinnerys verstorbener Mutter auf dem Rücksitz weder um eine Spiegelung noch um eine Doppelbelichtung. „Ich garantiere, daß dieses Photo echt ist", erklärte er.

Nicht minder erstaunt zeigte sich 1959 Mabel Chinnery, als sie das oben gezeigte Photo sah. Sie hatte damals zunächst eine Aufnahme vom Grab ihrer Mutter gemacht und anschließend ihren Mann photographiert, der allein in seinem Auto saß. Doch auf der entwickelten Photographie sah man Mabel Chinnerys Mutter auf dem Rücksitz. Ein Photoexperte, der das Bild für eine britische Zeitung untersuchte, hielt es für echt.

Im Jahre 1966 photographierte der pensionierte kanadische Geistliche Ralph Hardy eine Wendeltreppe im National Maritime Museum von Greenwich, England *(gegenüber)*. Nach der Entwicklung sah er zu seinem Erstaunen auf der Aufnahme eine Gestalt in einer Kutte, die die Treppe hinaufging. Experten sollen bestätigt haben, daß am Negativ nicht manipuliert wurde.

Auf diesem Photo der Bibliothek von Combermere Abbey sitzt im Sessel links eine Gestalt, bei der es sich um den Geist von Lord Combermere handeln soll, der bei einem Unfall ums Leben kam. Skeptiker vermuten, daß während der rund einstündigen Belichtungszeit ein Dienstbote kurz auf dem Sessel Platz nahm.

Rechts steigt angeblich ein Gespenst eine Wendeltreppe empor, beide Hände am Geländer. Die Treppe wurde von unten aufgenommen.

daß der durchtrennte Draht weiterhin vibrierte, „als sei die Glocke noch an ihm befestigt". Ungeachtet dessen harrte die unerschütterliche Miss Morris noch zwei Jahre lang in dem Haus aus, bevor sie es aufgab und an einen anderen Ort zog. In dieser Zeit soll ihr auch ein weibliches Gespenst mit einem blassen, traurigen Gesicht begegnet sein.

Nachdem das Haus ein ganzes Jahr leer gestanden hatte, zog eine Witwe namens Mrs. Gilby (wiederum ein Pseudonym) mit ihren beiden Kindern dort ein. Die in der Zwischenzeit reparierte Türglocke bereitete auch Mrs. Gilby Schwierigkeiten. Schlimmer aber war, daß sie zwei Wochen nach ihrem Einzug eines Nachts Schluchzen und Stöhnen vernahm, das von dumpfen Schlägen begleitet wurde. Sie sah in den Schlafzimmern der Kinder und ihres Mädchens nach, die jedoch fest schliefen. Nachdem sie das Mädchen geweckt hatte, hörten die beiden Frauen für den Rest der Nacht das Schluchzen und Stöhnen wie auch eine Stimme – „eine liebliche Stimme", die immerfort die Worte wiederholte: „Ach, vergib mir doch!" Nach sechs Monaten zog die gemarterte Mrs. Gilby wieder aus, und auch sie berichtete, daß sie „ein blasses Frauengesicht" gesehen habe.

Edmund Gurney und Frank Podmore, zwei führende SPR-Forscher der damaligen Zeit, nahmen die Untersuchung des Falles auf. Beide waren angesehene Persönlichkeiten, deren Redlichkeit außer Frage stand. Gurney war Altphilologe und am Trinity College in Cambridge tätig, Podmore ein höherer Beamter. Gemeinsam befragten sie vier unabhängige Gruppen von Zeugen, deren Beschreibung der Phänomene, die sie in dem Haus beobachtet hatten, übereinstimmten. Doch in diesem Fall mußte sich die SPR nicht allein auf die Aussagen Fremder verlassen, denn sie konnte einen ihrer eigenen Männer am Ort des Geschehens postieren – G. A. Smith, den ehemaligen Sekretär Gurneys.

Es läßt sich immer wieder beobachten, daß sich Gespenster und die mit ihnen verbundenen Phänomene nicht mehr zeigen, sobald ein Forscher zur Untersuchung der Vorgänge auf der Bildfläche erscheint. Mag sein, daß er die paranormalen Schwingungen stört, mag aber auch sein, daß die Zeugen es mit der Wahrheit nicht so genau genommen hatten. Doch für diesen Fall traf dies keineswegs zu. Smith

Wie es scheint, schmiegt sich Willington Mill House, das kleinere Gebäude in der Mitte, an eine große Getreidemühle, doch tatsächlich stand das Wohnhaus frei – für Forscher, die dort angebliche Spukphänomene untersuchten, eine wichtige Tatsache.

füllte nicht nur ein ganzes Tagebuch mit Einzelheiten über die vielen seltsamen Ereignisse, die sich während seines 13monatigen Aufenthaltes in dem Haus zutrugen, sondern er und seine Frau hatten auch 137 Übernachtungsgäste, fast alles SPR-Mitglieder, die unbedingt einmal einen Spuk persönlich erleben wollten. Sie wurden nicht enttäuscht. Die Türglocke setzte ihr wildes Geläute fort, und häufig hörte man Lärm, als würde ein Hammer mit einer Kraft auf den Boden niedersausen, die ausreichte, „um Nägel einzuschlagen", oder es ertönten Geräusche wie von einem Ziegelstein, den jemand über das Linoleum schleifte.

Am Abend des 15. Dezember 1888 wurden die Smiths Zeugen eines Ereignisses, das selbst der erfahrende SPR-Mann für „äußerst bemerkenswert und unerklärlich" hielt. Es war fünf Minuten nach halb zwölf. Seine Frau sprach im Wohnzimmer ihr Gebet, während sich Smith im angrenzenden Schlafzimmer zu Bett begab. Plötzlich erklangen von einer Gitarre, die im Wohnzimmer an der Wand hing, drei klare Töne, die Smith mit „Pang, Peng, Ping" beschrieb. „Hast du das gehört?" rief seine Frau, gerade als die Tonfolge ein zweites und ein drittes Mal erklang. Diesmal hatte Mrs. Smith das Instrument genau im Auge, und sie konnte beschwören, daß nichts und niemand die Saiten berührt hatte. Smith betonte, daß die Laute auch nicht durch ein eigenmächtiges Verstellen der Wirbel entstanden sein konnten, da sich durch das Lockern der Saiten die Tonlage verändert hätte. Die Gitarre mußte nicht nachgestimmt werden.

Nachdem sie ihre Untersuchungen abgeschlossen hatten, zogen die Smiths im September 1889 wieder aus dem Haus aus. Ein Jahr später befragte man die Nachmieter, doch wußten sie nichts von paranormalen Vorkommnissen zu berichten. Wie es scheint, hinterließen die Erlebnisse vor Ort bei den Smiths keine negativen Auswirkungen. Vielmehr läßt das Tagebuch vermuten, daß der Autor sogar einen gewissen, schaurig-schönen Nervenkitzel empfand. In einem anderen Fall aber, über den die SPR nicht lange danach berichtete, verlor ein zunächst skeptischer Wissenschaftler, der an der Untersuchung einer Spukerscheinung beteiligt war, ganz offensichtlich die Nerven.

Die SPR veröffentlichte den Bericht 1891, als sie das Tagebuch von einem der Hauptbeteiligten erhielt, doch hatten sich die Ereignisse tatsächlich bereits einige Jahrzehnte früher zugetragen. Es ging um ein Wohnhaus bei der Willington Mill nahe Tyneside im Norden Englands, in dem sich von Herbst 1834 an rätselhafte Dinge abspielten. Das Haus wurde damals von einer Quäkerfamilie namens Procter bewohnt (und es war Mr. Procters Tagebuch, das die Einzelheiten des Falles lieferte). Alle Familienmitglieder behaupteten, Schritte, Pfiffe, das Aufziehen einer Uhr, zorniges Stampfen und Stimmen zu hören. Des Nachts schwebten angeblich Betten zitternd in der Luft, und ein Nachbar berichtete, an einem Fenster die durchsichtige weiße Erscheinung einer Frau gesehen zu haben. Später soll dieser Geist bei verschiedenen Gelegenheiten auch der Familie erschienen sein. In anderen Schilderungen war von einem weißen Gesicht die Rede, das die Bewohner mitunter über ein Treppengeländer hinweg beobachtete. Diese Vorgänge währten etwa sechs Jahre, bis ein ortsansässiger Arzt namens Edward Drury von der Sache hörte und Procter bat, eine Nacht in dem Haus verbringen zu dürfen. Am 3. Juli 1840 stellte er sich mit seinem Freund T. Hudson dort ein, während sich die Familie Procter außer Haus aufhielt. Mit zwei Pistolen bewaffnet ließ er sich im Flur des zweiten Stockes nieder, gewiß, den Spuk aufklären zu können.

Wie Dr. Drury später berichtete, dauerte es nur etwa 50 Minuten, bis er neben Schritten ein Geräusch, als würde jemand auf den Boden klopfen, und ein hohles Husten vernahm. Dann wurde es wieder ruhig, und Drurys Freund Hudson schlief auf dem Boden ein. Etwa um zehn nach eins in dieser Nacht blieben Dr. Drurys Augen auf einmal wie gebannt an einer Schranktür hängen. Er sah deutlich, wie sie sich öffnete, und erblickte dann die Gestalt einer Frau, die in gräuliche Gewänder gehüllt war und den Blick auf den Boden gesenkt hatte. Das Gespenst näherte sich ihm, und mit einem Schrei stürzte Drury auf die Gestalt. Doch statt des Phantoms habhaft zu werden, fiel er über seinen schlafenden Freund; die nächsten drei Stunden fehlten in seiner Erinnerung. Später schrieb er: „In der Zwischenzeit habe ich erfahren, daß ich, von Angst und Entsetzen wie gelähmt, die Treppe hinuntergetragen wurde." Am nächsten Tag notierte Procter, Dr. Drury habe „einen Schock erlitten, von dem er sich nicht so rasch erholen wird".

1847 trieb der Spuk die Procters schließlich aus dem Haus. Auch nachfolgende Bewohner berichteten von gelegentlichen seltsamen Geräuschen, doch 1890 schienen die

Erscheinungen endgültig ein Ende gefunden zu haben, und es herrschte Ruhe. Später wurde das Haus abgerissen.

Im Laufe der Jahre wurden die Ergebnisse vieler solcher Untersuchungen veröffentlicht und diskutiert, und je mehr Material und Theorien vorlagen, desto mehr Fragen tauchten auf. Die Mathematikerin und Direktorin des Newnham College in Cambridge Eleanor Sidgwick, eine Schwester des britischen Premierministers A. J. Balfour, war Koordinatorin der ersten großen SPR-Untersuchung über das Thema. Und bereits zu einem frühen Zeitpunkt formulierte sie einige der wichtigsten Fragen: Existiert eine Erscheinung unabhängig von Menschen, gibt es sie also auch dann, wenn niemand da ist, der sie wahrnehmen kann? Oder handelt es sich um irgendeine noch unbekannte Form der Kommunikation, für die sowohl ein Sender als auch die Gegenwart eines Empfängers notwendig ist?

Spiritisten vertreten die Auffassung, daß es sich bei einer Erscheinung tatsächlich um eine unabhängige Wesenheit handelt – um den körperlosen Geist eines Verstorbenen. Dies ist natürlich eine beliebte Erklärung für Geister. Einige Verfechter dieser Theorie sagen, der Geist bliebe deshalb auf der Erde, weil er eine bestimmte Absicht verfolgt; andere meinen, daß er es einfach aus Gewohnheit tue oder weil er verrückt sei. Wieder andere glauben, er würde die sichtbare Erscheinung aus Energie entstehen lassen, die er auf irgendeine Weise Lebewesen und sogar Pflanzen entzieht, falls er keine Menschen oder Tiere findet.

Von parapsychologischer Seite wird die Idee von einem Geist, der den physischen Tod überdauert, vielfach als unwissenschaftlich abgelehnt. Aber einige der Gegenthesen, die von ihrer Seite kommen, sind offenbar wissenschaftlich ebenso schwer beweisbar, selbst wenn die Schlußfolgerungen bis zu einem gewissen Grad logisch scheinen.

Im Jahre 1919 stellte Ernesto Bozzano, einer der führenden Experten Italiens für PSI-Phänomene, die These auf, daß der Geist eines Menschen – die Summe der Gedanken und geistigen Erfahrungen eines Individuums – in irgendeiner Weise über das physische Leben hinaus existiert und daß es vorkommen kann, daß er nach dem Tod des Individuums von der Erde festgehalten wird. In einem solchen Fall würde sich der entkörperte Geist wie ein telepathischer Agent verhalten, der auf geistigem Wege Botschaften aussendet, die Geräusche verursachen, Gegenstände bewegen oder dazu führen, daß Lebende seine Gestalt wahrnehmen.

Frederic W. H. Myers, wie Gurney Altphilologe am Trinity College und Mitbegründer der SPR, stellte fest, daß das beobachtete Verhalten von Phantomen häufig an die sich wiederholenden, offenbar absichtslosen Bewegungen und Äußerungen von Traumgestalten erinnerte, nicht an zusammenhängende, überlegte Handlungen eines Menschen im Wachbewußtsein. Er hielt es deshalb für möglich, daß es sich bei den Erscheinungen nicht um die Toten selbst, sondern um deren Träume handelte. So wie die Wirkung einer physischen Handlung nach ihrer Beendigung fortdauern konnte, war dies vielleicht auch bei geistigen Aktivitäten wie Träumen möglich, meinte Myers. Der weiterexistierende Traum veranlaßte dann den Perzipienten auf irgendeine Weise, die Traumbilder zu halluzinieren.

Halluzinationen spielen natürlich in vielen Theorien über Spuk eine Rolle. Aber selbst Parapsychologen, die jede Geistererscheinung für eine Halluzination halten, insofern, als sie keine feststoffliche Form besitzt, vertreten unterschiedliche Meinungen über die Ursachen und den Ablauf eines Halluzinationsprozesses.

Wenn es sich bei einer Erscheinung um eine Halluzination handelt, wie ist es dann möglich, daß mehrere Perzipienten gleichzeitig – oder auch zu verschiedenen Zeiten – dasselbe Phantom sehen? Einige Forscher gehen davon aus, daß zunächst eine Person eine subjektive Halluzination erleben kann, die einen Spuk darstellt, und diese dann auf telepathischem Wege an andere weitergibt. Die telepathische Botschaft kann im Raum stehenbleiben und bewirken, daß andere die Erscheinung später wahrnehmen.

Aber wie lassen sich dann die verifizierbaren Halluzinationen erklären, während derer die Perzipienten von der Erscheinung Dinge über den betreffenen Toten erfahren, etwa Einzelheiten über dessen Aussehen oder biographische Fakten, die sich bei späteren Nachforschungen bestätigen? Wie können diese Details, die dem Perzipienten nicht bekannt waren, Teil einer subjektiven Halluzination sein?

Zur Erklärung solcher Fälle haben PSI-Forscher verschiedene Theorien über die Form entwickelt, in der geistige Energie den Tod ihres Urhebers überdauern kann. Eleanor Sidgwick hielt es für möglich, daß ein Gebäude geistige Eindrücke seiner Bewohner aufnimmt und daß diese gespei-

Phantome im Rampenlicht

Glaubt man Berichten, dann spukt in den Theatern des Londoner Westend so manches Gespenst. Und Theatermanager nähren solchen Geschichten vermutlich gern, denn sie lassen die Kassen klingeln. Aber es wurden offenbar so viele verschiedene Menschen – Zuschauer, Angestellte und Schauspieler – Zeugen solcher Spukerscheinungen, daß man schwerlich alle Schilderungen als Schwindel abtun kann.

So wollen beispielsweise Dutzende von Menschen jenen unbekannten „Mann in Grau" gesehen haben, der im Rang des Theatre Royal in der Drury Lane spuken soll. Im ehemaligen New Theatre soll der Geist des ersten Theaterbesitzers, Sir Charles Wyndham, hinter der Bühne gesehen worden sein, und im Old Vic erscheint angeblich das Gespenst einer von Schuldgefühlen gepeinigten Frau, die wie Lady Macbeth die Hände ringt.

Die als Miss Marple zu Ruhm gelangte Margaret Rutherford ist eine von vielen, die behaupteten, im Haymarket Theatre dem Phantom von John Buckstone begegnet zu sein, der dort bis zu seinem Tod im Jahre 1879 Direktor war. Zu ihnen zählte auch ein Regisseur, der mitten in der Aufführung einer erfolgreichen Musikrevue im Jahre 1963 erschrocken auf der Bühne direkt hinter einem Darsteller einen Mann entdeckte, den er für einen Bühnenarbeiter hielt. Schon wollte er den Vorhang fallen lassen, um den Schuldigen von der Bühne zu holen, als die Gestalt plötzlich verschwand. Erst da wurde dem Regisseur bewußt, daß der Mann einen langen Gehrock getragen hatte und an Beschreibungen von Buckstone erinnerte.

Zu den berühmtesten Theatergespenstern zählt der Geist von William Terriss, der zu Ende des 19. Jahrhunderts in vielen Inszenierungen des Adelphi Theatre die Hauptrolle spielte. Er war gleichermaßen der Liebling von Publikum und Kritikern, zog aber den fanatischen Neid eines Nebendarstellers namens Richard Prince auf sich. Als William Terriss am 16. Dezember 1897 zum Bühneneingang kam, wurde er von Prince erstochen. Während er in den Armen der Hauptdarstellerin starb, soll Terriss geflüstert haben: „Ich werde wiederkommen."

Viele behaupten, daß Terriss Wort hielt. Im Laufe der Jahrzehnte sollen immer wieder seltsame Lichter und Klopfgeräusche aus seiner einstigen Garderobe zu hören gewesen sein, und sein Geist tauchte Berichten zufolge nicht nur in dem Theater auf, sondern auch in der nahegelegenen U-Bahn-Station Charing Cross, wo der Schauspieler zu Lebzeiten oft auf den Spätzug wartete. In den Schilderungen werden übereinstimmend Terriss' Gehrock, Zylinder und Spazierstock erwähnt. Doch wie die Zeugen erklärten, verschwand das Gespenst, sobald man es ansprach.

Für den Schauspieler William Terriss (unten) schwärmte die Damenwelt. Seit seiner Ermordung im Jahre 1897 soll sein Geist im Adelphi Theatre umgehen, das auf der Darstellung links in seiner ursprünglichen Ausstattung des 19. Jahrhunderts zu sehen ist.

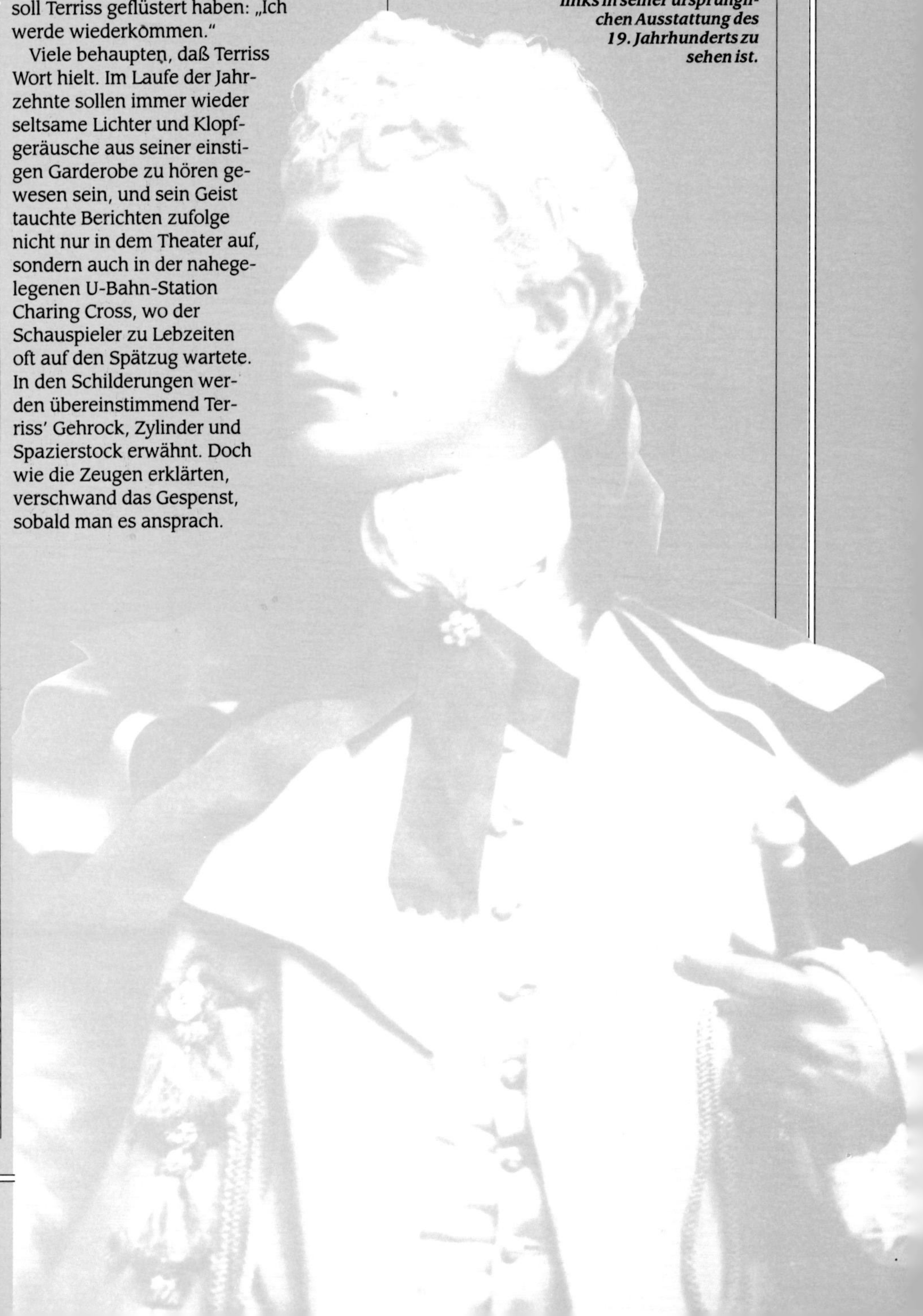

cherten Botschaften dann bei Menschen, die später das Haus betreten, paranormale Reaktionen auslösen, vor allem, wenn sie sensitiv veranlagt sind. (Diese Idee entspricht den Vorstellungen über Psychometrie, nach denen ein Medium Informationen über einen Abwesenden aufnimmt, indem es Schwingungen eines Gegenstandes aus dessen Besitz, etwa einer Krawattennadel oder Uhr, registriert.)

In einem sehr alten Gebäude müßten demnach aufgrund des langen Zeitraums, in dem sie sich ansammeln konnten, besonders intensive Eindrücke gespeichert sein. Wenn dies so wäre, ließe sich vielleicht erklären, warum es in so vielen alten Burgen und Häusern spukt. Ein ausgezeichnetes Beispiel für einen solchen Fall ist Burg Wildenstein aus dem 15. Jahrhundert, die sich in der Nähe von Heilbronn befindet. Dort wurden angeblich über viele Generationen hinweg zahlreiche Menschen, unter ihnen Besucher, Personal und Eigentümer, Zeugen eines erstaunlichen Spektrums gespenstischer Geschehnisse.

Typisch ist ein Vorfall aus dem Jahre 1945, der sich ereignete, kurz nachdem amerikanische Soldaten in der Burg einquartiert worden waren. Als ein Offizier eines Tages ein Bad nahm, öffnete sich plötzlich die Tür, und eine junge Frau in Weiß trat ein. Der Offizier forderte sie auf, den Raum zu verlassen, aber sie stand nur da und starrte ihn an. Er sprang aus der Badewanne, um sie zur Tür hinauszuschieben – doch seine Hand fuhr geradewegs durch sie hindurch. Dann verschwand die Erscheinung, und der Offizier stürzte splitternackt und voller Entsetzen in die Küche, um von seinem Erlebnis zu berichten.

In schriftlicher Form liegen Berichte über Spukphänomene auf Burg Wildenstein, die es seit Jahrhunderten geben soll, nach Angaben des deutschen Parapsychologen Hans Bender seit Mitte des letzten Jahrhunderts vor. Damals war ein Bediensteter dem Gespenst eines Mannes begegnet, das eine Kette an seiner Tür vorbeischleifte, worauf er sich weigerte, auch nur noch eine Nacht in dem Gebäude zu schlafen. Genauso reagierte ein Lehrer, der eines Nachts von unerklärlichem „lautem Lärm" aufgeschreckt wurde. Eine Frau wiederum erblickte eine schemenhafte Dame und vernahm gleichzeitig das Rascheln von Seide. In den 20er Jahren dieses Jahrhunderts sah ein Geistlicher bei einem Musikabend auf dem Schloß Flammen an einer Wand züngeln, die vor seinen Augen wieder verschwanden.

Bis in die 50er Jahre war häufig auch Phantommusik zu hören. Um diese Zeit residierten auf Wildenstein Maximilian Baron Hofer von Lobenstein und dessen Frau Anneliese. Nach dem Bericht der Baronin saß sie eines Tages, während ihr Mann gerade auf Reisen war, am Küchentisch, als sie auf der anderen Seite plötzlich einen kleinen Jungen im Matrosenanzug erblickte, der sie freundlich ansah. Sie berichtete dem Baron in einem Brief von dem Vorfall, und er antwortete ihr, daß es sich bei dem Jungen vermutlich um Klein Adolph gehandelt habe, der 1890 im Alter von sechs Jahren an Diphtherie gestorben sei. Wie er ihr mitteilte, befand sich in einer Abstellkammer ein Bild des Jungen, und tatsächlich hatte es eine bemerkenswerte Ähnlichkeit mit dem Phantom in der Küche – ein Zeichen, wenn auch kein schlüssiger Beweis dafür, daß es sich um eine verifizierbare, das heißt beweisbare, Erscheinung gehandelt hatte. Viele Besucher auf der Burg berichteten, nachts ein Kind weinen gehört zu haben.

Eines Abends dann, als der Baron etwa um elf Uhr noch einmal seine Hunde hinaus-

ließ, erblickte er zu seinem Erstaunen einen winzigen Mann mit einem Bart, der etwa drei Meter von ihm entfernt stand. Da er an eine optische Täuschung dachte, ging er ins Haus zurück und schaltete die Lichter aus. Aber als er wieder hinaustrat, war die Gestalt, die er nun für einen Kobold hielt, immer noch da und hüpfte einige Minuten um ihn herum, bevor sie schließlich verschwand. Da er nicht an Kobolde glaubte, war er „ziemlich irritiert", wie seine Frau dem Parapsychologen Bender berichtete. Dieselbe Gestalt wurde später auch von der Baronin gesehen – am hellichten Tag.

Den Berichten zufolge war die Wahrnehmung paranormaler Ereignisse auf Burg Wildenstein also weder auf einen einzigen Perzipienten noch auf aufeinanderfolgende Generationen einer Familie beschränkt, sondern die Ereignisse wurden von einer großen Zahl Beobachter im Rahmen eines langen Zeitraums bezeugt. Dies legt nach Benders Auffassung die Vermutung nahe, daß eine Handlung oder ein Geschehnis, welches bei den betroffenen Personen heftige Emotionen auslöst, eine örtlich gebundene Atmosphäre entstehen läßt, die unabhängig von Menschen existiert und entweder paranormale Ereignisse verursacht oder ihre Entstehung begünstigt. Diese Auffassung zeigt offensichtliche Parallelen zu Eleanor Sidgwicks Theorie, nach der Häuser geistige Eindrücke speichern.

Professor H. H. Price äußerte die Ansicht, daß die Botschaften möglicherweise nicht direkt in der Substanz eines Gebäudes gespeichert werden, sondern in einer nicht sichtbaren Dimension neben oder innerhalb der uns bekannten Dimensionen, die von ihm als „psychischer Äther" bezeichnet wurde. Diese allgegenwärtige Dimension kann, wie er vermutete, sehr empfindlich auf geistige Eindrücke reagieren und sie etwa so wie ein Film festhalten. Die meisten der Eindrücke sind belanglos und verwischt, doch ein emotionsgeladenes Ereignis wird, um in der Sprache des Films zu bleiben, so scharf aufgezeichnet, daß es später für einen sensitiven Menschen klar erkennbar ist. Diese Szene aus einer anderen Dimension kann sich dann immer wieder abspielen, und so entstehen die zahlreichen Wiederholungen, die für Spukerscheinungen typisch sind.

Der englische PSI-Forscher Andrew MacKenzie glaubt nicht, daß für die Mehrzahl der Spukerscheinungen „irgendein intelligenter Agent" verantwortlich ist, aber auch er stimmt mit der Auffassung überein, daß die Ursache vieler Spukphänomene in „einer subtilen Wechselbeziehung zwischen einer Person oder Familie und einem Haus oder Ort" liegt. „Manche Orte sind durchdrungen von einer Empfindung oder Atmosphäre – oder wie man es sonst nennen mag –, die für einen Sensitiven wahrnehmbar ist, auch wenn andere sie nicht spüren, und diese Wechselwirkung zwischen einer Person und einem Ort kann sich in Halluzinationen äußern, bei denen Erscheinungen gesehen oder Schritte und seltsame Geräusche gehört werden."

Die Bedeutung der Empfänglichkeit des Perzipienten für paranormale Reize zeigte sich auch bei einer Reihe von Vorfällen, die sich in den 50er Jahren in Ardachie Lodge nicht weit von Glasgow zutrugen. Im Jahre 1952 wurde das Haus von dem SPR-Mitglied P. J. M. McEwan gekauft, der an der Edinburgh University Psychologie studiert hatte. Vor ihm hatte dort eine „Mrs. B." gewohnt, die gelähmt und geisteskrank gewesen war. Schließlich hatte man sie in ein Krankenhaus gebracht, wo sie drei Jahre bevor McEwan und seine Frau in das Haus zogen, starb. Die McEwans erlebten in Ardachie Lodge zunächst keine ungewöhnlichen Vorfälle. Die begannen erst, nachdem sie das Ehepaar Mathews als

Über Burg Wildenstein kursieren seit Jahrhunderten Spukgeschichten. Seit den 70er Jahren dient das Schloß als Jugendherberge, und seitdem haben sich dort offenbar keine Geisterphänomene mehr abgespielt.

Hausangestellte engagiert und die beiden am 17. August 1953 ihre Arbeit angetreten hatten.

Die neuen Angestellten kamen aus London und waren bis dahin nie in der Gegend gewesen. An ihrem ersten Abend zogen sie sich früh zurück, aber bald erschienen sie wieder auf der Treppe und teilten den McEwans mit, daß sie vor ihrem Zimmer deutliche Schritte gehört hatten, ohne jedoch jemanden zu sehen. Die McEwans maßen dem Vorfall keine Bedeutung bei, und die Mathews begaben sich wieder zu Bett. Nur 20 Minuten später standen sie schon wieder da und erklärten, Klopfgeräusche an der Wand gehört zu haben. Sie waren nun überzeugt, daß etwas nicht mit rechten Dingen zuging. Die McEwans setzten sich eine Zeitlang in das dunkle Zimmer ihrer Angestellten, aber sie hörten nichts. Dennoch gaben sie den Mathews auf deren Bitte hin ein anderes Zimmer.

Mrs. Mathews hatte dieses Zimmer kaum betreten, als sie wie gelähmt stehenblieb. Nachdem sie eine Zeitlang wie in Trance in eine Ecke des hellerleuchteten Raumes gestarrt hatte, riß sie sich schließlich zusammen und berichtete, sie habe eine alte Frau mit Haube und Schultertuch gesehen, die sie zu sich heranwinkte.

Wiederum stellten die McEwans den Mathews ein anderes Zimmer zur Verfügung, aber nur wenige Minuten nachdem sie sich zurückgezogen hatten, wurden sie abermals von ihren Angestellten aufgeschreckt. Diesmal hatte das verängstigte Paar am Kopfende des Bettes, direkt über Mrs. Mathews, ein Klopfen gehört. Als sich die vier dann gemeinsam in den neuen Raum begaben, erstarrte Mrs. Mathews erneut. Wieder behauptete sie, die alte Frau zu sehen, die ihr diesmal auf allen vieren entgegenkroch.

Die Mathews blieben nicht lange bei den McEwans, doch nutzten letztere die kurze Zeit, den angeblichen Spuk unter Hinzuziehung von zwei weiteren Mitgliedern der SPR zu untersuchen. Nachts hielten die Forscher im Schlafzimmer der Mathews' Wache. Aus ihren Aufzeichnungen ging hervor, das Mrs. Mathews unruhig schlief, wiederholt von Klopfgeräuschen berichtete und die Tendenz hatte, im Schlaf den Arm auszustrecken und die Hand zur Faust zu ballen. McEwan gelangte schließlich zu der Ansicht, daß Mrs. Mathews „psychisch unausgeglichen" war.

Zu diesem Zeitpunkt wußten die McEwans aber auch, daß sich Mrs. Mathews' Beschreibung von der Erscheinung fast vollkommen mit dem Aussehen der gelähmten alten Frau deckte, die früher einmal in Ardachie Lodge gelebt hatte. Wie sie herausfanden, war sie am Ende auf allen vieren gekrochen, um sich im Haus fortbewegen zu können – genau wie es Mrs. Mathews beschrieben hatte. Und nachdem diese behauptete, sich in einem bestimmten Bereich des Gartens besonders unwohl zu fühlen, stellte das Ehepaar fest, daß die frühere Besitzerin dort viel Zeit verbracht hatte, um ihre geliebten Rosen zu pflegen. All diese Dinge konnten die Mathews nicht gewußt haben. Es schien sich tatsächlich um eine verifizierbare Erscheinung zu handeln.

In seinem Bericht für die SPR vertrat McEwan die Auffassung, daß es sich um paranormale Ereignisse gehandelt habe, die durch die geistige Verfassung von Mrs. Mathews möglich geworden seien. Nachdem das Ehepaar Ardachie Lodge verlassen hatte, wurden von dort keine weiteren Spukphänomene mehr bekannt. Obgleich offenbar einige Aspekte der Erscheinung verifizierbar und damit ein Beweis waren, daß sie nicht Halluzinationen von Mrs. Mathews gewesen sein konnten, bedurfte es anscheinend ihrer Sensitivität, um sie wahrzunehmen.

In einem anderen Fall, der sich in England ereignete, spielte die Bedeutung der paranormalen Gaben des Perzipienten eine noch größere Rolle. Er legt die Vermutung nahe, daß ein sensitiv begabter Mensch eventuell sogar Wesen beschwören kann, die für andere wahrnehmbar – und vielleicht mehr als rein visuelle Erscheinungen – sind.

Untersucht wurde der Fall von dem niederländischen Parapsychologen George Zorab und Andrew MacKenzie, der mit Zorab einen Bericht veröffentlichte. Hauptfigur war Thelma Graham, eine junge Frau, die als jüngste von drei Töchtern in einem Haus am Rande Londons aufgewachsen war. Im Jahre 1965, als Thelma zehn war, kam eine Hausangestellte zu der Familie, die in dem Bericht den Namen Mrs. Turner trägt. Kurz nachdem Mrs. Turner ihre Stelle angetreten hatte, sprach sie immer wieder von einem unsichtbaren Wesen im Haus, das offenbar häufig versuchte, auf der Treppe an ihr vorbeizukommen. So vergingen zehn Jahre, doch dann wurde Mrs. Turner, wie sie sagte, von dem Wesen zur Seite gestoßen, was sie so verstörte, daß sie die Grahams verließ.

Dem Bericht zufolge sah Thelma mittlerweile des öfteren die Gestalt einer Frau, die durch das obere Stockwerk huschte, und nachts hörte sie in der Küche laute klappernde Geräusche. Als eines Tages der Mann ihrer Schwester zufällig zu Besuch war, erwachte er angeblich in der Nacht und sah in der Dunkelheit eine Frau, die anscheinend auf dem Schrank Staub wischen wollte und eine Dienstbotenuniform des 19. Jahrhunderts trug. Auch Thelmas Mutter berichtete von unheimlichen Vorkommnissen. Manchmal hörte sie, wie sich Türen öffneten und schlossen, und als sie eines Tages telephonierte, sah sie mit Schrecken, wie eine Tür ohne menschliches Zutun fünfmal auf- und wieder zuging.

Parapsychologen haben in den meisten Fällen von Spuk- oder Poltergeist-Phänomenen emotionale Spannungen innerhalb der Familie ausgemacht. Auch Thelma Graham hatte in ihrer Jugend Probleme, was sowohl sie als auch ihre Eltern bestätigten. So kam es immer wieder zu Streit, weil sie öfter ausging, als es ihren Eltern lieb war. Darüber hinaus litt sie offenbar an einer leichten Form von Magersucht. Deren Ursachen liegen häufig in gespannten familiären Verhältnissen, und sie tritt insbesondere während der Pubertät bei Mädchen auf, die fürchten, zu dick zu werden. PSI-Forscher George Zorab glaubt, daß Thelma in dem Haus ein „Energiezentrum" darstellte, daß sie – ohne es selbst zu wissen – die paranormalen Kräfte eines Mediums besaß und ihre seelischen Störungen in Spukphänomenen Ausdruck fanden. Zorab sagt, daß die so erzeugten Phänomene keineswegs rein subjektive Halluzinationen sein müssen, sondern Masse und Realität besitzen können.

Wenn dies in Thelmas Fall zutraf, war es dann möglich, daß ihre Energie auf irgendeine Weise vorhandenen paranormalen Eindrücken eines Hausmädchens Stofflichkeit verlieh, das früher einmal in dem Haus gearbeitet hatte? Konnte Thelma der Erscheinung so viel Substanz geben, daß diese nicht nur für ihren Schwager sichtbar wurde und in der Gegenwart ihrer Mutter eine Tür auf- und zumachte, sondern Mrs. Turner, die nun die Stelle der Hausangestellten innehatte, auf der Treppe zur Seite stieß?

Andrew MacKenzie nennt derartige Spukphänomene „Manifestationen eines Aspektes der Wirklichkeit, von denen wir heute nur eine leise Ahnung haben". Der führende amerikanische Parapsychologe William G. Roll hingegen glaubt, daß bereits ein konkreteres Wissen vorliegt, und bietet als globale Erklärung ein Spektrum graduell unter-

Dorothy und Peter McEwan (rechts) hatten vor, auf Ardachie Lodge (oben) ein neues Leben zu beginnen und reinrassige Schweine zu züchten. Ein Phantom, das ihre Haushälterin zu Tode erschreckte, durchkreuzte ihre Pläne, und sie verkauften das Anwesen. Ein späterer Besitzer ließ das Haus in die Luft sprengen, um Gerüchten über den Spuk ein Ende zu setzen.

schiedlicher Ursachen an, die Kategorien von Spukphänomenen zugeordnet werden können.

An einem Ende des Spektrums, sagt Roll, befinden sich die Fälle, in denen spukhafte Bilder oder Geräusche eindeutig einer bestimmten Person oder einem Ereignis zuzuordnen sind – beispielsweise dem plötzlichen Tod eines früheren Bewohners des Hauses. „Solche Ereignisse scheinen einen Eindruck in der Umwelt zu hinterlassen, auf den viele Leute reagieren können", sagt er. „Der Ursprung des ortsgebundenen Phänomens ist eine tiefe, gedächtnisähnliche Spur, die sich in der stofflichen Umgebung eingeprägt." Um diese Art eingeprägter Erinnerung zu verstehen, „brauchen wir nicht von psychischem Äther zu sprechen", sondern müssen nur akzeptieren, daß „die Erinnerungen da sind".

„Ereignisse, die sich – wie Todes- und Unfälle oder dergleichen – tief in unser Gedächtnis einprägen, hinterlassen in der Welt außerhalb unseres Körpers einen ebenso starken Eindruck", sagt er. „Wir brauchen nur davon auszugehen, daß es keine scharfe Trennung zwischen Geist und Materie gibt und daß sich die Vorgänge, die im menschlichen Gehirn stattfinden, vielleicht auch in der Umgebung des Menschen abspielen. Am interessantesten an diesen Phänomenen ist für mich die naheliegende Vermutung, daß Körper und Geist und Geist und Materie nicht so klar zu trennen sind, wie wir bisher geglaubt haben, daß Geist in Materie eingehüllt ist, daß es Sinn in der Materie gibt, daß die physische Umgebung geistige Eigenschaften besitzt, die von den Menschen stammen, die in dieser Umgebung gelebt haben."

Am anderen Ende des Spektrums befindet sich nach Roll „eine andere Art von Spukerscheinungen, deren Urheber möglicherweise der Perzipient selbst ist". Eine typische Voraussetzung für eine solche Situation ist gegeben, „wenn die Harmonie in der Familie gestört ist", fährt er fort, „wenn etwa der Mann viel außer Haus und die Frau mit dem Kind allein ist, wenn es ständig Streitereien gibt oder die sexuelle Beziehung nicht funktioniert". In einem solchen Fall, so vermutet er, wird manchmal „eine objektive Realität", eine Art Quasi-Persönlichkeit, geschaffen, um die Leere zu füllen.

„Es ist wie ein Traum, der Wirklichkeit geworden ist", erklärt Roll, „ein starkes Bedürfnis, das irgendwie eine Situation erzeugt hat, durch die es befriedigt wird. Mein Eindruck ist, daß Erinnerungen in Einklang mit den Bedürfnissen abgerufen werden. Und dies kann in einer modernen Wohnung mit der gleichen Wahrscheinlichkeit geschehen wie in einem alten Herrenhaus." Andere Fälle werden in Rolls Spektrum danach eingeordnet, wie stark die beiden beteiligten Kräfte sind – die paranormalen Eindrücke auf der einen und die Bedürfnisse des Perzipienten auf der anderen Seite.

Weder in einem alten Herrenhaus noch in einer modernen Wohnung, sondern in der unwahrscheinlichen Umgebung einer Rundfunkstation fand dem Vernehmen nach eine Spukserie statt, die ein gutes Beispiel für Rolls Ursachenkombination von paranormalen Eindrücken und Bedürfnissen der Perzipienten darstellen könnte. 1981 meldete sich der Leiter einer Rundfunkstation in Virginia bei der Psychical Research Foundation – einem von Roll geleiteten Forschungsinstitut, das sich zur damaligen Zeit in Durham, North Carolina, befand – und bat in einer Angelegenheit um Hilfe, bei der es sich anscheinend um einen Spuk handelte. Wie der Mann sagte, war der Sender nicht auf Publicity aus, sondern wollte allein den Störungen ein Ende machen.

Bei der Rekonstruktion des Falles stellten die Forscher – Roll, Teresa Cameron und Pauline Philips – fest, daß die fragliche Gestalt erstmalig an einem Oktoberabend des Jahres 1980 von einem Techniker der Senders gesehen worden war, der eine Tür reparierte. Außer William Morrison, wie der Mann im Bericht genannt wurde, befand sich nur noch ein Ansager im Haus, und zwar in der Technik. Etwa um halb sieben machte sich Morrison auf den Weg, ein Werkzug zu holen, und sah in etwa 15 Metern Entfernung in einem Büro einen Mann, der ein braunkariertes Jackett trug. Später konnte sich Morrison lediglich daran erinnern, die Jacke gesehen zu haben, nicht aber einen Kopf oder Beine. Das war insofern nicht weiter überraschend, als die Beleuchtung schlecht und Morrison, der auf einem Auge nichts mehr sah, müde war. Wie es in dem Bericht heißt, nahm er zunächst kaum Notiz von dem Mann. Später an jenem Abend sah er die Gestalt jedoch wieder, und als er sich ihr näherte, verschwand sie. Verwirrt und unsicher beschloß Morrison, die Sache für sich zu behalten.

Ein oder zwei Tage später sah eine junge Frau, die für den Sender Werbespots produzierte, den Rumpf – ohne Kopf und Beine – einer Männergestalt, die eine braune Jacke trug. Die gebeugte Haltung und die Handhaltung erinnerten sie an einen ehemaligen Angestellten namens Charles Michaux, der 1978 gestorben war. Der Vorfall jagte ihr einen heftigen Schrecken ein, und als sie ihren Kollegen davon erzählte, berichtete Morrison ebenfalls von seinem Erlebnis. Auch ihn hatte die Erscheinung an den verstorbenen Michaux erinnert. Im darauffolgenden Monat glaubte ein junger Ansager namens Jack Sneider eines Abends, als er sich allein in dem Gebäude aufhielt, Morrison zu sehen, doch als er wenig später einen Telephonanruf von ihm erhielt, wußte er, daß etwas nicht stimmte. Er durchsuchte das Gebäude, konnte aber nichts finden. Wieder einen Monat später behauptete Sneider, plötzlich der Gestalt eines großen Mannes gegenübergestanden zu haben, doch als er ihr ausweichen wollte, war sie nicht mehr da.

Im April 1981 blieb einer jungen Frau am Empfang „das Herz fast stehen", als sie eine durchsichtige männliche Gestalt die Halle durchqueren und verschwinden sah. Sie stürzte ins Hinterzimmer, wo gerade einige Kollegen zu Mittag aßen und schrie: „Oh, Gott, ich habe einen Geist gesehen!" Nach ihrer Beschreibung trug die Erscheinung einen dunklen Anzug und flimmerte wie „Hitzewellen auf einer Straße". Daraufhin berichtete ein anderer Techniker namens Henry Eaton, einen unbekannten Mann im Büro des Leiters gesehen zu haben, der an diesem Tag nicht im Haus war. Dann hatte er einen Moment den Blick abgewandt, und als er wieder hinsah, war der Mann fort.

Wie die Forscher erfuhren, war Charles Michaux ein Freund der ersten beiden Perzipienten gewesen; die anderen drei hatten ihn nicht gekannt, da sie erst nach seinem Fortgang ihre Arbeit beim Sender aufgenommen hatten. Wie sich herausstellte, war Michaux 1977 kurz vor Weihnachten plötzlich gekündigt worden. In dieser Zeit hatte es im ganzen Sender starke Spannungen gegeben. So war im Zuge einer heftigen Auseinandersetzung, zu der es aufgrund der Kündigung während der Weihnachtsfeier kam, in einem Restaurant erheblicher Schaden entstanden. Michaux' Tod im Jahr 1978 dürfte zu neuen Spannungen Anlaß gegeben haben. Die Forscher hielten es für möglich, daß Michaux, den die Kündigung unvermittelt und tief getroffen hatte, einen unbewußten seelischen Eindruck im Funkhaus hinterlassen hatte, einen Teil seiner Persönlichkeit, der hartnäckig in seiner früheren Umgebung verweilte.

Nach Meinung der Forscher mußten drei der Perzipienten als seelisch unausgeglichen betrachtet werden; drei hatten schon bei früherer Gelegenheit sensitive Begabung gezeigt. Letztere mögen eine „gewisse Disposition für Spukerlebnisse" gehabt haben, die aber nicht als Beweis für die Unzuverlässigkeit ihres Berichts gewertet wurde, sondern nur als Faktor, der zu den Erscheinungen beigetragen haben könnte. „Vielleicht ist der Perzipient einer Erscheinung kein neutraler Beobachter", hieß es in dem Bericht, „sondern er beschwört das Bild einer bestimmten Person oder eines Ereignisses, das der seelischen Verfassung des Perzipienten entspricht. Dies bedeutet keineswegs, daß die Erscheinung nicht 'echt' ist. Es kann sich dennoch um eine bewußte Persönlichkeit, die überlebt hat, einen unbewußten paranormalen Eindruck oder etwas, das zwischen diesen beiden Extremen liegt, handeln. Wenn diese Vermutungen in irgendeiner Weise zutreffen sollten, scheint es, daß die Perzipienten möglicherweise auf Michaux' Persönlichkeit zur Zeit seiner Kündigung reagiert haben."

Die Angestellten des Senders waren durch die unheimlichen Vorgänge offensichtlich verstört, doch aufgrund seiner langjährigen Erfahrungen vermutet William G. Roll, daß „viele Menschen mit ihren Spukerscheinungen glücklich sind", da sie ihre emotionalen Bedürfnisse befriedigen. Er sagt aber auch, daß in manchen Fällen die Perzipienten Angst bekommen und „die Angst die Flammen nährt", die ihrerseits höher schlagen und durch ihre Bedrohlichkeit die Angst steigern.

Gewiß, diese Erklärung klingt ein wenig wie die komplizierte Analyse einer sehr simplen Wahrheit, die den Menschen seit alters her bekannt ist: Geister können schrecklich sein. Ein Beispiel dafür sind die Erlebnisse eines jungen amerikanischen Geistlichen, der mit seiner Familie 1930 ein neues Haus bezog und dort einem furchtbaren, bösartigen Geist begegnete.

Der Fall wurde Jahre später von seiner Frau, der man den Namen Esther De Leau gab, im *Journal of the American Society for Psychical Research* beschrieben. Die Familie war in eine neue Stadt gezogen, doch Esther mißfiel das Haus, das ihr Mann gemietet hatte, nicht zuletzt, weil es im Garten keinen Schatten für ihre drei Kinder gab und im Sommer die Temperaturen oft auf 44 Grad kletterten. Deshalb war ihre Freude auch groß, als sie ein anderes Haus fanden, ein geräumiges, freundliches Gebäude mit zwei Stockwerken und einer großen rückwärtigen Veranda, das inmitten von Bäumen stand und im Garten ein Sommerhaus hatte. Offenbar verärgert über den Umzug, wagte Reverend De Leau die Voraussage, daß seine Frau binnen 24 Stunden ein Dutzend Klagen über das neue Haus vorbringen würde, worauf sie ihm mit funkelnden Augen erwiderte: „So wahr ich hier stehe, ich werde niemals nur *ein* Wort über dieses Haus verlieren, was auch immer damit vielleicht nicht stimmen mag."

„Und ich hielt Wort", erinnerte sie sich lange Zeit später, „bis ich fast mit dem Leben dafür bezahlte."

Einen ersten Hinweis auf Probleme gab es bereits am Tag ihres Einzugs, als sich der kleine Ernie De Leau weigerte, in einem bestimmten Raum zu spielen. „Ich mag dieses Zimmer nicht", verkündete Ernie seiner Mutter. „Da ist ein Gespenst im Schrank." Seine Mutter wies ihn zurecht, aber der Junge weigerte sich weiterhin, allein das Zimmer zu betreten. Ihrem Mann gegenüber sagte Esther jedoch kein Wort, da sie fürchtete, er würde es als eine jener Klagen verstehen, die sie auf jeden Fall vermeiden wollte.

Nach einigen Wochen aber begann Esther De Leau, am Abend – wenn ihr Mann aus dienstlichen Gründen häufig außer Haus war – die Gegenwart eines bedrohlichen Wesens zu spüren. Sie fühlte, daß es von einer alten, mit Brettern abgedeckten Zisterne unter dem Sommerhaus über das Verandadach in den oberen Flur kam. „Von Tag zu Tag und Woche zu Woche nahm es an Intensität und Schrecken zu", sagte sie später. „Mit dem Vorrücken der Abendstunde wurde es stärker, bis es schließlich exakt um zehn Uhr – ich konnte tatsächlich die Uhr danach stellen – im Flur lauerte. Und mit seiner wachsenden Intensität und Feindseligkeit, konnte ich es immer besser 'sehen'. Es war eine große, dunkle, gesichtslose und verschleierte Erscheinung, durch und durch böse und schlecht. Und es lauerte einfach nur haßerfüllt dort im Flur."

Esther versuchte, ihrer Furcht nicht nachzugeben, „denn ich wußte, wenn ich das tat, war alles verloren". Sie betete oftmals am Tag und verteilte im ganzen Haus Bibeln, doch das Grauen ließ sie nicht los. Beharrlich verschwieg sie ihrem Mann ihre Gefühle, spürte aber, daß auch er sich der bösen Erscheinung bewußt war. Unter einem fadenscheinigen Vorwand vernagelte er eines Tages das Sommerhaus mit Brettern, und sein Schlaf war nicht besser als ihrer.

Schließlich aber konnten sie ihre Angst nicht länger für sich behalten. De Leau war zu einem dreitägigen Kirchentreffen gefahren, aber kaum dort angekommen, kehrte er wie von einem seltsamen Zwang ergriffen um und fuhr durch die Nacht nach Hause zurück. Als er dort in der Morgendämmerung eintraf, fand er seine Frau und die Kinder in einem der unteren Räume in Angst und Schrecken zusammengekauert. Auf jede Stufe, die in den ersten Stock führte, hatten sie eine Bibel gelegt.

„Nun sprachen wir über unsere Empfindungen", schrieb Esther De Leau später. „Sie stimmten in allen Punkten überein. Da gab es ein Wesen, das schlecht und böse war und immer bedrohlicher und gefährlicher wurde." Das Ehepaar beschloß, eilends nach einer neuen Bleibe zu suchen, selbst wenn sie ein Jahr lang doppelte Miete zahlen müßten.

Es war am Abend vor dem Auszug, als De Leau in seinem Arbeitszimmer im oberen Stock Bücher einpackte. Er pfiff wie einer, der sich zu mitternächtlicher Stunde auf einem Friedhof Mut machen will, während seine Frau angsterfüllt im Erdgeschoß wartete. Plötzlich hörte sie die Schritte ihres Mannes nicht mehr. „Urplötzlich erfüllten Grauen, Schrecken und Gefahr das Haus", schrieb sie später. Dann hörte sie hastige Schritte auf der Treppe, die Tür wurde aufgerissen, und ihr Mann stürzte weiß und keuchend in den Raum. „Mein Gott", stieß er hervor, „das verfluchte Ding kam gerade in mein Arbeitszimmer."

Was immer auch die De Leaus heimgesucht haben mochte – das Gespenst eines Toten, ein paranormaler Eindruck von etwas, das sich einmal in dem Haus ereignet hatte, ein wirklich stoffliches Wesen, das auf irgendeine Weise durch ihren eigenen Geist entstanden oder aus einer anderen Dimension in ihr Leben gekommen war, oder ein Grauen, allein erzeugt durch ihre Phantasie und möglicherweise genährt durch die Belastungen, denen Mrs. De Leau durch die häufigen Abwesenheiten ihres Mannes am Abend ausgesetzt war –, in jenem Moment hatten Erklärungen keinerlei Bedeutung. Sie wußten nur, daß sie sich in einem schrecklichen Spukhaus befanden und Flucht ihre einzige Hoffnung auf Rettung war.

De Leau wartete auf das beruhigende Licht der Morgendämmerung, bis er nach oben zurückging, um fertig zu packen. Dann aber verließen die beiden mit ihren Kindern in aller Eile das Haus, in dem sie erst vier Monate gewohnt hatten. Und in den nachfolgenden Jahren ließen sie nachts stets eine Lampe in ihrem Haus brennen.

Rückkehr in die Vergangenheit

Seit langem beschäftigen sich PSI-Forscher fasziniert mit einem Spukphänomen, das sehr selten ist und als Retrokognition bezeichnet wird. Dieser Begriff leitet sich von den lateinischen Worten für *zurück* und *Erkenntnis* ab, und Betroffene sollen dabei einstige Ereignisse und Situationen so lebendig erleben, als seien sie in die Vergangenheit zurückversetzt.

Berichte über solche Vorfälle gibt es schon lange. Der PSI-Forscher W.H.W. Sabine glaubt sogar, daß die biblische Schöpfungsgeschichte auf Retrokognition beruht. Und ständig kommen neue Fälle dazu. Als Coleen Buterbaugh, eine Sekretärin an der Nebraska Wesleyan University, 1963 einen Raum auf dem Universitätsgelände betrat, soll sie von einer plötzlichen Stille umgeben gewesen sein und die Gegenwart eines unsichtbaren Mannes an einem Schreibtisch gespürt haben. Sie erblickte eine Frau in einem altmodischen, knöchellangen Kleid, die dann aber „einfach verblaßte". Sie sah aus dem Fenster, und „da war draußen nicht ein einziges Ding aus dem Jetzt. Nicht einmal die Straße war da. Da erkannte ich, daß diese Menschen nicht in meine Zeit gehörten, sondern daß ich in ihre Zeit zurückversetzt worden war". Als sie auf einen Korridor hinaustrat, kehrte sie jedoch in die Gegenwart zurück, wie sie sagte.

Der berühmteste und sensationellste Fall von Retrokognition wurde der Öffentlichkeit 1911 bekannt. In diesem Jahr publizierten die beiden Engländerinnen Anne Moberly *(oben rechts)* und Eleanor Jourdain *(oben links)* ein Buch mit dem Titel *An Adventure*. Es war der Bericht von einem unheimlichen Erlebnis, das sie ein Jahrzehnt zuvor in der berühmten Schloßanlage von Versailles gehabt hatten, dem einstigen Sitz der französischen Könige. Auf den folgenden Seiten ist dargestellt, was die Frauen nach ihren Angaben dort erlebten, Geschichten, über die noch heute – mehr als ein halbes Jahrhundert danach – heftig diskutiert wird.

Das Abenteuer beginnt

Im Sommer 1901 lud Eleanor Jourdain ihre neue Bekannte Anne Moberly ein, sie auf einer zweiwöchigen Studienreise nach Paris zu begleiten. Miss Moberly war Lehrerin an der Oxford University und Miss Jourdain eine Stelle als ihre Assistentin angeboten worden. Für Miss Moberly war dies der erste Besuch in Frankreich, für Miss Jourdain der zweite, und beide betrachteten die Reise als gute Gelegenheit, einander kennenzulernen.

Trotz Unterschiede in Alter und Persönlichkeit entdeckten die Frauen bald zahlreiche Gemeinsamkeiten. Beide waren Damen im herkömmlichen Sinne. Die 55jährige Anne Moberly war eine zurückhaltende Frau mit intensiven, dunklen Augen, die hinter einem Kneifer hervorschauten, der fest auf ihrer kräftigen Nase saß. Sie verdankte ihre Position in Oxford weniger einer umfassenden Bildung, geschweige denn exzellenten administrativen Fähigkeiten, sondern vielmehr ihrer gesellschaftlichen Stellung als Tochter eines anglikanischen Bischofs. Die etwa 20 Jahre jüngere Miss Jourdain galt als tüchtig, offen und charmant, und auch ihr Vater war Geistlicher gewesen.

Am 10. August begaben sich die Frauen mit dem Zug nach Versailles. Über französische Geschichte wußten beide nur wenig. Wie Miss Moberly zugab, stammten ihre Kenntnisse in erster Linie aus Romanen und nicht aus gelehrten Werken, und die Geschichtsseminare, die Miss Jourdain in Oxford besucht hatte, hatten sich nicht mit der Zeit, in der Versailles seine Blüte erlebte, beschäftigt.

Die beiden unternahmen den obligatorischen Rundgang durch das Schloß. Für einen Augusttag war es ungewöhnlich frisch und windig, und sie beschlossen, das Petit Trianon zu besuchen, eines der beiden kleineren Schlösser im Park von Versailles. Die Tatsache, daß die letzte königliche Bewohnerin des Petit Trianon die unglückliche Marie Antoinette gewesen war, verlieh dem Ausflug romantischen Reiz. Die Königin hatte diesen Ort sehr geliebt und sich dorthin vor der erstickenden Etikette und den Intrigen bei Hofe geflüchtet. Mit ihrem Baedecker-Reiseführer in der Hand – und vielleicht in Gedanken bei dem Tod der Königin durch die Guillotine – machten sich die Damen auf den Weg.

Diese bisher nicht veröffentlichten Schriftproben zeigen die gedrängte Handschrift von Anne Moberly in ihrem Bericht über die seltsamen Ereignisse in Versailles (unten) und die großzügigere Schreibweise von Eleanor Jourdain.

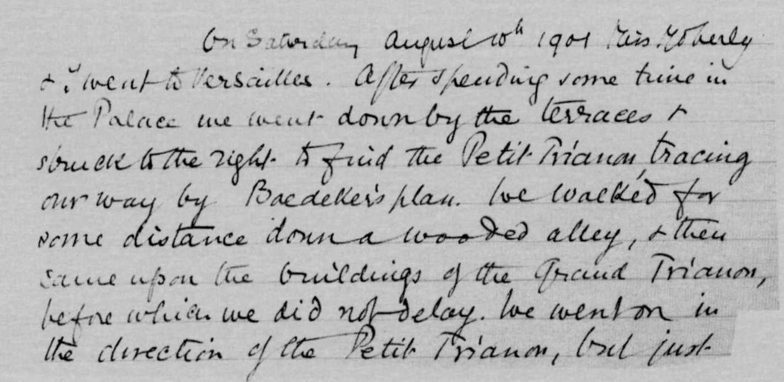
On Saturday August 10th 1901 Miss Moberly & I went to Versailles. After spending some time in the Palace we went down by the terraces & struck to the right to find the Petit Trianon tracing our way by Baedeker's plan. We walked for some distance down a wooded alley, & then came upon the buildings of the Grand Trianon, before which we did not delay. We went on in the direction of the Petit Trianon, but just

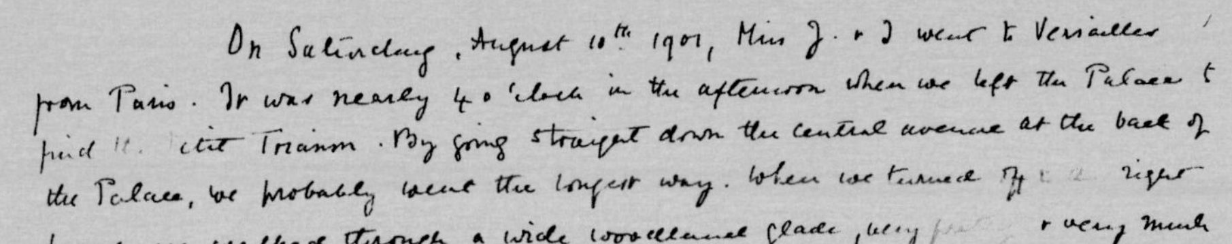
On Saturday, August 10th 1901, Miss J. & I went to Versailles from Paris. It was nearly 4 o'clock in the afternoon when we left the Palace to find the Petit Trianon. By going straight down the central avenue at the back of the Palace, we probably went the longest way. When we turned off to the right hand, we walked through a wide woodland glade, very [illegible] & very much deserted.

Die erste Begegnung

Plaudernd schlenderten die Engländerinnen durch einen ausgedehnten Park und gelangten schließlich zu einer Lichtung. Aber sie hatten die falsche Richtung eingeschlagen, und als sie aus dem Wald kamen, sahen sie vor sich ein anderes als das anvisierte Gebäude – das sogenannte Grand Trianon. Nach einem weiteren Blick in ihren Führer schlugen sie eine Straße ein, die offenbar zum Petit Trianon führte. Sie kamen an einem Gebäude vorbei, wo Miss Moberly eine Frau bemerkte, die ein Tuch aus dem Fenster ausschüttelte. Zu ihrer Überraschung aber fragte Miss Jourdain – die im Gegensatz zu ihrer Begleiterin fließend französisch sprach und bei ihren Ausflügen als Sprecherin fungierte – nicht nach dem Weg.

Seltsamerweise waren nirgendwo andere Touristen zu sehen. Schließlich gelangten sie an eine Stelle, an der drei Wege von der Straße abzweigen. Dort begegneten die Frauen zwei ernst aussehenden Männern, die einen grünen Rock und Dreispitz trugen. Sie schienen Gärtner zu sein, denn sie hatten einen Schubkarren und einen Spaten bei sich. Als Miss Jourdain sich bei ihnen erkundigte, welcher der Wege zum Petit Trianon führe, antworteten die Männer, aber in einer so kalten, mechanischen Art, daß Miss Jourdain ihre Frage noch einmal stellte. Sie erhielt wieder die gleiche Antwort. Irritiert sah sie sich um, und dabei fiel ihr die altmodische Kleidung einer Frau und eines Mädchens auf, die in der Tür eines nahegelegenen Häuschens standen. Ohne dies ihrer Begleiterin gegenüber zu erwähnen, schlug sie nun mit Miss Moberly den Weg ein, den ihr die Männer gewiesen hatten.

Offenbar ohne Grund fühlte sich Miss Moberly plötzlich von tiefer Niedergeschlagenheit ergriffen. Vielleicht scheute sie sich, ihrer neuen Bekannten ihre Empfindungen mitzuteilen, jedenfalls erwähnte sie sie nicht, obwohl sie von Minute zu Minute bedrükkender wurden. Gleichzeitig überfiel Miss Jourdain eine fast überwältigende Einsamkeit, und sie hatte beinahe das Gefühl, als würde sie schlafwandeln. Aber auch sie verschwieg ihre Empfindungen, und so setzten die Frauen ihren Weg zum Petit Trianon fort.

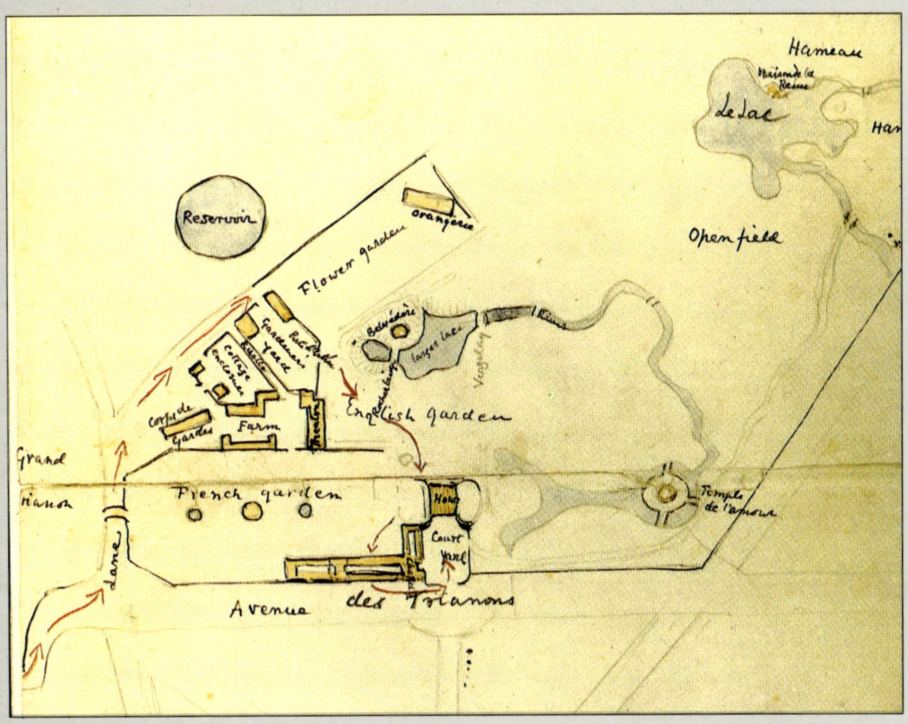

Mit einem roten Stift markierte Anne Moberly den Weg, den die Damen zum Petit Trianon nahmen.

Der Pavillon im Wald

Innerlich zunehmend bedrückt, folgten die Lehrerinnen dem Weg, den ihnen die Männer im grünen Rock gewiesen hatten, bis sie an eine weitere Kreuzung kamen. Direkt vor ihnen stand im Schatten des dichten Waldes auf einer Wiese ein kleiner runder Pavillon, bei dem ein Mann mit Umhang saß. Und plötzlich schien der Tag, der für die Jahreszeit ungewöhnlich frisch und windig gewesen war, unheilsschwanger und beinahe erstikkend zu werden.

Später schrieb Miss Moberly, daß alles um sie herum „mit einem Mal unnatürlich und somit unheimlich wirkte; selbst die Bäume hinter dem Gebäude schienen flach und leblos geworden zu sein, abstrakt wie ein Wald auf einer Tapisserie. Es gab weder Licht- noch Schatteneffekte, und kein Lüftchen bewegte die Bäume. Rundum herrschte eine angespannte Stille."

Der Mann *(gegenüber)* wandte den Kopf und schaute zu den Frauen hin. Als Miss Jourdain den zynischen Ausdruck auf seinem tiefbraunen, pockennarbigen Gesicht sah, machte ihr Unbehagen bedrückender Furcht Platz. Gleichzeitig war sie sich nicht sicher, ob er sie tatsächlich anschaute. Auch Miss Moberly ängstigte das Gesicht sehr, das ihr abstoßend und widerlich erschien. Doch auch diesmal behielten sie und Miss Jourdain ihre Angst für sich und sprachen nur darüber, ob sie nach links oder rechts gehen sollten.

Auf einmal näherte sich den Frauen, wie aus dem Nichts, ein gutaussehender Herr mit langen, dunklen Locken, einem breitkrempigen Hut, Schnallenschuhen und einem Umhang. Er rief ihnen zu, sie sollten den rechten Weg nehmen, um zu dem Schloß zu gelangen. Mit diesen Worten eilte der unverhoffte, aber willkommene Helfer wieder davon, und einen Augenblick später war er aus ihrem Blickfeld verschwunden.

Zwar waren sowohl Miss Moberly als auch Miss Jourdain verblüfft darüber, wie unvermittelt er aufgetaucht und dann wieder verschwunden war, aber sie nahmen seine Hilfe dankbar an und setzten ihren Weg fort, der sie nun durch einen düsteren Wald führte. Am Waldrand angelangt, erblickten sie zum erstenmal das Petit Trianon.

1904 zeichnete Anne Moberly den Säulenpavillon, den sie drei Jahre zuvor gesehen hatte.

Eine Vision im Garten

Die beiden Frauen traten aus dem Wald und durchquerten einen nach englischem Vorbild angelegten Garten auf der Nordseite des Petit Trianon, das auf Miss Moberly eher den Eindruck eines eleganten Landhauses als einer königlichen Residenz machte. In der Nähe einer Terrasse, die an der Nord- und Westseite des Schlosses lag, sah Miss Moberly eine hübsche Frau mit blondem Haar, die offenbar zeichnete. Sie trug einen breitkrempigen weißen Hut und ein tiefdekolletiertes Kleid mit einem weiten Rock. Um ihre Schultern hatte sie ein helles Tuch geschlungen. Für eine Touristin war sie reichlich altmodisch gekleidet, fand Miss Moberly. Irgendwie fühlte sie sich von der Frau, an der sie und Miss Jourdain schweigend vorbeigingen, verunsichert und irritiert.

Miss Moberly konnte sich eines Gefühls der unnatürlichen Stille und eines traumartigen Zustands nicht erwehren, als Miss Jourdain und sie die Terrasse erreichten und um das Schloß herum zu einem Hof auf der Südseite gingen. Dort betraten sie das Gebäude und schlossen sich einer fröhlichen französischen Hochzeitsgesellschaft an, deren Teilnehmer normale Kleidung trugen und sich auf einem Rundgang durch die Räume befanden. Die Niedergeschlagenheit begann zu weichen, und ihre gute Laune kehrte zurück.

Eine ganze Woche lang unterdrückten die beiden Frauen den Wunsch, über das beängstigende Erlebnis zu reden, vielleicht um die unangenehmen Gefühle nicht wieder aufzuwühlen. Es kam erst zur Sprache, als Miss Moberly einen Brief an ihre Schwester begann, in dem sie ihre Suche nach dem Petit Trianon erwähnte. Während sie schrieb, übermannte sie erneut Niedergeschlagenheit. Sie wandte sich zu Miss Jourdain um. „Glauben Sie, daß es im Petit Trianon spukt?“ brach es aus ihr heraus. Miss Jourdain erwiderte prompt: „Ja.“ Dann offenbarten sie sich ihre Empfindungen und versuchten, eine Erklärung für das seltsame Benehmen und die Kleidung des Mannes zu finden, dem sie bei dem Pavillon begegnet waren. Nach dieser Unterhaltung ließen sie das Thema ruhen, und es sollten einige Monate vergehen, bevor es erneut zur Sprache kam.

In den Unterlagen von Anne Moberly und Eleanor Jourdain fand sich eine mit Anmerkungen versehene Ansichtskarte des Petit Trianon. Miss Moberly hatte darauf mit einem Pfeil die Stelle markiert, an der sie die zeichnende Frau gesehen hatte, und mit sauberer Handschrift danebengeschrieben: „Sitzende Dame hier.“

Phantommusik an einem Wintertag

Wieder in Oxford, erwähnte Miss Moberly eines Oktobertages beiläufig eine sitzende Frau, an der sie im Park des Petit Trianon vorbeigekommen waren. Miss Joudain reagierte erschrocken, denn sie hatte keine sitzende Frau gesehen. Später entdeckte sie, daß der 10. August, an dem sie Versailles besucht hatten, ein entscheidendes Datum in der französischen Geschichte war, denn an diesem Tag hatten im Jahre 1792 Revolutionstruppen die königliche Familie verhaftet. Dies war der Anfang von Marie Antoinettes Ende gewesen: Vor ihr lagen Gefängnis und Guillotine. Die Frauen überlegten, ob sie vielleicht auf telepathischem Wege irgendwie mit der Erinnerung von Marie Antoinette in Kontakt gekommen waren, die an dem schwarzen Jahrestag in der Nähe ihres geliebten Schlosses verweilte.

In den Weihnachtsferien kehrte Miss Jourdain nach Paris zurück, und an einem kalten, nassen Januartag ging sie durch den Park des Petit Trianon zum Hameau, der Nachbildung eines Bauerndörfchens, das für Marie Antoinette errichtet und fast täglich von ihr besucht worden war. Traumähnliche Empfindungen und unheimliche Wahrnehmungen überkamen Miss Jourdain, als sie sich dem Hameau näherte. Sie kam an zwei Männern in Kitteln und Kapuzenmützen vorbei, die Reisig auf einen Karren luden. Als sie einen Moment später zurückschaute, waren die Männer verschwunden.

Im Hameau angekommen, ging Miss Jourdain von Gebäude zu Gebäude, von einer Traurigkeit überwältigt, die noch intensiver wurde, als sie vor dem Häuschen der Königin stehenblieb. Wieder zurück in dem waldartigen Park, lief sie ein Wirrwarr von Wegen entlang, zu deren Seiten sich dichtes Unterholz befand. Obgleich sie das Rascheln von Seidenkleidern (für einen so nassen Tag eine ungeeignete Kleidung, wie sie fand) und Frauen in Französisch miteinander sprechen hörte, sah sie außer einem grauhaarigen alten Gärtner niemanden. Nur ab und zu drangen Geigenklänge an ihr Ohr.

Wieder beim Hauptschloß, erkundigte sich Miss Jourdain, ob im Petit Trianon ein Konzert stattgefunden habe, was jedoch nicht der Fall gewesen war.

Da Eleanor Jourdain selbst sehr musikalisch war, schrieb sie einige Takte der Musik nieder, die sie beim Petit Trianon gehört hatte. Sie erinnern an französische Musik des 18. Jahrhunderts.

Lebendige Erinnerung einer toten Königin

Dieses Porträt von Marie Antoinette überzeugte Anne Moberly, daß die zeichnende Dame, die sie im Garten des Petit Trianon gesehen hatte, tatsächlich die Königin gewesen war.

Das zweite Abenteuer von Eleanor Jourdain in Versailles bestärkte die Frauen in ihrer Überzeugung, etwas erlebt zu haben, das weitab von allem Normalen lag. Unabhängig voneinander fertigten sie Berichte von ihrem Besuch im August an, und als sie sie verglichen, fielen ihnen mehrere merkwürdige Widersprüche auf. Miss Jourdain hatte weder die zeichnende Dame im Garten gesehen noch jene Frau, die ein Tuch aus dem Fenster ausgeschüttelt hatte. Miss Moberly hingegen war das Häuschen nicht aufgefallen, in dessen Tür eine Frau und ein Mädchen gestanden hatten. Es war, als hätten beide einen Blick zurück in die Zeit geworfen, aber jede auf ihre eigene und unvollkommene Weise. Auf irgendeinem Weg, so glaubten die Frauen, müßten sie Marie Antoinettes Gedanken in Bilder übersetzt gesehen haben. Nach ihrer Hypothese waren ihre Visionen Szenen aus einem intensiven Tagtraum, den die Königin einmal geträumt hatte. Da sie nach einer Verbindung zwischen ihrem Erlebnis und Marie Antoinette suchten, besorgten sie sich zahllose Dokumente und studierten sie. Eine Karte, die von dem Baumeister der Königin angefertigt worden war, schien zu bestätigen, daß an jener Stelle, wo Miss Jourdain ein Häuschen gesehen hatte, tatsächlich eins gestanden hatte, obwohl sich nun dort nichts mehr befand. Ein anderes Dokument aus dem Jahre 1780 erwähnte einen kleinen Säulenbau, bei dem es sich ihrer Ansicht nach um den von ihnen gesehenen Pavillon handelte.

Darüber hinaus glaubten sie durch ihre Nachforschungen herausgefunden zu haben, daß die beiden Männer im grünen Rock und mit der Schubkarre nicht Gärtner gewesen waren, sondern Mitglieder der Schweizer Garde, die König und Königin schützen sollten. In dem Mann beim Pavillon meinten sie den Comte de Vaudreuil zu erkennen, einen falschen Freund der Königin, der diese überredet hatte, die Aufführung eines antiroyalistischen Schauspiels zu erlauben. Auch glaubten die Damen, daß sie beim Anblick von Vaudreuil das Unbehagen der Königin selbst gespürt hatten.

Durch ihre detektivischen Nachforschungen kamen sie schließlich auf den 5. Oktober 1789, der für einige der Geschehnisse, die sie beobachtet hatten, ein bedeutsames Datum zu sein schien. Nach der geschichtlichen Überlieferung war an jenem Tag ein Bote zum Petit Trianon gelaufen, um die Königin vor den aufrührerischen Massen zu warnen, die sich von Paris näherten. Die Forscherinnen glaubten, den Boten in jenem Mann gesehen zu haben, der beim Pavillon an ihnen vorbeigeeilt war. In Büchern entdeckten sie darüber hinaus, daß an jenem Tag ein Pferdewagen gemietet worden war, um Äste und anderes Holz aus dem Park fortzuschaffen – genau wie es Miss Jourdain in der Nähe des Hameau beobachtet hatte.

Alle Teile des Puzzles schienen zu passen. So waren beispielsweise die Männer in den Umhängen für den Herbst passender gekleidet als für einen warmen Augusttag. Und ganz gleich, ob die Schlußfolgerungen der Engländerinnen richtig waren oder nicht, so hätte sich Marie Antoinette gewiß mit Wehmut und Schmerz an jenen Tag erinnert, weil danach die königliche Familie von Versailles nach Paris ging. Die Königin sah ihr geliebtes Petit Trianon nie wieder.

Der PSI-Forscher G. W. Lambert meinte später, daß Miss Jourdain und Miss Moberly tatsächlich ein retrokognitives Erlebnis gehabt, sich jedoch im Jahr geirrt hatten, denn seinen Nachforschungen zufolge waren der Pavillon und einige andere wichtige Elemente ihrer Vision um 1774 entfernt worden. Er vermutete vielmehr, daß sich die beobachteten Ereignisse um das Jahr 1770 abgespielt hatten.

Darüber hinaus ist nicht auszuschließen, daß Miss Moberly und Miss Jourdain lediglich Schauspieler in den Kostümen jener Zeit sahen. Bei seinen Nachforschungen über das Leben von Robert de Montesquiou-Fezensac, einem illustren Dichter der Jahrhundertwende, entdeckte der Biograph Phillipe Jullian, daß dieser mit seinen Freunden in der Nähe des Petit Trianon häufig historische Stücke einstudiert und daß zu ihren Lieblingsfiguren Marie Antoinette gehört hatte. In einem 1965 erschienenen Buch stellte Jullian die Theorie auf, daß die Engländerinnen möglicherweise diesen Laiendarstellern begegnet waren.

Jullians Überlegung sollte Auswirkungen haben. Joan Evans, eine Kunsthistorikerin und langjährige Freundin von Miss Moberly und Miss Jourdain, die die Rechte an deren Buch geerbt hatte, war davon überzeugt, daß Jullians These der Wahrheit entsprach und die faszinierende Geschichte auf nichts als einem Irrtum beruhte. In dieser Überzeugung verweigerte Joan Evans die Genehmigung für weitere Ausgaben von *An Adventure*.

Diese 1783 vom königlichen Baumeister Richard Mique angefertigte Karte des Petit Trianon bestätigte nach Ansicht der beiden Engländerinnen die Echtheit ihrer Visionen, da sie Elemente erhält, die die beiden gesehen haben wollten, obwohl sie seit 1901 so oder überhaupt nicht mehr existierten.

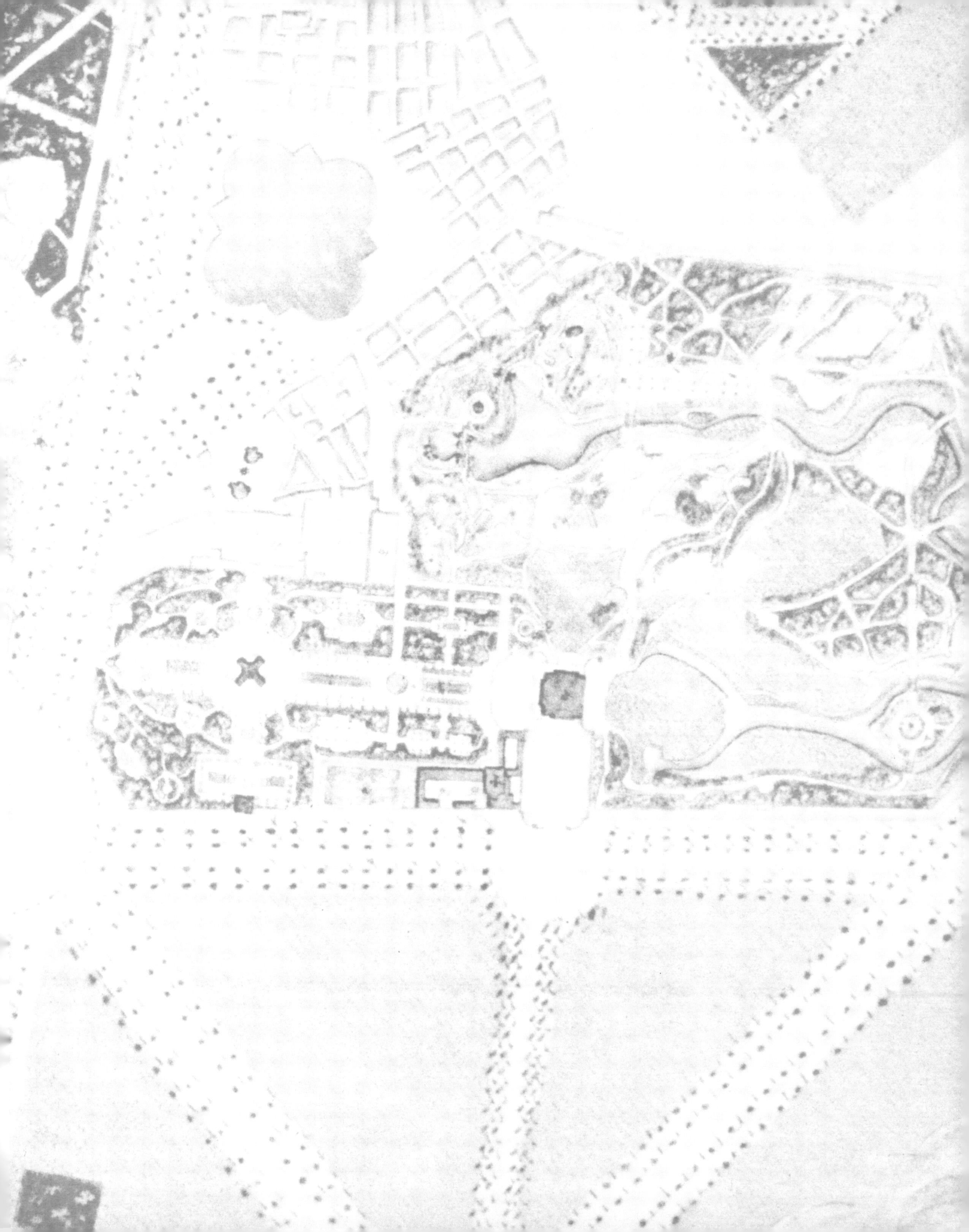

KAPITEL 2

Das Rätsel der Poltergeister

Im November 1981 erwarb Frances Freeborn ein Haus im kalifornischen Bakersfield, wo sie nach dem Tod ihres Mannes ein neues Leben beginnen wollte. Es war ein hübsches Haus mit vier Zimmern, das beinahe fünf Jahre lang leer gestanden hatte, nachdem seine einstige Eigentümerin, eine gewisse Meg Lyons, plötzlich gestorben war. Im Innern sah alles noch genau so aus, wie Meg Lyons es zurückgelassen hatte, von der Einrichtung der Zimmer angefangen bis hin zu den sauber gefalteten Kleidungsstücken in den Schubladen der Kommoden.

Frances Freeborn war mit ihrem Kauf sehr zufrieden, aber als sie sich daranmachte, das Haus auszuräumen, um es mit ihrer persönlichen Habe neu einzurichten, nahmen seltsame Geschehnisse ihren Lauf. Schon am Tag ihres Einzugs vernahm sie laute, dumpfe Geräusche, die aus Richtung Küche kamen. Da die Heizung in Betrieb war, glaubte sie jedoch, daß die Geräusche von Rohren herrührten, die sich durch die Hitze ausdehnten. Dann entdeckte sie, daß Türen und ein Schrank, die sie vor dem Zubettgehen geschlossen hatte, auf unerklärliche Weise wieder aufgesprungen waren. Sie ließ einen Handwerker kommen, der nachsah, ob die Türriegel funktionierten, und ein Schreiner prüfte, ob der Schrank geradestand. Beides war der Fall. Bald darauf begannen sich einige Lampen ein- und auszuschalten, wenn Mrs. Freeborn außer Haus war. Sie ließ drei Schalter erneuern, womit das Problem zunächst beseitigt schien, aber dann fingen andere Lampen an, verrückt zu spielen. Mrs. Freeborn ließ auch diese Schalter austauschen, doch allmählich wurde sie ärgerlich, denn ihr war von Luke Cowley, dem Schwiegersohn der verstorbenen Meg Lyons und Verkäufer des Hauses, versichert worden, daß sich die elektrischen Anlagen in einwandfreiem Zustand befanden, und sie fühlte sich betrogen.

Etwa einen Monat nach ihrem Einzug begann sie, die Bilder aufzuhängen, die sie aus ihrem alten Heim mitgebracht hatte, darunter auch eins ihrer Lieblingsbilder – ein dreiteiliges Bild mit drei Porträts von Frauen aus der Zeit vor dem Bürgerkrieg, die in ein Passepartout mit drei ovalen Ausschnitten gerahmt waren. Aber als sie am folgenden Morgen erwachte, fand sie das Bild unterhalb der Stelle, an der sie es aufgehängt hatte, ordentlich an die Wand gelehnt. Natürlich glaubte sie, es sei vom Haken gerutscht, und schätzte sich glücklich, daß das Glas nicht zerbrochen war. Mit noch größerer Sorgfalt hängte sie das Bild wieder auf.

Doch auch am nächsten Morgen lehnte das Bild an der Wand unter dem leeren Haken. In den folgenden Tagen hängte Mrs. Freeborn das Bild an fünf verschiedenen Stellen auf, doch jedesmal mußte sie am nächsten Morgen feststellen, daß es in der Nacht auf geheimnisvolle Weise heruntergerutscht – oder abgenommen worden – war. Nach dem fünften Versuch gab sie, eher verwirrt als verängstigt, auf.

Zehn Tage später nahm Frances Freeborn, von einem seltsamen Impuls ergriffen, das Bild noch einmal in die Hand, trug es in ein anderes Zimmer und hängte es an einen neuen Platz. „Es war, als würde mich jemand führen", erinnerte sie sich später. „Ich selbst hätte diesen Platz nie gewählt. Es hing viel zu niedrig und zu dicht am Lichtschalter, aber ich spürte, wie ich geführt wurde, um es genau dort aufzuhängen. Es war so, als wenn man die Bestätigung eines Auditoriums erhält – Sie wissen, wie man spürt, ob die Zuhörer einem zustimmen oder nicht. So ungefähr war das." Und diesmal blieb das Bild tatsächlich an seinem Platz hängen.

Kurz darauf erhielt Mrs. Freeborn Besuch von Luke Cowley. Bei seinem Rundgang durch das neueingerichtete Haus kam Meg Lyons' Schwiegersohn auch an dem widerspenstigen Bild vorbei und blieb wie angewurzelt stehen. Zwar bemerkte Mrs. Freeborn seine Verblüffung, doch ging Cowley zu diesem Zeitpunkt nicht weiter darauf ein. Später aber erklärte er, daß seine nur 1,50 Meter große Schwiegermutter im Besitz eines ganz ähnlichen Bildes gewesen war, welches sie genau an dieser Stelle in Augenhöhe aufgehängt hatte. Wie Cowley sagte, war sie eine sehr dominante und starrsinnige Frau gewesen und ungemein stolz auf ihr Haus und seine Einrichtung. In der Tat hatten Freunde und Bekannte der alten Dame immer wieder gesagt: „Dieses Haus und Meg sind eins!"

Frances Freeborn hielt paranormale Erscheinungen, wie sie sagte, für Unsinn, aber nun begann sie sich zu fragen, ob die tote Meg Lyons nicht vielleicht doch etwas mit dem unangenehmen Gefühl zu tun haben könnte, das sie verspürte, wann immer sie etwas im Hause veränderte. Wegen eines Rückenleidens hatte Mrs. Freeborn Handwerker geholt, um Arbeitsflächen und andere Einbauten höher anbringen zu lassen, die seinerzeit speziell für ihre kleine Vorgängerin montiert worden waren. Während die Umbauarbeiten durchgeführt wurden, begann Mrs. Freeborn, eine Art Feindseligkeit zu spüren. „Es war, als ob es – ich nannte es 'es' – alles, was ich tat, mißbilligte", sagte sie.

Aber als sie im Januar 1982 Vorbereitungen traf, das Schlafzimmer zu renovieren, spitzten sich die Ereignisse dramatisch zu. Den ganzen Tag über, den sie damit verbracht hatte, Farben und Tapeten einzukaufen, hatte sie ständig das unangenehme Gefühl gehabt, von einem unsichtbaren Wesen beobachtet zu werden, und in der darauffolgenden Nacht wurde ihr Schlaf von mysteriösen Schlägen und seltsamem Krachen in weiter entfernten Teilen des Hauses gestört. Etwa um zwei Uhr morgens stand sie auf und ging in das Bad neben ihrem Schlafzimmer. Während sie sich die Hände wusch, schien das Badezimmerfenster von außen aufgeschoben zu werden. Mrs. Freeborn bekam einen Schreck, weil sie glaubte, ein Einbrecher versuche in das Haus einzudringen, doch als sie in die Dunkelheit hinaussah, konnte sie nichts entdecken. Auch das Fliegengitter vor dem Fenster war vollkommen unbeschädigt. Sie schloß das Fenster wieder und kehrte ins Schlafzimmer zurück, wo sie sich – unfähig, Schlaf zu finden – verängstigt auf die Bettkante setzte. Wie sich zeigen sollte, hatte der Schrecken erst seinen Anfang genommen.

Plötzlich flog das Fenster im Badezimmer wieder auf, während gleichzeitig das Schlafzimmerfester mit einem lauten Knall zufiel. Dann begann ihr Hund wild zu bellen, und Mrs. Freeborn fuhr auf, weil sie sah, wie die Falttüren eines Schrankes offenbar von unsichtbarer Hand zurückgeschoben wurden, und sich im gleichen Moment die Türen eines anderen ohne sichtbare äußere Einwirkung geräuschvoll schlossen.

In all dem Durcheinander konnte sie nur den einen Gedanken fassen, so rasch wie möglich das Haus zu verlassen. Mrs. Freeborn packte ihren Hund und floh aus dem Schlafzimmer. Die Tür zum Flur, die beim Zubettgehen geschlossen gewesen war, stand jetzt weit offen, obwohl sie sie nicht einmal berührt hatte. Während sie hinauseilte, spürte Mrs. Freeborn einen merkwürdigen Widerstand. „Da war eine Druckzone", sagte sie, „eine Masse draußen im Flur, als ob sich dort etwas Drohendes, Häßliches angesammelt hatte." Sie machte das Licht an, aber es war weit und breit nichts zu sehen. Der Hund bellte noch wütender als zuvor.

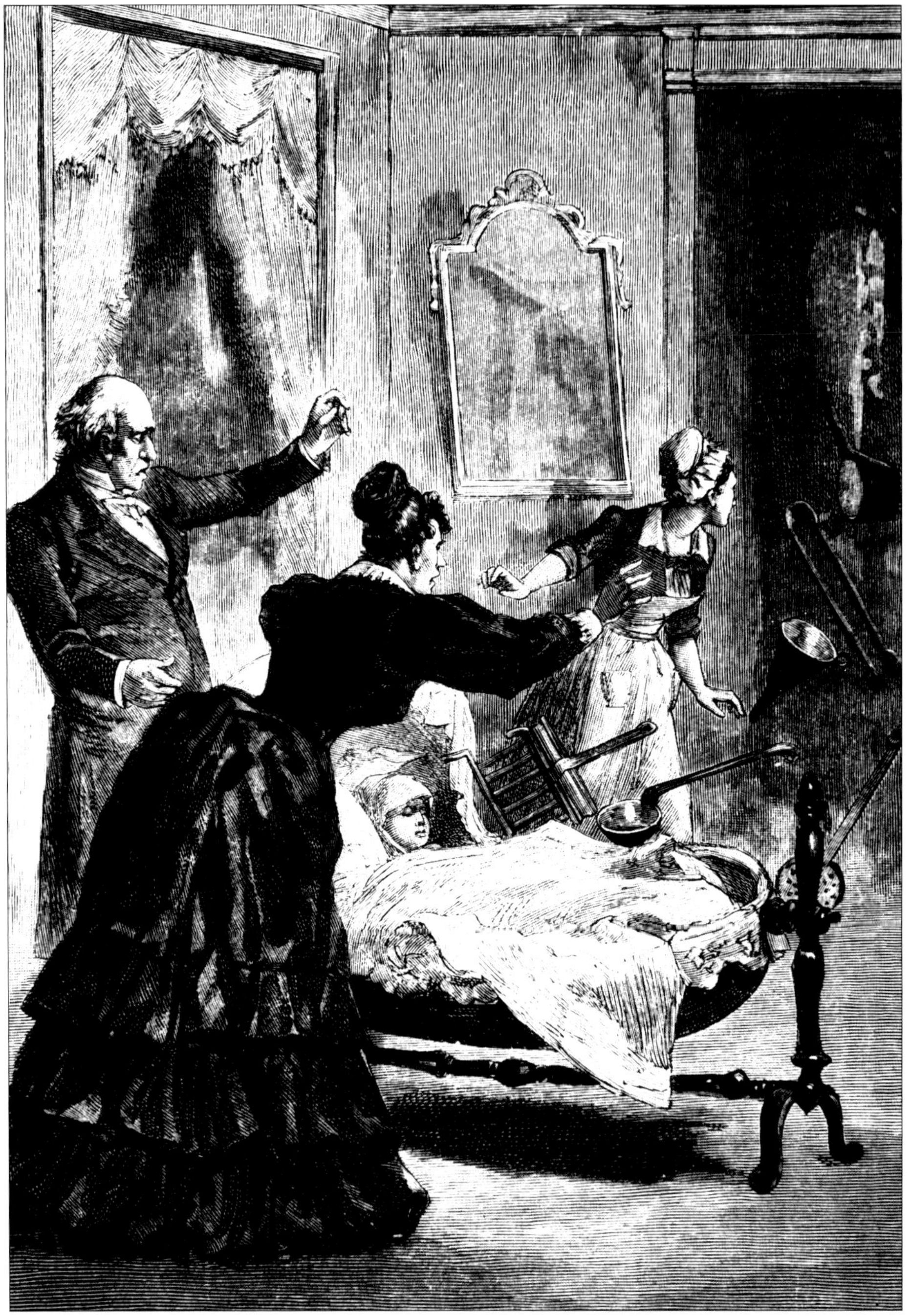

„Ich begriff, daß ich aus dem Haus entkommen mußte, weil mein Leben bedroht war", beteuerte Frances Freeborn später. Die entsetzte Frau spürte deutlich drei Kräfte, je eine zu ihren Seiten und eine weitere direkt vor ihr – Kräfte, die sie nicht durchlassen wollten. „Aus dem Weg", schrie sie und warf sich nach vorn. Sie spürte die „Überraschung" der beiden Kräfte zu ihren Seiten, als es ihr gelang, sie zu durchbrechen, und auch die Kraft vor ihr wich, offenbar erschreckt, zurück. Mrs. Freeborn hielt nur einen kurzen Augenblick inne, um Mantel und Handtasche zu packen, bevor sie – immer noch im Nachthemd – zur Hintertür hinausstürzte und in ihrem Auto davonraste, entschlossen, das Haus zu verkaufen.

Die oben geschilderten Ereignisse entstammen einem detaillierten Bericht von L. Stafford Betty, Mitglied des Department of Philosophy and Religious Studies am California State College in Bakersfield. (Wie es für Untersuchungen wie diese üblich ist, verwendete Betty anstelle der richtigen Namen Pseudonyme, um die Betroffenen vor unerwünschter Publizität zu schützen.) Nach einer über ein Jahr dauernden Untersuchung war Betty zu der Überzeugung gekommen, daß „Frances Freeborn" und „Luke Cowley" die Wahrheit gesagt hatten. Wie Betty glaubte, hatten einige der Phänomene vermutlich irdische Ursachen, doch ließ sich vieles andere nicht so einfach erklären. „Die einzige Erklärung, die *allen* Phänomenen gerecht wird", resümierte er 1984 im *Journal of the Society for Psychical Research*, „ist eine paranormale."

Der Bakersfield-Fall scheint zu jener seltsamen Kategorie paranormaler Erscheinungen zu zählen, die Poltergeist-

Voller Schrecken sehen sich die 14jährige Adolphine Benoit und ihre Herrschaft – die Eltern des schlafenden Kindes – nach einem Schrank um, aus dem eine Feuerzange und andere Gegenstände fliegen. Das französische Dienstmädchen gehörte zu den sogenannten elektrischen Menschen, welche nach Meinung einiger Forscher elektrische Energie abgaben, durch die poltergeistähnliche Phänomene erzeugt wurden. Der Stich stammt aus dem 19. Jahrhundert.

Phänomene genannt werden und jene lärmenden und zügellosen, unsichtbaren Unruhestifter bezeichnen, die sich in Volksüberlieferungen und Legenden finden.

„Die Poltergeistern zugeschriebenen Phänomene stellen eine recht bunte Mischung dar", bemerkte einmal Alan Gauld, PSI-Forscher und Dozent für Psychologie. „Zu den beiden am häufigsten auftretenden Erscheinungen dürften hallende Geräusche – darunter Klopfen, Pochen, Hämmern, Dröhnen, Knallen – sowie sich wie von unsichtbarer Hand bewegende – kippende, rückende, gleitende, schwebende und fliegende – Gegenstände gehören."

Nach dem Parapsychologen William G. Roll treten Poltergeist-Phänomene häufig bei Tage auf, wohingegen sich herkömmliche Spukerscheinungen meist zu nächtlicher Stunde zeigen. Ferner sind Poltergeister gewöhnlich an eine Person gebunden und nicht notwendigerweise an einen bestimmten Ort, wie es beim Spuk der Fall ist. Aber selbst im Rahmen dieser sehr grundlegenden Charakterisierung gibt es Ausnahmen. Mit Gewißheit kann lediglich festgestellt werden, daß Poltergeist-Phänomene plötzlich und ohne jede Vorwarnung auftreten und Tage oder Jahre andauern können. Typisch ist auch, daß sie ebenso abrupt und geheimnisvoll enden, wie sie begonnen haben.

Es besteht jedoch große Uneinigkeit darüber, was ein Poltergeist ist und welche Kräfte für die Erscheinungen verantwortlich sind. Schon an dem Begriff *Poltergeist* entzündet sich die Kontroverse. Der Parapsychologe William Roll hält ihn für irreführend, „da er einen Agenten vermuten läßt, der unabhängig von einem Lebewesen existiert". Nach Rolls Ansicht sind Poltergeister aber keine lärmenden Gespenster, sondern vielmehr starke „personenzentrierte" Phänomene, die dem Geist oder der Psyche eines lebenden, menschlichen Agenten entspringen. Oder anders ausgedrückt: Das, was das Werk eines ruhelosen Gespenstes zu sein scheint, läßt sich vielleicht tatsächlich mit der unkontrollierten psychokinetischen Energie eines Lebenden erklären, die von Roll und seinem Kollegen J. Gaither Pratt „wiederkehrende spontane Psychokinese" genannt wird.

Die meisten Fälle, in denen von Poltergeistern berichtet wurde, lassen sich wahrscheinlich auf Betrug, Halluzinationen oder rein physikalische Ursachen zurückführen. Für Phänomene aber, auf die diese einfacheren Erklärungen nicht zutreffen, ist die wiederkehrende spontane Psychokinese die unter heutigen Parapsychologen am verbreitetsten anerkannte Theorie.

Einige Forscher wenden ein, daß auch Psychokinese nicht alle rätselhaften Fälle erklären kann. So existierte beispielsweise im Bakersfield-Fall als einzig möglicher lebender Agent Frances Freeborn selbst. Der Wissenschaftler Betty meint jedoch, es gäbe wenig Grund zu der Annahme, daß Mrs. Freeborn – unbewußt oder nicht – ein solches Chaos auf sich zog. Und auch die Tatsache, daß es ihr später mit Hilfe spiritueller Sensitiver gelang, das Haus von dem schrecklichen Poltergeist zu befreien, verleiht seiner Ansicht nach der Gegentheorie von einem körperlosen Geist Glaubwürdigkeit. Nach dieser Theorie, die von konservativen PSI-Forschern zumeist abgelehnt wird, haben Poltergeister tatsächlich mehr mit traditionellen Spukerscheinungen gemeinsam und besitzen eine eigene Intelligenz.

Diese Theorien durch Fakten zu belegen oder zu widerlegen ist fast unmöglich, da Poltergeist-Erscheinungen im Vergleich zu anderen Spukphänomenen sehr selten auftreten. Roll stellt fest, daß den Forschern in einem Jahr normalerweise nur wenige Fälle bekannt werden. Zudem werden PSI-Forscher nur selten selbst Zeugen dieser spontan auftretenden Vorfälle. Daher müssen die Wissenschaftler im allgemeinen mit Informationen aus zweiter Hand von Beobachtern vorlieb nehmen, die bei den Ereignissen zufällig zugegen waren. So weisen etwa im Bakersfield-Fall Gegner von Bettys Theorie eines körperlosen Agenten darauf hin, daß sich seine Beweisführung im wesentlichen auf die Glaubwürdigkeit einer Zeugin – der Hauseigentümerin Frances Freeborn – stützt, die, wie die Skeptiker meinen, möglicherweise unter Halluzinationen litt, auch wenn sie vielleicht selbst glaubte, die Wahrheit zu sagen.

Anders war dies interessanterweise in einem der ersten dokumentierten Fälle von Poltergeist-Phänomenen, bei dem Forscher tatsächlich Zeugen der Erscheinungen waren. Dieser Fall trug sich um 1661 in Tidworth zu, einem englischen Dorf in der Salisbury-Ebene, etwa 160 Kilometer südwestlich von London. Zu jener Zeit kannten die Menschen in Tidworth den Begriff Poltergeist natürlich noch nicht. Sie sprachen vielmehr von Dämonen, Hexen, Gespenstern oder Phantomen – um nur einige der vielen Namen zu nennen, die Poltergeister im Laufe der Jahrhunderte erhielten. Aber die Belästigungen, die sie verursachen, sind auffallend konstant, und der Tidworth-Fall gilt als Paradebeispiel für ein klassisches Poltergeist-Phänomen. Durch ihn wurde man, nach den Worten des berühmten PSI-Forschers Harry Price, erst auf Poltergeister aufmerksam.

Der seltsame Fall begann damit, daß ein wandernder Trommler namens William Drury vor dem Friedensrichter von Tidworth, einem gewissen John Mompesson, erscheinen mußte. Drury, der behauptete, als Soldat unter Oliver Cromwell gedient zu haben, war verhaftet worden, weil er angeblich unter falschem Vorwand von örtlichen Beamten Geld gefordert hatte. Nachdem Mompesson die Beweisaufnahme abgeschlossen hatte, ordnete er an, den Trommler bis zur Verhandlung in Gewahrsam zu nehmen. Merkwürdigerweise schien sich Drury um seine Trommel, die von Mompesson beschlagnahmt worden war, mehr Sorgen zu machen als um den Verlust seiner Freiheit. Wiederholt bat der Trommler, man möge ihm sein Instrument zurückgeben, aber Mompesson blieb unerbittlich und ließ die Trommel zu sich nach Hause bringen. Der Trommler selbst wurde nach kurzer Haft wieder freigelassen.

Im folgenden Monat reiste Mompesson für kurze Zeit nach London, und als er zurückkehrte, fand er Frau und Kinder völlig verängstigt vor. Mehrere Nächte hintereinander war ihr Schlaf durch laute, anhaltende Geräusche gestört worden, für die es keine offensichtliche Ursache gab. Unsichtbare Hände hatten an die Türen des Hauses geschlagen, an den Möbeln gerüttelt und an die Fenster geklopft. Wie Mompesson erfuhr, war den Mitgliedern des Haushaltes so gut wie kein Augenblick der Ruhe vergönnt gewesen.

Der Friedensrichter war ein ruhiger, besonnener Mann und wenig anfällig für wunderliche Phantasien. Er glaubte, daß der Lärm möglicherweise von Dieben verursacht worden war, die versucht hatten, in das Haus einzubrechen. Als die Geräusche drei Nächte später von neuem begannen, bewaffnete sich Mompesson mit zwei Pistolen und stieß entschlossen die Tür auf. Aber da war nichts als Düsternis und ein seltsames, hohles Geräusch.

Für den Rest dieser Nacht und in mehreren darauffolgenden Nächten wurde die Familie durch dumpfe Schläge und Trommelgeräusche unbekannten Ursprungs belästigt, die Mrs. Mompesson so sehr zusetzten, daß sie das Bett hüten mußte. Bald darauf wurden die nächtlichen Störungen noch ärger. Stühle tanzten durch die Zimmer, Gegenstände flogen durch die Luft, und Nachttöpfe wurden in die Betten geleert. Eines Morgens war das Haus von beißendem Schwefelgestank erfüllt. So ging es über mehrere Monate. Manchmal hörten die Belästigungen für einige Tage oder Wochen auf, um danach nur noch heftiger zu beginnen.

Schließlich drangen Berichte über die seltsamen Ereignisse König Karl II. zu Ohren, der mehrere Beobachter entsandte, damit sie ihm über die unheimlichen Phänomene berichteten. Später schloß sich auch der berühmte Baumeister Christopher Wren dieser Gruppe an. Eine weitere bekannte Persönlichkeit unter den Forschern war Joseph Glanvill, Hofkaplan und Mitglied der Royal Society. Obgleich Glanvill weder durch seine Ausbildung noch durch seinen Glauben auf die unglaublichen Erscheinungen in Tidworth vorbereitet war, untersuchte er die rätselhaften Vorkommnisse mit scharfem Auge und wachsamem Verstand und führte so eine der ersten paranormalen Forschungen durch.

Glanvill brauchte nicht lange auf seine erste Begegnung mit dem Poltergeist von Tidworth zu warten. Schon am Abend seiner Ankunft kam ein Dienstmädchen die Treppe herunter, um ihm mitzuteilen, daß im Zimmer der beiden Mompesson-Töchter die üblichen nächtlichen Störungen begonnen hatten. Hinter ihrem Bett hörte man lautes Kratzen hervordringen. Glanvill eilte in die Schlafkammer und fuhr mit seiner Hand hinter das Bett, konnte aber nichts fühlen. „Man hatte mir gesagt, daß es Laute nachahmen würde", schrieb der Geistliche später, „und ich probierte es aus und kratzte mehrmals auf dem Laken." Jedesmal wurde Glanvills Kratzen von dem unsichtbaren Besucher durch die gleiche Anzahl von Kratzlauten beantwortet. Wie er in dem Bericht notierte, behielt er währenddessen die Hände der „beiden kleinen bescheidenen Mädchen" stets im Auge. „Ich suchte unter und hinter dem Bett und durchforschte alles nur mögliche, um festzustellen, ob irgendein Schwindel, eine List oder eine ganz gewöhnliche Ursache dahintersteckte." Er konnte aber weder einen irdischen Ursprung noch irgend etwas anderes finden.

Während Glanvills Aufenthalt in Tidworth trug sich ein unglaubliches Ereignis nach dem anderen zu. Durch die Luft fliegende Gegenstände waren ebenso an der Tagesordnung wie das unermüdliche Trommeln des Geistes, welches jedes

Umgeben von einer Schar dämonischer Wesen tollt eine teuflische Gestalt, die den Trommler von Tidworth darstellen soll, durch die Lüfte über dem Haus von Richter John Mompesson, der einst die Trommel eines fahrenden Musikanten beschlagnahmte. Die Illustration stammt von der Titelseite der Chronik, in der der Hofkaplan Joseph Glanvill über seine Erfahrungen als Geisterjäger berichtete, und spiegelt die Vorstellung der Menschen des 17. Jahrhunderts von Poltergeistern als Schabernack treibenden, diabolischen Kreaturen wider.

Phänomen zu begleiten schien. Eines Nachts wurde Glanvill aus dem Schlaf gerissen, weil es ungestüm an seine Zimmertür klopfte. Obwohl der Geistliche mehrmals fragte, wer da klopfe, erhielt er keine Antwort. Darauf rief er ärgerlich: „In Gottes Namen! Wer seid Ihr, und was begehrt Ihr?" Das Klopfen verebbte, und einen Moment lang herrschte Stille. Dann sagte auf der anderen Seite der Tür eine unbekannte Stimme: „Von Euch gar nichts." Wie eine spätere Befragung ergab, war niemand im Haus wach gewesen.

Im Laufe der Zeit wurde die Anspannung für die Familie immer unerträglicher. Als Mompesson eines Tages sah, wie im Kamin ein Holzscheit zu tanzen begann, verlor er endgültig die Beherrschung. Während er mit seiner Pistole in den Kamin feuerte, stürmte er los, um den Dämon zu stellen, der seine Familie in Angst und Schrecken versetzte, und ihn auf Nimmerwiedersehen aus seinem Haus zu vertreiben. Als er den Kamin erreichte, blieb er wie angewurzelt stehen. Auf den Steinen klebten Blutstropfen.

Schon bald fiel der Verdacht auf William Drury, jenen Vagabunden, dessen Trommel Mompesson beschlagnahmt hatte, denn törichterweise brüstete sich der Trommler damit, einen Fluch auf den Friedensrichter von Tidworth gelegt zu haben. „Ich habe ihn verwünscht", behauptete er, „und er wird keine Ruhe finden, bevor er nicht Genugtuung dafür leistet, daß er mir meine Trommel fortnahm." Der Trommler erhielt seine Genugtuung nicht. Er wurde vielmehr wegen Hexerei vor Gericht gestellt, verurteilt und in ein entferntes Gefängnis gebracht. Und damit nahmen die seltsamen Erscheinungen im Hause Mompesson ein Ende.

Der puritanische Geistliche Increase Mather berichtete 1684 über verschiedene Poltergeist-Erscheinungen in New England. Er glaubte, daß sie die Existenz böser Geister bewiesen.

War in Tidworth ein Poltergeist am Werk gewesen, entfesselt durch den Groll des gekränkten Trommlers? Diese Frage läßt sich nicht mit Gewißheit beantworten. Joseph Glanvill gelangte zu der Überzeugung, daß die Störungen einen übernatürlichen Ursprung gehabt hatten. „Ich gestehe, daß die berichteten Ereignisse so ungemein schrecklich, tragisch und erstaunlich nicht sind", schrieb er zusammenfassend, „aber zumindest entsprechen sie der Wahrheit. Und sie sind merkwürdig genug, daß sie auf irgendeinen unsichtbaren, seltsamen Verursacher zurückgehen müssen und damit beweisen, daß es Geister gibt, die sich manchmal merklich in unsere Angelegenheiten einmischen."

Im Gegensatz zu heutigen PSI-Forschern hatte Glanvill kaum Möglichkeiten, seine Erfahrungen zu vergleichen, wenige Parallelen, die er mit Beobachtungen und Theorien anderer ziehen konnte. Mit einem fundierteren Hintergrundwissen hätte er möglicherweise seine Aufmerksamkeit auf die beiden Töchter Mompessons gerichtet, jene „kleinen bescheidenen Mädchen", um die herum sich offenbar viele der Phänomene abspielten. Heutige PSI-Forscher vermuten, daß die Mädchen vielleicht mehr mit den Geschehnissen zu tun hatten als der vagabundierende Trommler, denn an vielen Fällen von Poltergeist-Phänomenen scheinen Jugendliche beteiligt zu sein. In einigen – vielleicht sogar den meisten – spielen sie sicher Streiche. In anderen aber, so meinen Forscher, sind die jungen Leute entweder Quellen starker paranormaler Kräfte, über die man wenig weiß, oder sie dienen als Katalysatoren, als menschliche Kanäle, durch die die Kräfte der geistigen Welt geleitet werden.

Daß Glanvill nicht selbst zu diesen Schlußfolgerungen kam, lag gewiß nicht an mangelnden Bemühungen. In den Jahren nach der Tidworth-Episode widmete er sich ausgiebig Spukphänomenen und stand im Briefwechsel mit Menschen, die Zeugen ähnlicher Ereignisse gewesen waren oder von solchen gehört hatten. Ein solcher Briefpartner hätte der amerikanische Geistliche Increase Mather sein können.

In die Geschichte eingegangen sind Increase Mather und sein Sohn, der Puritanerführer Cotton Mather, vor allem als treibende Kräfte der Hexenverfolgungen von 1692 in Salem im neuenglischen Massachusetts. Tatsächlich aber scheinen sowohl Vater als auch Sohn dem Paranormalen recht vernünftig und offen gegenübergestanden zu haben. Während der Hexenhysterie riet Cotton Mather zu einer besonnenen Vorgehensweise und ermahnte die Richter, „Beweise für Geister" mit Umsicht zu prüfen. Er glaubte, daß bei der Hexenverfolgung Gebete und Fasten möglicherweise wirksamer waren als gerichtliche Strafen.

Die Haltung der Mathers mag durch einen Vorfall geprägt worden sein, der sich ein Jahrzehnt vor den Hexenverfolgungen im Hause eines gewissen George Walton in New Hampshire zutrug. Ihren Anfang nahm die Sache angeblich am Abend des 11. Juni 1682, einem Sonntag. Nachdem Walton und seine Familie bereits zu Bett gegangen waren, wurden sie plötzlich aus dem Schlaf gerissen, denn aus allen Richtungen prasselten große Steine auf das Haus herab. Aber als sie vor die Tür traten, konnten sie keinen menschlichen Urheber des Steinschauers entdecken, der mit unverminderter Heftigkeit auf sie niederging.

Das geheimnisvolle Bombardement setzte sich in der folgenden Zeit sporadisch fort und lockte Nachbarn, Freunde und Richard Chamberlain, Minister für die Provinz New Hampshire, zum Haus der Waltons. Während seiner Besuche wurde auch Chamberlain mehrmals von den geheimnisvollen Geschossen getroffen. In seinem Bericht kam er zu dem Schluß, daß die Bombardements „zweifellos auf außer-

Geheimnisvolle Geschosse

Am Morgen des 10. November 1962 las PSI-Forscher Raymond Bayless in der *Los Angeles Times* den Bericht über eine gewisse Familie Lowe, die nach einem viermonatigen Bombardement mit Steinen und Kieseln aus ihrem Haus in der kalifornischen Big Bear City geflüchtet war. Für den zuständigen Sheriff von San Bernadino County war der Fall ein vollkommenes Rätsel, für Bayless hingegen wies er alle Elemente einer typischen Poltergeist-Erscheinung auf.

Steinewerfen ist ein weltweit bekanntes, uraltes Poltergeist-Phänomen, von dem erstmals im 9. Jahrhundert berichtet wird. 858 wurde das Städtchen Bingen am Rhein Ziel eines Steinbombardements, 1592 regneten bis zu zehn Kilogramm schwere Steine auf einen Bauernhof im englischen Oxfordshire nieder, und 1903 wurde ein auf Sumatra lebender Holländer eines Nachts aus dem Schlaf gerissen, weil von der Zimmerdecke Felsbrocken auf ihn herunterfielen.

Seltsamerweise haben nur wenige Menschen bei diesen und anderen Vorfällen ernsthafte Verletzungen erlitten, denn fast immer schienen die Steine mehr oder weniger auf ihr Ziel zuzuschweben.

Auch die Steine, die 1962 auf die Familie Lowe niedergingen, landeten sanft, ohne Schaden anzurichten. Außerdem fielen sie niemals senkrecht, sondern eher wie treibender Schnee, und fühlten sich oft warm an. Nach Raymond Bayless waren dies alles „typische Merkmale von Poltergeist-Phänomenen".

Typisch war aber auch die endlose Zahl von Erklärungsversuchen: Die Steine seien mit einer Schleuder abgeschossen oder von heftigen Windböen emporgeschleudert worden, hieß es, oder daß es sich um Meteoritenschauer handele beziehungsweise Eruptionen, die durch Gase im Boden entstanden. Keine der Erklärungen hielt jedoch einer Prüfung stand. Und deshalb war zum Schluß der Sheriff in San Bernadino ebenso ratlos wie jener französische Polizist, der 1846 in Paris einen ähnlichen Vorfall zu untersuchen hatte. „Woher kamen bloß diese Geschosse", schrieb der unglückliche Gendarm, „die nach ihrem Gewicht und der Entfernung, aus der sie geschleudert werden, eindeutig nicht aus der Hand eines Sterblichen stammen?"

Faustgroße Pflastersteine prallten im Jahre 1846 gegen die mit Brettern vernagelten Fenster und Türen der Wohnung eines Pariser Kohlenhändlers und landeten vor den Füßen von Passanten.

In einem Haus im französischen St. Quentin wurden 1849 die Dienstboten von unsichtbaren Geschossen aufgeschreckt, die das Fenster durchdrangen und Löcher hinterließen, ohne daß das Glas zerbarst. Der Poltergeist, den man für diesen Vorfall verantwortlich machte, verschwand seltsamerweise, als einer der Diener entlassen wurde.

gewöhnliche und außerhalb des Natürlichen liegenden Ursachen" zurückzuführen sein mußten."

Der Fall machte großen Eindruck auf Increase Mather, und im darauffolgenden Jahr publizierte er einen eigenen Bericht darüber. Wie Joseph Glanvill nahm Mather die weithin bekanntgewordene Angelegenheit zum Anlaß, Skeptiker von der Realität des Übernatürlichen zu überzeugen und seinen festen Glauben an „die wahrhaftige Existenz von Erscheinungen, Geistern und Hexen" zu bekunden.

Weder konnte Mathers wissen, daß das Bombardement mit Steinen eine der besonders beliebten Possen bei Poltergeistern ist, noch hätte ihm das Wort Poltergeist irgend etwas gesagt. Aber die Berichte von Mather und Glanvill gehörten zu den ersten zaghaften Schritten, das Poltergeist-Phänomen zu beschreiben und zu verstehen. Dieses Bemühen sollte einige Jahre später bei einem Spuk im englischen Epworth erste Früchte tragen.

Dieser Fall ist um so bemerkenswerter, als er sich in der Familie von John Wesley, dem Gründer des Methodismus, ereignete. Man schrieb das Jahr 1717. Der damals 14jährige John war im Internat, als ihn und seine Brüder Berichte über seltsame Vorgänge im Pfarrhaus von Epworth erreichten, einer Stadt in Lincolnshire, etwa 80 Kilometer von der Küste entfernt, wo ihr Vater, der Pfarrer Samuel Wesley, mit ihrer Mutter und den Schwestern lebte.

Wie im Falle des Trommlers von Tidworth rund 50 Jahre zuvor soll das Unheil im Pfarrhaus von Epworth mit unerklärlichem Klopfen begonnen haben, das die ganze Familie in Atem hielt. Insbesondere die Frau des Geistlichen war dem Zusammenbruch nahe, weil sie fürchtete, durch das Klopfen würde der Tod einer ihrer Söhne angekündigt. Wie die Wesleys berichteten, hörten sie neben dem Klopfen auch geisterhafte Schritte, unerklärliches Rumpeln im Keller und auf dem Dachboden, Geräusche von splitterndem Glas sowie lautes Scheppern, als würden Eimer mit Münzen auf den Fußboden entleert.

Der älteste Sohn Samuel, der durch Briefe seiner Familie von den Ereignissen erfuhr, formulierte sofort eine Reihe von Fragen, die Licht in die Angelegenheit bringen sollten und auch dem skeptischsten PSI-Forscher alle Ehre gemacht hätten. „War da ein neues Mädchen oder ein neuer Diener ins Haus gekommen, der vielleicht Possen trieb?" erkun-

Der Poltergeist, der im Winter 1716/17 Epworth Rectory (links), das Heim von Pfarrer Samuel Wesley, heimsuchte, stöhnte und klopfte und ging die oben gezeigte Treppe hinauf und hinab. Ein Forscher hat unlängst den Verdacht geäußert, daß hinter diesen Manifestationen Gemeindemitglieder steckten, bei denen der dogmatische Geistliche (rechts) auf wenig Gegenliebe stieß. Die Männer hatten bereits sein Vieh getötet, seinen Besitz unter Wasser gesetzt und sein ehemaliges Wohnhaus in Flammen aufgehen lassen.

digte er sich. „Hielt sich wirklich niemand auf dem Dachboden auf, wenn Schritte zu hören waren? Konnten nicht Katzen, Ratten oder Hunde die angeblichen Geister sein?"

Aber die Antworten waren immer negativ, und die Phänomene hielten unvermindert an. Die Wesleys berichteten, stets und ständig Schritte zu hören wie auch raschelnden Stoff, als ginge über ihren Köpfen jemand in einem langen Nachtgewand umher. Und einmal, als sich das Familienoberhaupt zum Abendessen niederließ, begann sein Teller mit dem Essen fröhlich über den Tisch zu tanzen. Wesleys Frau und Töchter behaupteten außerdem, daß sie das spukende Wesen in Tiergestalt gesehen hätten und daß es einmal als Dachs erschien, ein andermal als weißes Kaninchen.

Obgleich die behaupteten Störungen im Pfarrhaus von Epworth nur zwei Monate anhielten, lösten sie eine Kontroverse aus, die bis zum heutigen Tag andauert. Waren die Phänomene echt? Zweifler haben gemeint, daß keineswegs Geister, sondern menschliche Wesen für sie verantwortlich gewesen sein dürften. Wesley hatte viele Feinde in Epworth, und vielleicht inszenierten einige von ihnen die furchterregenden Geschehnisse, um ihn aus dem Dorf zu vertreiben. Auch sollen manche der Bediensteten im Haus unzufrieden gewesen sein, so daß sie sich möglicherweise mit den Peinigern der Familie verbündeten. Als die geheimnisvollen Ereignisse kulminierten, erhielt Wesley von allen Seiten den Rat, das Spukhaus zu verlassen, aber entschieden wies er ein solches Ansinnen zurück.

Andere haben vermutet, daß Hetty, Wesleys 19jährige Tochter, hinter den Vorfällen steckte, die anscheinend im Mittelpunkt der meisten Phänomene stand. Vielleicht war das offenbar hochintelligente Mädchen durch ihr ereignisloses Leben in Epworth gelangweilt und unzufrieden oder auch ein wenig eifersüchtig auf ihre Brüder. Aber falls es sich um einen Schwindel handelte, war er außerordentlich geschickt ausgeführt und bewies sowohl Phantasie als auch Methode. Selbst die Anhänger dieser Theorie können sich nur schwer vorstellen, wie es einem 19jährigen Mädchen, auch wenn es begabt war, gelingen konnte, in Gegenwart der Familie die Münzen scheppern oder den Teller tanzen zu lassen.

Die interessanteste Erklärung kam von Dr. Joseph Priestley, der später unter anderem als der Entdecker des Sauerstoffs zu Ruhm gelangen sollte. Nachdem er sich eingehend mit dem Fall beschäftigt hatte, äußerte Priestley die Ansicht, daß Hetty die Vorfälle zwar möglicherweise verursacht habe, doch nicht bewußt und ohne sie wirklich zu verstehen oder willentlich herbeizuführen. Priestley scheint damit der erste gewesen zu sein, der eine Verbindung zwischen Poltergeist-Phänomenen und den verborgenen Kräften des menschlichen Geistes vermutete.

Obwohl Priestley mit seiner Theorie Erkenntnisse späterer Forscher wie William G. Roll vorwegnahm, geriet sie bald in Vergessenheit. In der Kontroverse, die 1762 um den

CARTER & SONS
AND AT
NEWGATE ST
WHIT BR
1666
WHIT
HOT

Londons Cock Lane (links), eine heruntergekommene Straße mit unfreundlichen Mietwohnungen und kleinen Geschäften, wurde 1762 zum Treffpunkt der eleganten Welt, die kam, um am Bett der zwölfjährigen Elizabeth Parsons den gespenstischen Klopflauten und Kratzgeräuschen der verstorbenen Fanny Kent zu lauschen. In einer zeitgenössischen Karikatur wurde die ganze Angelegenheit als Theater dargestellt, und der Schriftsteller Horace Walpole bezeichnete das tägliche Spektakel als „eine entwürdigende Demonstration der menschlichen Dummheit".

Fall in der Cock Lane entbrannte, spielte sie jedenfalls keine Rolle. Dieser Fall, in dem es um einen Skandal, eine Verschwörung und einen Mordverdacht ging, beschäftigte ganz London. Und wieder stand ein junges Mädchen im Mittelpunkt der Geschehnisse.

Alles begann damit, daß ein gewisser William Kent und seine Frau Fanny nach London zogen und eine Wohnung in der Cock Lane mieteten, einer kurzen Verbindungsstraße am Rande der Stadt. Zunächst verstand sich Kent mit seinem neuen Vermieter Richard Parsons sehr gut – so gut, daß er ihm nicht nur die stattliche Summe von zwölf Guineas lieh, sondern ihm darüber hinaus auch sein größtes Geheimnis anvertraute. Kent eröffnete Parsons, daß Fanny vor dem Gesetz gar nicht seine Frau war. Seine angetraute Frau Elizabeth war ein Jahr zuvor im Kindbett gestorben und Fanny in Wirklichkeit seine Schwägerin, die Elizabeth während ihrer schwierigen Schwangerschaft gepflegt hatte. Durch die Tragödie und die gemeinsame Trauer waren sich William und Fanny nahegekommen, aber die Gesetze jener Zeit erlaubten es nicht, daß ein Mann die Schwester seiner verstorbenen Frau heiratete.

Parsons versprach, das Geheimnis für sich zu behalten, und eine Zeitlang schienen die Dinge in der Cock Lane in bester Ordnung zu sein. Die ersten Anzeichen für Schwierigkeiten wurden im Herbst 1759 offenbar. Mr. Kent war der Einladung zu einer Hochzeit gefolgt, und da Fanny sich fürchtete, die Nacht allein zu verbringen, fragte sie, ob Elizabeth, die elfjährige Tochter des Vermieters, in ihrem Zimmer schlafen würde. Während der Nacht aber waren Schläge, Klopflaute und gespenstischen Kratzgeräusche in der Kammer zu hören, die Fanny und Elizabeth keinen Schlaf finden ließen. Als Elizabeth am folgenden Morgen ihre Mutter auf den Lärm ansprach, erwiderte Mrs. Parsons, daß es in der Nachbarschaft einen Schuhmacher gäbe, der oft die ganze Nacht arbeitete und, wie sie Fanny und Elizabeth versicherte, die Ursache der Störungen sein müsse.

Aber der furchterregende Lärm hielt auch in den folgenden Nächten an, selbst dann, wenn der Schuhmacher gar nicht zu Hause war. Die Lage verschlimmerte sich weiter, als William Kent, von seiner Reise zurückgekehrt, einen Prozeß gegen seinen Vermieter anstrengte, weil er ihm das geliehene Geld nicht zurückgezahlt hatte. Aus Rache ließ Parsons jedermann wissen, daß die Kents in Wirklichkeit gar nicht verheiratet waren, worauf das Paar die Cock Lane auf der Stelle verließ.

Aber damit fand die unselige Affäre noch kein Ende. Fanny, mittlerweile im sechsten Monat schwanger, glaubte jetzt, daß die gespenstischen Vorgänge in ihrem Schlafzimmer ein Vorzeichen ihres eigenen Todes und möglicherweise das Werk des auf Rache sinnenden Geistes ihrer Schwester gewesen war. Tatsächlich starb Fanny wenige Wochen später. Und obgleich ein Arzt als Ursache eine Pockeninfektion feststellte, hatte ihre Todesfurcht gewiß einen erheblichen Teil zu ihrem Ende beigetragen.

Kaum besser erging es den Bewohnern der Cock Lane, wo im Januar 1761 der Poltergeist erneut erschien und die nunmehr 13jährige Elizabeth Parsons mit lautem Klopfen und Kratzgeräuschen peinigte. Fanny Kents Tod verwirrte Elizabeth mehr denn je, und sie begann unter Anfällen zu leiden. Ihr Vater weigerte sich jedoch, an eine Heimsuchung durch übernatürliche Kräfte zu glauben. Vielmehr hegte er die Hoffnung, daß die Familie Opfer eines schrecklichen Scherzes war. Er riß in Elizabeths Schlafzimmer die Vertäfelung von der Wand, um die Ursache des Lärms ausfindig zu machen, wurde aber nicht fündig. Auch ließen die Phänomene nicht nach, als Elizabeth in ein anderes Zimmer umzog und schließlich bei Nachbarn übernachtete.

In seiner Verzweiflung wandte sich Parsons an den Geistlichen John Moore. Moore, ein Anhänger John Wesleys, wußte um die seltsamen Vorkommnisse, die sich Jahrzehnte zuvor im Hause der Wesleys zugetragen hatten. Seiner Ansicht nach war für Elizabeths Mißgeschick ein ähnlicher Geist verantwortlich, und er begann, im Zimmer des Mädchens Séancen abzuhalten.

Diese Séancen wurden in ganz London zum Tagesgespräch, und bald galt das Haus der Parsons als Treffpunkt der Gesellschaft. Zu seinen Besuchern gehörten der angesehene Lexikograph und Essayist Samuel Johnson, der berühmte Schriftsteller Oliver Goldsmith sowie der Dichter und Historiker Horace Walpole. Anonym verfaßte Goldsmith einen Aufsatz über die Vorkommnisse und beschrieb die dramatische Atmosphäre in Elizabeths Schlafzimmer: „Der Leser muß sich ein kleine Kammer vorstellen, mit einem Bett in der Mitte. Das Mädchen wird zur üblichen Stunde ausgezogen und mit dem allabendlichen Zeremoniell zu Bett gebracht. Dann werden die Zuschauer hereingeführt, die sich setzen und einander, Gelächter unterdrückend, anschauen, während sie schweigend und erwartungsvoll der Dinge harren, die da kommen werden."

Bald aber gab es in der Cock Lane nur noch wenig zu lachen. Parsons behauptete, daß die fortgesetzten Belästungen von dem Geist der unlängst verstorbenen Fanny Kent verursacht wurden. Aufgrund eines Geräusches, das klang, als würden „die Krallen einer Katze über einen Korbstuhl kratzen", nannte man den Geist Kratzende Fanny. Um sich mit dem Geist zu verständigen, bedienten sich Parsons und Pfarrer Moore eines einfachen Codes – einmal Klopfen bedeutete „Ja", zweimal Klopfen „Nein". So kam es zu einer entsetzlichen Beschuldigung: Fanny (wie sich der Geist nun selbst nannte) war von ihrem sogenannten Ehemann William, der sie ermorden wollte, Arsen ins Bier gemischt worden. Und dafür wollte sie William hängen sehen.

Diese Neuigkeit verbreitete sich wie ein Lauffeuer durch London. Kent, der mittlerweile an der Börse tätig war, erfuhr erst durch Zeitungsberichte von den dramatischen Vorgängen in der Cock Lane und sah sich plötzlich im Mittelpunkt des Interesses. Menschen auf der Straße zeigten mit dem Finger auf ihn, und die Mordbeschuldigung war seinen Geschäften an der Börse nicht gerade förderlich.

Kent begab sich unverzüglich in die Cock Lane, um sich dort während einer von Elizabeths Séancen dem Geist zu stellen. Als dieser seine Beschuldigungen wiederholte, rief er empört: „Du bist ein verlogener Geist. Du bist nicht der Geist meiner Fanny. So etwas hätte sie nie gesagt." Die Affäre strebte rasch einem dramatischen Höhepunkt zu. Wegen der Schwere der Anklage sollte Elizabeth nun einer rigorosen Prüfung unterzogen werden, um Betrug auszuschließen. Das Leben eines Menschen stand auf dem Spiel. Falls der Poltergeist für echt befunden wurde, mußte Kent sich wegen Mordes vor Gericht verantworten. Wenn nicht, dann hatten sich die Parsons eines gemeinen Betruges schuldig gemacht, möglicherweise aus Rache für das Gerichtsverfahren, das Kent eingeleitet hatte, um sein Recht durchzusetzen und sein Geld zurückzubekommen.

Die Untersuchung war unangenehm und rigoros. Bei einer Séance wurde Elizabeth auf einer Hängematte liegend an Armen und Beinen festgehalten, während anderer mußte sie ihre Hände für alle sichtbar auf die Bettdecke legen. Unter diesen strengeren Kontrollbedingungen traten keine Phänomene auf. Dann sagte man der unglücklichen Elizabeth, falls sie keine Poltergeist-Manifestation herbeiführen könnte, würde ihr Vater wegen Betrugs ins Gefängnis geworfen. Und gleich bei der nächsten Séance beobachtete man das Kind dabei, wie es unter seinem Kleid ein kleines Stück Holz versteckte, das es möglicherweise benutzen wollte, um Kratzgeräusche zu erzeugen.

Mit dieser Entdeckung hatte der Cock-Lane-Geist ausgespielt. Parsons wurde verurteilt und zur Strafe an den Pranger gestellt. Die Behörden glaubten, daß ihn höhnische Passanten mit toten Katzen, verdorbenem Essen und anderem Abfällen bewerfen würden, aber die britischen Bürger waren keineswegs von Parsons Schuld überzeugt. Statt Unrat regneten Geldmünzen auf ihn nieder.

Viele heutige PSI-Forscher teilen diese Sympathie für die Parsons. Nach ihrer Ansicht ist Elizabeths Betrug ange-

Das größte Spukhaus von England

Die winzige Gemeinde Borley liegt in einer einsamen, dünnbesiedelten Gegend nahe der englischen Ostküste in der Grafschaft Essex, nicht weit von der Grenze zu Suffolk entfernt. Es ist ein düster wirkender Ort, ein passender Schauplatz für eine der bestdokumentierten und umstrittensten Spukerscheinungen moderner Zeit – eine Reihe unheimlicher Geschehnisse, die sich in einem dunklen viktorianischen Herrenhaus ereigneten, welches als das größte Spukhaus von England in die Geschichte eingegangen ist.

Borley verdankt seinen Ruhm hauptsächlich dem unermüdlichen Harry Price, dem Gründer des National Laboratory for Psychical Research und berühmtesten Geisterjäger seiner Zeit. 1929 kamen ihm die seltsamen Vorgänge in Borley Rectory zu Ohren, einem großen Ziegelgebäude, das 1863 für die Geistlichen der Gemeindekirche errichtet worden war. Von Anfang an sollen die Bewohner des Hauses von gespenstischen Erscheinungen und Geräuschen belästigt worden sein: einem kopflosen Mann und einem Mädchen in Weiß, den Geräuschen einer Geisterkutsche vor der Tür sowie schleppenden Schritten und lautem Klopfen im Innern. Und außerdem war da die gespenstische Gestalt einer Nonne, die rastlos durch Haus und Garten schwebte, ihren Kopf leidvoll gesenkt.

In der Umgebung hatte man eine romantische Erklärung für diese Erscheinungen. Es hieß, einstmals habe ein Mönchskloster an dieser Stelle gestanden, in dessen Nähe sich auch ein Frauenkloster befand, und im 13. Jahrhundert sei dort die gemeinsame Flucht eines Mönches und einer wunderschönen jungen Novizin vereitelt worden. Der Mönch wurde gehängt und die angehende Nonne in ihrem Kloster bei lebendigem Leibe eingemauert. Einem erfahrenem PSI-Forscher wie Price mag dies nach einem abgedroschenen Märchen geklungen haben, denn Gespenster von Nonnen und Mönchen gehören ebenso wie Geisterkutschen zum Grundrepertoire britischer Gespenstergeschichten. Aber in Borley lagen die Dinge wesentlich komplizierter.

Etwa um die Zeit, als das Interesse von Price auf Borley gelenkt wurde, machte sich dort ein energischer Poltergeist bemerkbar. Glocken läuteten, Lichter blitzten und Gegenstände flogen durch die Luft. Als 1930 der Geistliche Lionel Foyster und seine hübsche, wesentlich jüngere Frau Marianne einzogen, kam es noch häufiger zu paranormalen Manifestationen. Es trat auch ein neues Phänomen auf, das Harry Price für einzigartig in den Annalen des Parapsychologie hielt: Auf Wänden und auf Zetteln, die im ganzen Haus verstreut auftauchten, erschienen mysteriöse Botschaften.

1937 mietete Harry Price das Haus – nachdem es nicht mehr als Pfarrhaus genutzt wurde – für ein Jahr und stellte eine in Schichten arbeitende Beobachtergruppe an, um die Phänomene zu dokumentieren. Später widmete er dem Fall zwei populäre Bücher, hielt zahlreiche Vorträge und sprach im Radio darüber.

Mit seiner Publikationssucht brachte Price Borley nicht nur in die Schlagzeilen, sondern auch anderen Forschern zu Gehör, die den Fall aufgriffen und jahrzehntelang darüber stritten.

Skeptiker hielten den ganzen Fall für suspekt und rümpften über die Forschungsmethoden von Price ihre Nase, insbesondere über seine Beobachtermannschaft aus Amateuren, die er mit Hilfe von Zeitungsannoncen rekrutiert hatte. Kritiker vermuteten sogar, daß zumindest einige der vermeintlichen Poltergeist-Phänomene von Price selbst inszeniert worden waren. Zum Schluß entdeckte der umstrittene Geisterjäger dann doch noch Beweise für eine lange zurückliegende Tragödie, die eine Erklärung für den Spuk zu bieten schien und viele Menschen von der Echtheit der Phänomene überzeugte.

Kurz nachdem Marianne Foyster in das Pfarrhaus gezogen war, entdeckte sie einen alten Briefumschlag, auf dessen Rückseite ihr Name stand. „Was willst du?" schrieb sie auf den Umschlag, bevor sie ihn wieder zurücklegte. Später fand man darunter die Antwort (links): „Ruhe".

Eine alte Tragödie

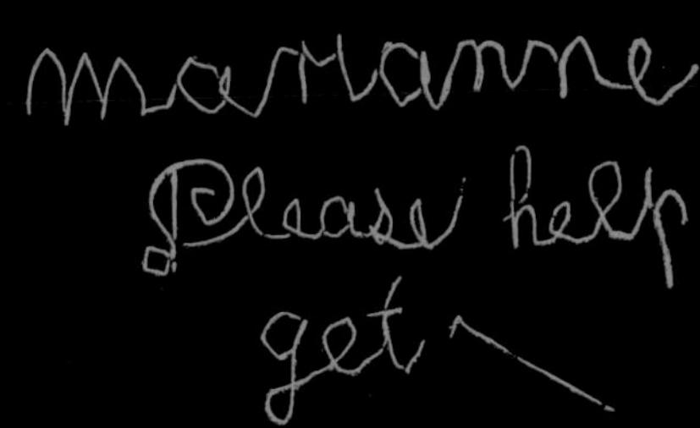

Im Jahre 1862 wurde der Geistliche Henry Dawson Ellis Bull Pastor von Borley. Er interessierte sich wenig für die Gespenstergeschichten, die in seiner Gemeinde kursierten, und zögerte keinen Augenblick, sein neues Heim genau an der Stelle zu errichten, an der die ruhelosen Geister des Dorfes angeblich am liebsten spukten. Wie man im Ort munkelte, entstand Borley Rectory auf den verfallenen Fundamenten von zwei wesentlich älteren Gebäuden – dem Familiensitz der adligen Familie Waldegrave und einem alten Kloster.

Im Laufe der Jahre wurden Bulls Dienstboten und Töchter immer wieder durch seltsame Klopflaute gespenstische Schritte und beunruhigende geisterhafte Erscheinungen erschreckt. Aber der diesseitige Bull schien von den Vorgängen eher belustigt. Er ließ sogar einen luftigen Pavillon errichten, von dem aus er und sein ältester Sohn Harry nach dem Essen bei einer Zigarre in aller Ruhe die abendlichen Auftritte der Geisternonne beobachten konnten.

Als sein Vater 1892 starb, trat Harry Bull die Nachfolge sowohl im Pfarrhaus mit seinen Gespenstern als auch in der Pastorenstelle an, die er bis zu seinem eigenen Tod im Jahre 1927 innehatte. Bulls Nachfolger hingegen, der Geistliche Guy Smith, hielt es nicht einmal ein Jahr in dem Pfarrhaus aus, wobei man nicht genau weiß, was ihn mehr störte: die Geister, zu denen sich offenbar ein Poltergeist gesellt hatte, oder der langsame bauliche Verfall des Hauses.

Bis zu diesem Zeitpunkt verhielten sich die Geister offenbar relativ friedlich. Dies änderte sich, als im Oktober 1930 der Geistliche Lionel Foyster und seine Frau Marianne einzogen. Das Klopfen in den Mauern wurde lauter und vehementer, Möbel stürzten um, und Türen schienen sich von selbst zu schließen. Noch bestürzender waren die Gewalttätigkeiten, die sich offenbar gegen Marianne richteten. Sie wurde aus ihrem Bett gerissen und immer wieder von einer unsichtbaren Hand geschlagen und verletzt. Auch mußte sie häufig schweren Gegenständen ausweichen, die Tag und Nacht auf sie zuflogen.

In seinem ersten Buch über den Borley-Fall, das 1940 – fünf Jahre, nachdem die Foysters das Pfarrhaus verlassen hatten – erschien, äußerte Price die Vermutung, daß Marianne einige der Störungen durch Tricks selbst herbeigeführt hatte. Dennoch meinte er, daß zumindest einer der Geister, die seit so vielen Jahrzehnten in Borley spukten, in Marianne eine verwandte Seele erkannt hatte. Als Beweis führte er die an sie gerichteten Botschaften an, die unerklärlicherweise an den Wänden erschienen.

Die Botschaften waren in kindlicher Schrift geschrieben und baten kläglich um Hilfe. Sie schienen von einer anderen jungen Frau zu stammen, die – wie ihre Bezugnahmen auf Gebete, Messen und Weihrauch vermuten ließen – offenbar Katholikin gewesen war. Sie sollten sich wie Teile eines Puzzles genau in jene Geschichte einfügen, mit der Price schließlich das Geheimnis von Borley erklärte. Es war eine schauerliche Geschichte von Mord und Verrat, in der eine junge Nonne die Hauptrolle spielte, wenn auch nicht die Nonne, von deren tragischem Schicksal sich die Leute im Ort erzählten.

Am 16. Oktober 1930 zogen Marianne und Lionel Foyster mit ihrer zweieinhalbjährigen Adoptivtochter Adelaide (hier mit einem kleinen Besucher) in Borley Rectory ein. Den ausführlichen Tagebuchaufzeichnungen des Geistlichen zufolge hörte man schon an diesem Tag eine Stimme Mariannes Namen rufen.

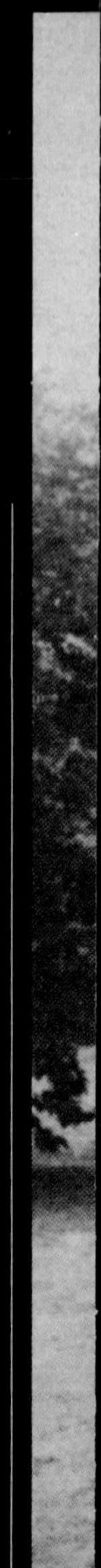

Das Photo aus der Zeit um 1890 zeigt Mitglieder der Familie Bull beim Tennisspiel auf dem Rasen vor dem Pfarrhaus. In späteren Jahren fanden Besucher ein gänzlich verändertes Bild vor: Mit baufälligen Giebeln und verfallenem Mauerwerk bot Borley Rectory, inmitten des inzwischen verwilderten Gartens gelegen, den Anblick eines echten Spukhauses.

Von diesem achteckigen Pavillon aus blickte man auf den „Nonnenweg", der am Rasen von Borley entlangführte. In den 40er Jahren wurde unter ihm ein unterirdischer Wasserlauf entdeckt. Hin und wieder waren dort dichte Schwärme kleiner Fliegen zu sehen, die möglicherweise eine rationale Erklärung für das Erscheinen der Nonne bieten könnten.

Letzte Ruhe für einen Geist

Look under the brass floor in the cellar

In dem einen Jahr, in dem Harry Price Borley Rectory gemietet hatte, stellten die von ihm beauftragten Beobachter zwar keine neuen Phänomene fest, aber es ereignete sich etwas, das Price die lang gesuchte Erklärung für die Vorkommnisse in dem Pfarrhaus bot.

Eine Planchette brachte die Wende, ein Gerät mit einem Schreibstift, mit dem Medien Botschaften von Geistern, die angeblich ihre Hand führten, übermitteln konnten. Ein solcher Geist nannte sich Marie Lairre und behauptete, im 17. Jahrhundert in Frankreich als Nonne gelebt zu haben. Sie verließ ihren Orden, um in eine reiche Familie einzuheiraten, deren Haus einst an dem Ort gestanden hatte, an dem sich nun Borley Rectory befand. In diesem Haus war Marie Lairre von ihrem Mann, einem Henry Waldegrave, erwürgt und im Keller verscharrt worden.

Die Geschichte bot eine geradezu maßgeschneiderte Erklärung für die spektakulärsten Phänomene von Borley. Nun konnten die ruhelose Erscheinung der Nonne und die schriftlichen Botschaften als Zeichen dafür betrachtet werden, daß die Nonne in ungeweihter Erde vergraben worden und deshalb verdammt war, auf der vergeblichen Suche nach einer letzten Ruhestätte unablässig umherzuwandern. Im März 1938, fünf Monate nach dem Erscheinen von Marie Lairre, verkündete dann angeblich ein anderer Geist, daß das Pfarrhaus noch in derselben Nacht niederbrennen und sich in den Ruinen der Beweis für die Ermordung der Nonne finden würde.

Borley Rectory brannte in jener Nacht nicht. Doch als elf Monate später sein neuer Besitzer Captain W. H. Gregson eines Abends gerade damit beschäftigt war, seine Bücher auszupacken, fiel in der Halle irgendwie eine Öllampe um, und ein Feuer brach aus. Die Flammen griffen so rasch um sich, daß das Gelände bis auf die Grundmauern niederbrannte, und so bekam Harry Price schließlich doch noch Gelegenheit, nach dem Beweis für seine Spuktheorie zu suchen.

Aus verschiedenen Gründen bat er Gregson erst 1943 um Erlaubnis, dort graben zu dürfen. „Seht unter dem Ziegelboden im Keller nach", hatte eine der Geisterbotschaften gelautet, und schon nach einem Tag entdeckten Price und seine Leute dort einige brüchige Knochen, die, wie sich herausstellte, von einer jungen Frau stammten – für Price ein Beweis, daß die Geschichte von der ermordeten Nonne zumindest teilweise tatsächlich auf Wahrheit beruhte.

Nach einem christlichen Begräbnis der Gebeine fand der Geist von Borley Rectory offenbar Ruhe. Der Spuk hatte ein Ende, und die verfallenen Grundmauern, letzte steinerne Zeugen einer unheimlichen Geschichte, wurden 1944 abgerissen.

Nachdem das Pfarrhaus am 27. Februar 1939 Schlag Mitternacht in Brand geraten und in Flammen aufgegangen war, erschien es gespenstischer als jemals zuvor. Augenzeugen behaupteten, während des Feuers Gestalten beobachtet zu haben, die sich durch die Flammen bewegten. Ein Polizeibeamter sah eine „Frau in Grau", die über den Hof ging.

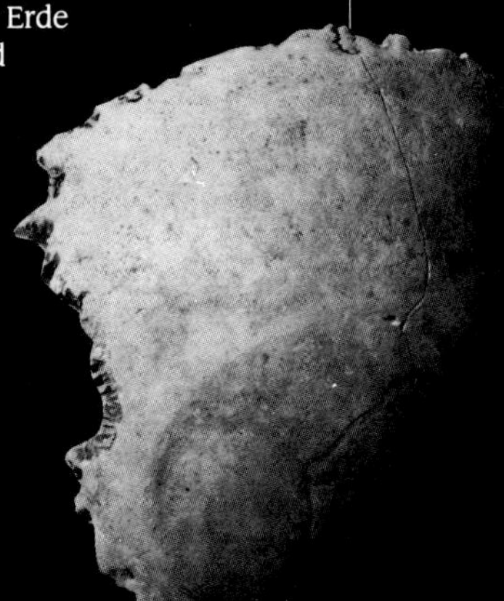

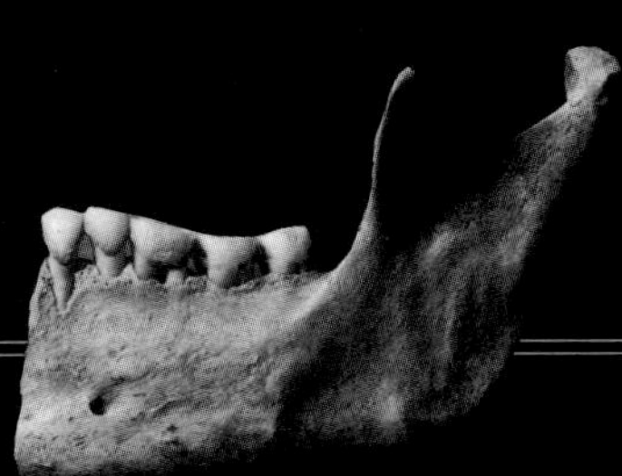

Eine Untersuchung ergab, daß die Schädelteile, die man im Keller von Borley Rectory gefunden hatte, von einer etwa 30jährigen Frau stammten. Ein Zahnarzt entdeckte darüber hinaus Hinweise auf einen schmerzhaften Abszeß im Kiefer – der vielleicht den gequälten Ausdruck auf dem Gesicht der gespenstischen Nonne erklärt.

Ernst beobachtet Harry Price an einem friedlichen Frühlingsabend des Jahres 1945, wie von dem Geistlichen A. C. Henning ein kleiner Zedernsarg mit den Gebeinen jener Frau, die er für Marie Lairre hielt, beigesetzt wurde. Die Beerdigung fand in dem kleinen Dorf Liston statt, zweieinhalb Kilometer vom unseligen Borley entfernt.

sichts der Strafe, die ihrem Vater drohte, verständlich, und vielleicht entschuldbar, und die Tatsache, daß sie einmal schwindelte, macht nicht zwangsläufig alle früheren Manifestationen unglaubwürdig. Auch lassen sich mit dem von dem Kind eingeschmuggelten Stück Holz nicht alle Geräusche erklären, die in der Cock Lane zu hören waren; das gilt vor allem für das von einem Teillnehmer beschriebene Rauschen eines „großen Vogels, der im Raum umherfliegt".

Die Geschichte hatte noch ein schauerliches Nachspiel. Beinahe 100 Jahre nach den Vorfällen in der Cock Lane, näherten sich 1850 ein Mann und ein Junge einem Grabgewölbe in der Londoner St. John's Church. Der Mann hatte den Auftrag, ein Buch über paranormale Phänomene zu illustrieren und war gekommen, um einen Blick auf die berüchtigte „Kratzende Fanny" zu werfen, die in diesem Gewölbe liegen sollte und deren Geist Ursprung so vieler Schauergeschichten gewesen war. Im Schein einer Laterne öffnete der Sohn des Küsters den staubigen Sargdeckel. Das Gesicht in dem Sarg war das einer schönen jungen Frau. Nirgendwo war eine Verunstaltung durch Pocken zu erkennen, die angeblich zu ihrem Tod geführt hatten. Noch seltsamer aber schien, daß die Frau nach 100 Jahren kaum Anzeichen von Verwesung zeigte. „Die sterblichen Überreste", so der Künstler, „waren vollkommen erhalten geblieben."

Moderne Gerichtsmediziner könnten aufgrund dieser Entdeckung eine ganz andere Todesursache vermuten. Ein so langsamer Verwesungsprozeß ist beispielsweise für eine Arsenvergiftung typisch.

Die Nachwirkungen des Cock-Lane-Falles sollten Gläubige wie Skeptiker noch einige Zeit zu spüren bekommen. Als nur zehn Jahre später London erneut von einer Poltergeist-Hysterie erfaßt wurde, vermuteten viele Menschen rasch einen Betrug. Aber die Geschehnisse, die sich im Haus von Mrs. Golding, einer älteren Witwe, in dem ruhigen englischen Dörfchen Stockwell zutrugen, erwiesen sich als noch rätselhafter und destruktiver als jene in der Cock Lane.

Nach den Berichten über den Vorfall stellte sich der Poltergeist von Stockwell im Januar 1772 mit einem Durcheinander durch die Luft fliegender Gegenstände vor. Teller, Uhren und Laternen fielen krachend auf Mrs. Goldings Küchenboden, Eier und Kerzenleuchter segelten durch die Luft, und in einem Eimer begann eigenartigerweise Wasser zu kochen. Mrs. Golding, eine „Dame von makellosem Charakter und Ruf", war durch diese Geschehnisse aufs äußerste bestürzt und holte Freunde und Nachbarn herbei, damit sie Augenzeugen dieser Phänomene wurden.

Rasch stellte man fest, daß sich die Manifestationen offenbar auf die 20jährige Ann Robinson konzentrierten, ein Dienstmädchen, das Mrs. Golding nur zehn Tage zuvor eingestellt hatte. Wenn Ann das Haus verließ, hörten die Belästigungen auf, aber sowie sie zurückkam, begannen sie wieder. Bald nach dieser Entdeckung wurde Ann entlassen. Jahre später gestand das Mädchen einer Freundin, sie – und nicht etwa ein Geist – sei Verursacherin der Manifestationen gewesen, wobei sie sich schlauen Betrugs und Taschenspielertricks bedient hatte. Unter Zuhilfenahme von Drähten und feinem Pferdehaar ließ sie irdene Töpfe und Schüsseln von Borden gleiten, und Eier warf sie, wenn alle anderen Anwesenden gerade in eine andere Richtung schauten. Was das Wasser betraf, so schüttete sie heimlich Chemikalien hinein, die es zum Brodeln brachten. Warum aber hatte Ann Robinson diesen raffinierten Schwindel inszeniert? Ihre Vertraute verriet lediglich, „die Sache habe mit einer Liebesgeschichte zu tun gehabt", was die Vermutung nahelegt, daß Ann Mrs. Golding aus dem Haus treiben wollte, um sich dort mit ihrem Liebsten zu treffen.

Es hat den Anschein, als würde das Geständnis den kurzen, sensationellen Fall in Stockwell erklären und als Schwindel entlarven, doch PSI-Forscher Harry Price gelangte zu einer anderen Auffassung, als er den Fall beinahe 200 Jahre später erneut untersuchte. Wie er feststellte, hätte selbst „der größte Zauberer aller Zeiten die Stockwell-Phänomene nicht mit Hilfe von Drähten und ähnlichem erzeugen können, wenn er sich, von kritischen Menschen umgeben, in einem hellerleuchteten Zimmer aufhielt; er wäre auf der Stelle entdeckt worden. Falls Price recht haben sollte, würde dieser Fall in den Annalen der PSI-Forschung ein Kuriosum darstellen – als Fall, bei dem das Betrugsgeständnis selbst ein Betrug war.

Im sogenannten Stans-Fall, der sich Anfang der 60er Jahre des letzten Jahrhunderts ereignete, gab es ein solches Geständnis nicht. Vielmehr scheint Melchior Joller, dessen Familie Opfer der Erscheinungen wurde, sogar auf irgendeine geheimnisvolle Weise Einblick in die wahre Natur von

Für den angesehenen Schweizer Rechtsanwalt Melchior Joller und seine Frau Karoline (oben mit sechs ihrer sieben Kinder) verlief das Leben bis zum August 1862 in ruhigen, geordneten Bahnen. Aber dann wurde ihr ruhiges Haus in der Nähe von Luzern von einem besonders destruktiven Poltergeist heimgesucht. Obwohl Joller hartnäckig nach einer rationalen Erklärung für die Erscheinungen suchte, hielt die Familie den Belastungen und dem Klatsch der aufgebrachten Nachbarn nicht stand. Nach weniger als drei Monaten flohen die Jollers aus ihrem Haus.

Auf den zwölfjährigen James Herrman, der hier ein Kreuzworträtsel löst, schienen die ungestümen Poltergeist-Erscheinungen, die 1958 sein Heim in Seaford auf Long Island erschütterten, keinen Eindruck zu machen. Forscher, die den Jungen einer Reihe von psychologischen Tests unterzogen, entdeckten bei ihm aufgestaute Frustrationen und Wut, die ihrer Ansicht nach in psychokinetischen Kräften zum Ausbruch kamen, welche wiederum die Störungen verursachten.

Poltergeist-Phänomenen erhalten zu haben, entschied sich aber, dieses Geheimnis mit ins Grab zu nehmen.

Als Joller, ein angesehener Schweizer Rechtsanwalt, eines Tages nach Hause auf das Gut seiner Vorfahren in Stans beim Vierwaldstätter See zurückkehrte, fand er die Mitglieder des Haushaltes weinend in einer Ecke der Scheune vor, wohin sie sich geflüchtet hatten. Wie sie behaupteten, war das Haus von einem bösen, verderblichen Geist heimgesucht worden. Zuerst wollte Joller – ein ordnungsliebender, besonnener Mann – den Berichten keinen Glauben schenken, aber bald hörte auch er gespenstische Geräusche in seinem Haus und spürte, wie er von etwas Unsichtbarem berührt wurde.

In den folgenden Wochen wurden die Phänomene noch unmißverständlicher. Leises, trauriges Stöhnen erfüllte das Haus und jämmerliche Rufe ertönten: „Habt Mitleid mit mir! Habt Mitleid mit mir!" Bei einigen Gelegenheiten sollen Familienmitglieder auch eine flüchtige Erscheinung gesehen haben, die durch die Flure des Hauses schwebte und von ihnen als weiß, gräulich oder von dunkler Farbe beschrieben wurde. Ein andermal störten heftige Schläge ihren Schlaf, die aus weit voneinander entfernten Teilen des Gebäudes kamen. Wie Joller berichtete, wären mindestens vier oder fünf Personen vonnöten gewesen, wenn man bei dem Spuk von menschlichen Urhebern ausging.

Wie beim Fall in der Cock Lane lockte das Mißgeschick der Jollers bald Schaulustige an. Während die Familie ungewollt zum Mittelpunkt von Untersuchungen und Gerüchten wurde, kamen immer weniger Klienten in Jollers einstmals florierende Anwaltskanzlei. 1862 floh der unglückliche Rechtsanwalt vor dem Rummel und zog mit seiner Familie nach Zürich. Nur drei Jahre später starb Melchior Joller, verbittert und verarmt, im Alter von 47 Jahren.

Obgleich der Poltergeist den Anwalt durch sein Treiben so sehr gepeinigt hatte, scheint letzterer gegen Ende seines Lebens mit ihm auf irgendeine Weise Frieden geschlossen zu haben. Als sich Joller eines Abends in seinem neuen Haus aufhielt, hatte er offenbar ein letztes seltsames Erlebnis, daß ihn zu dem Ausruf veranlaßte: „Jetzt begreife ich!"

Dies können, was die Poltergeist-Phänomene betrifft, wahrhaftig nur wenige von sich sagen. Mit der Gründung der Society for Psychical Research im Jahre 1882 in London begannen sich einige der hervorragendsten Denker der Viktorianischen Zeit diesem Problem zu widmen, was zu einer Vielzahl von Theorien und Meinungen und noch mehr kontroversen Diskussionen führte.

Frank Podmore, Mitverfasser des von der Gesellschaft veröffentlichten „Census of Hallucinations", nährte den Disput, als er 1896 einen Artikel publizierte, in dem er behauptete, daß Poltergeister schlichtweg nicht existierten. Nachdem er elf willkürlich aus den SPR-Akten ausgewählte Poltergeist-Phänomene untersucht hatte, stellte Podmore die Theorie vom ungezogenen kleinen Mädchen ("naughty little girl") auf und behauptete, daß sich fast alle Poltergeist-Phänomene auf Betrug zurückführen ließen und jene Mädchen und Knaben, die so häufig Opfer von Poltergeistern zu sein schienen, tatsächlich deren Drahtzieher waren.

Podmores Behauptung blieb nicht unwidersprochen. Zu ihren Gegnern zählte der Volkskundler Andrew Lang, der auf die Geschehnisse in Tidworth und Epworth verwies und feststellte: „Betrug und Halluzinationen sind nicht geeignet, um all diese Phänomene zu erklären."

Die vielleicht interessanteste Theorie entwickelte PSI-Forscher Hereward Carrington, der als einer der ersten nach einer biologischen Lösung des Rätsels suchte. 1951 schrieb Carrington, daß möglicherweise das Einsetzen der Pubertät bei einem Jugendlichen gemeinsam mit anderen, unbekannten Faktoren Ursache für Poltergeist-Phänomene war. In der

Pubertät, so Carrington, „scheint eine Energie vom Körper auszustrahlen ... es hat nahezu den Anschein, als würden die Energien, statt ihren normalen Lauf zu nehmen ... diesen merkwürdigen Weg der Externalisation suchen".

Carringtons Ideen sollten nachhaltigen Einfluß auf J. Gaither Pratt und William G. Roll ausüben. 1958 untersuchten die beiden Parapsychologen einen berühmten Fall in Seaford auf Long Island, bei dem zahllose Gegenstände durch die Luft flogen und zu Bruch gingen, und in dessen Mittelpunkt offenbar ein zwölfjähriger Junge stand. Dieser Fall veranlaßte die beiden Forscher zu einer gründlichen Neubewertung der Poltergeist-Erscheinungen. Wenn es sich bei Psychokinese um die Fähigkeit des Geistes handelte, Gegenstände zu bewegen, so argumentierten sie, waren dann Poltergeist-Phänomene nicht einfach sich wiederholende, unkontrollierte Ausbrüche von Psychokinese? Falls dies zutraf, so war das Wort Poltergeist an sich schon irreführend, da es ein unabhängiges, intelligentes Phantomwesen implizierte. Zur Beschreibung des Prozesses, in dem Menschen unbewußt unberechenbare geistige Kräfte in Gang setzen, schlugen Pratt und Roll jetzt als präziseren Begriff wiederkehrende spontane Psychokinese vor.

Wenn die Theorie von Pratt und Roll richtig ist, dann können Poltergeister nicht unabhängig von Menschen existieren. Oder mit anderen Worten: Bei Poltergeistern handelt es sich nicht um Geister, Gespenster oder Phantome irgendeiner Art, sondern einfach um mentale Projektionen einer zerstörerischen Persönlichkeit.

Aber auch wenn Roll behauptet, es herrsche heute allgemeiner Konsens darüber, daß Poltergeist-Phänomene auf unbewußte Psychokinese zurückzuführen sind, teilt nicht jeder in der PSI-Forschung diese Auffassung. „Ich persönlich bin mit dieser Innovation nicht glücklich", sagte Alan Gauld in den späten 70er Jahren. „Wir wissen über Psychokinese, wie sie in gewissen Laborversuchen erforscht wird, nicht genug, um sagen zu können, ob irgendeine Verbindung zu Poltergeist-Phänomenen besteht. Und wir dürfen nicht glauben, daß wir der Erklärung des Phänomens nähergekommen sind, nur weil wir ihm einen wissenschaftlich klingenden Namen wie wiederkehrende spontane Psychokinese gegeben haben." Ein Jahrzehnt später lehnte Gauld die Theorie noch nachdrücklicher ab. „Psychokinese ist nur ein Ausdruck für das eigene Unwissen", sagte er und fügte hinzu, er gäbe dem einfachen Begriff „Poltergeist-Erscheinung" den Vorzug, weil „wir wissen, was er bedeutet".

Gaulds Überzeugung könnte aus einem Fall aus dem Jahre 1967 herrühren, den er in einer Stadt in den englischen East Midlands untersuchte. Auf den ersten Blick schien an den Vorkommnissen nichts außergewöhnlich zu sein. Damals traten in der Wohnung einer Familie laute, unerklärliche Klopfgeräusche auf. Einige der Schläge waren so heftig, daß sie ein 20 Zentimeter großes Loch in eine Gipswand rissen. Da sich die Störungen offenbar auf einen zwölfjährigen Jungen konzentrierten, dem man das Pseudonym Brian Connolly gab, schien der Fall zunächst die Theorie der wiederkehrenden spontanen

PSI-Forscher William G. Roll, der den Fall Jimmy Herrman untersuchte, blickt gespannt auf ein Gerät zur Registrierung elektromagnetischer Wellen. 1988 ging Roll mit dem Gerät an Bord der Queen Mary, um festzustellen, ob die angeblich paranormalen Phänomene auf dem außer Dienst gestellten Dampfer durch ein Magnetfeld hervorgerufen wurden.

Psychokinese zu stützen. Aber als die Connollys auszogen, wurden die Nachmieter durch dieselben lauten Schläge belästigt. Konnte Brian, der angebliche Agent, über eine Entfernung von mehreren Meilen der Verursacher sein? Gauld hielt dies für äußerst unwahrscheinlich.

Der vielleicht verblüffendste Fall heutiger Zeit ist der eines Poltergeistes, der offenbar verhindern wollte, daß sein Vaterhaus in einen Geschenkartikelladen umgewandelt wurde. Die Geschichte, die sowohl komische als auch bizarre Züge trägt, ereignete sich in einem 200 Jahre alten Bauernhaus im amerikanischen New Jersey, das seit Generationen im Besitz einer Familie gewesen war. 1978 erwarb „Ted Sinclair" (ein Pseudonym) das Gebäude zusammen mit seiner Frau, seinem Bruder und seiner Schwägerin. Sie wollten es vergrößern und modernisieren, um darin einen Geschenkladen mit elf Räumen einzurichten. Als die Sinclairs das Haus kauften, war ihnen bekannt, daß es dort angeblich spukte. So behauptete eine frühere Besitzerin, einmal von einer unsichtbaren Hand niedergeschlagen und so schwer gestürzt zu sein, daß sie sich eine unangenehme Rückenverletzung zugezogen hatte.

Dessenungeachtet machte sich Ted Sinclair an die Durchführung seiner Pläne, obgleich die Aussicht auf einen Poltergeist in einem Geschenkladen dem sprichwörtlichen Elefanten im Porzellanladen nicht unähnlich zu sein schien. Ende 1978 wurde das Geschäft eröffnet. Es bestand aus mehreren Räumen, in denen die Kunden das Sortiment von der Kerze bis zur Spielzeugeisenbahn betrachten konnten.

Zu diesem Zeitpunkt war der Poltergeist bereits in Erscheinung getreten. Ein Handwerker fand seinen etwa sieben Kilogramm schweren Werkzeugkasten umgeworfen und den Inhalt über den gesamten Fußboden verteilt. Ein anderer wurde von einer herunterfallenden Glühbirne getroffen, die sich offenbar von selbst aus ihrer Fassung gelöst hatte, während sich eine Buchhalterin mit der Schublade eines Aktenschrankes herumärgern mußte, die sich, anscheinend ohne menschliches Zutun, immer wieder öffnete. Man hörte eine Uhr schlagen, die gar nicht aufgezogen war, und Spieldosen begannen von ganz allein Musik zu machen. Besonders anfällig schienen die elektrischen Geräte im Laden. Eine Nähmaschine setzte sich eigenmächtig in Gang, und eine Rechenmaschine druckte beharrlich eine Nullenkolonne nach der anderen.

Zwar waren diese Vorfälle nicht eigentlich bedrohlich, doch für die Sinclairs recht lästig. Die Einbruchssicherung ging – ob sie eingeschaltet war oder nicht – Tag und Nacht los und mußte dreimal erneuert werden. Auch die Musikanlage des Ladens war dafür bekannt, daß sie sich nach eigenem Gutdünken ein- und ausschaltete.

An einem Sommerabend machte Ted Sinclairs Nichte Cindy mit einem Angestellten über den „Hausgeist" Scherze und beschloß, das Wesen mit Worten so lange herauszufordern, bis es seine Existenz bewies. Wie sie berichtete, kam die Antwort umgehend. „Oben – es klang, als käme es vom Dach – waren Schläge zu hören: eins, zwei, drei, vier; eins, zwei, drei, vier – immer wieder von neuem. Wir sahen uns nur an, und ich schrie: ‚Ich glaube es dir.' Darauf hörte es auf. Es hatte 30 bis 45 Sekunden gedauert und hörte sofort auf, als ich das sagte." Der Vorfall versetzte den beiden Geisterjägern einen gehörigen Schrecken.

Im Juli 1979 nahm Ted Sinclair Kontakt zu Karlis Osis auf, dem Forschungsleiter der American Society for Psychical Research. Im Verlauf von drei Besuchen, die Osis und seine Kollegin Donna McCormick dem Laden abstatteten, befragten sie 24 Zeugen der Phänomene, sammelten umfangreiche Informationen über das Haus und seine Besitzer und untersuchten jedes behauptete Erscheinen des Poltergeistes. Osis kam zu dem unvermeidlichen Schluß, daß in diesem Fall ein lebender Agent der Phänomene nicht zur Debatte stand. Vielmehr schienen die Störungen in dem Laden das Werk eines unabhängigen Geistes – möglicherweise eines Verstorbenen – zu sein.

Aber was ist nun ein Poltergeist wirklich? Einige Fälle lassen sich wohl mit Schwindel erklären, hinter anderen scheinen sich intelligente Geistwesen, ähnlich Gespenstern, zu verbergen. Wieder andere Beispiele stützen die Theorie von der wiederkehrenden spontanen Psychokinese, nach der die Erscheinungen nur in Verbindung mit lebenden, menschlichen Agenten auftreten. In einem Artikel stellte Ian Stevenson, Professor für Psychiatrie an der University of Virginia, einmal die schlichte Frage: „Sind Poltergeister lebendig oder tot?" Seine Antwort darauf ist typisch für die Auseinandersetzungen und die Unsicherheit, die Poltergeist-Phänomene vermutlich noch lange umgeben werden. „Weder das eine noch das andere allein", schrieb Stevenson. „Einige Poltergeister leben, und andere sind tot."

An einem Morgen vor langer Zeit, so heißt es, segelte ein Schiff in den Hafen der bretonischen Insel Batz. Die Besatzungen der örtlichen Fischerboote schauten von ihren Netzen auf. Sie erkannten das Schiff als eins der ihren und hörten Stimmen herüberdringen. Aber dann verblaßte es vor ihren staunenden Augen und verschwand wie ein Nebelstreif unter der heißen Sonne. Später erfuhren sie, daß es viele Meilen entfernt genau in dem Augenblick gesunken war, in dem das Geisterschiff in den Hafen einlief.

Seit den Anfängen der Seefahrt wußten Seeleute Geschichten über Phantomschiffe wie dieses zu erzählen. Einige dieser legendären Geisterschiffe – das bekannteste ist der *Fliegende Holländer* – sollen immer wieder gesichtet worden sein und in einem stürmischen Winkel der Ozeane in jenen Gewässern spuken, die ihnen zum Verderben wurden. Andere tauchen an irgendwelchen Orten der Meere als Künder von Unheil auf. Wieder andere zeigen sich nur ein einziges Mal, und zwar in dem Moment, in dem sie an einem fernen Ort mitsamt ihrer Mannschaft in ein kühles Grab gezogen werden. In manchen Fällen aber wird auch ein echtes Schiff heimgesucht und Opfer gespenstischer Phänomene.

Für Skeptiker gibt es jedoch andere Erklärungen. So kann, wie sie sagen, ein richtiges Schiff ein gespenstisches Aussehen annehmen, wenn es von jenen leuchtenden Büscheln elektrischer Entladungen erhellt wird, die man Elmsfeuer nennt. Kapriolen der Natur, wie Schichten unterschiedlicher Luftdichte, können das Licht so brechen, daß ein Schiff nahe zu sein scheint, obwohl es sich unter dem Horizont befindet. Darüber hinaus haben Matrosen ohnehin einen Hang zum Übersinnlichen – vielleicht, weil ihr Leben so oft in Gefahr ist. Aber trotz aller rationalen Erklärungsversuche gibt es Erzählungen von Geisterschiffen, die die Zeit überdauern. Zu ihnen gehören die Berichte auf den folgenden Seiten.

Ein brennendes Geisterschiff Mit 300 Immigranten an Bord lief 1752 das holländische Schiff *Palatine* in Amsterdam mit Kurs auf Amerika aus. Nach einer grauenhaften, stürmischen Überfahrt nahm die Reise zur Weihnachtszeit vor Block Island am Eingang des Long Island Sound ihr tragisches Ende. Nach einem Bericht lockten Strandräuber das Schiff mit Lichtern auf die Felsen, plünderten es und setzten es anschließend in Brand. Die Passagiere wurden an Land gebracht, doch als das Feuer die *Palatine* verschlang, ertönte ein Schrei, der die Plünderer erstarren ließ. Zwischen Flammen und Rauch sahen sie eine Frau verloren und verzweifelt über das brennende Deck kriechen.

Um die Weihnachtszeit des nächsten und der folgenden Jahre behaupteten Menschen auf Block Island gesehen zu haben, daß die brennende *Palatine* zurückgekehrt sei. 1869 erklärte ein alter Mann namens Benjamin Corydon, der auf dem Festland gegenüber der Insel wohnte, er habe das Geisterschiff „mit gesetzten Segeln und brennend" acht- oder neunmal beobachtet, und es sei erst endgültig verschwunden, nachdem der letzte der Strandräuber gestorben war, die es in sein Verhängnis gelockt hatten. Vielleicht aber war sein Schluß voreilig: Angeblich ist das brennende Geisterschiff 1969 erneut gesichtet worden.

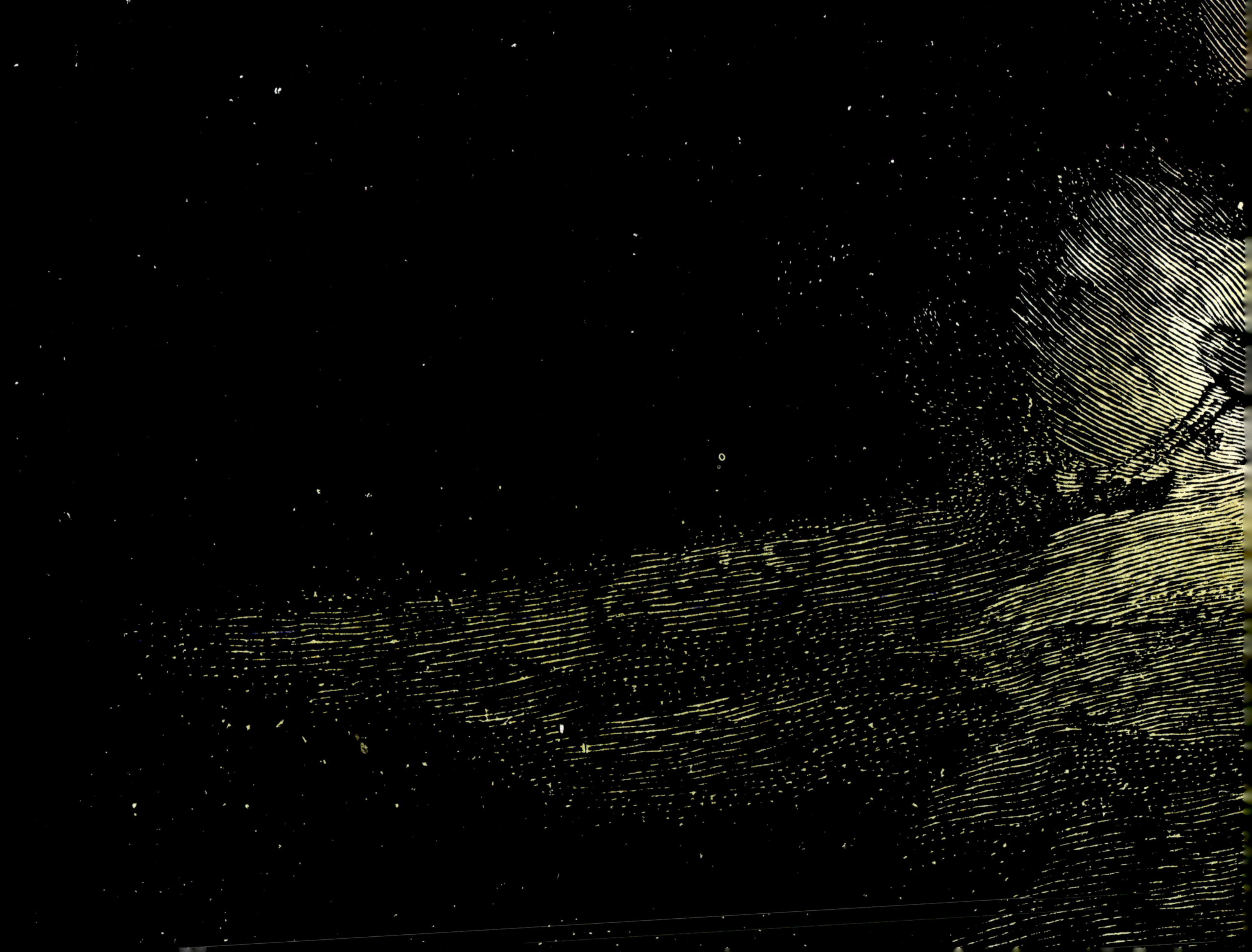

Spuk auf einem Riesen

Der Ozeanriese *Great Eastern* war seinerzeit das größte Schiff der Welt. Aber er stand unter einem schlechten Stern. Schon beim Bau des Giganten kamen fünf Männer ums Leben; ein sechster verschwand spurlos. Gerüchten zufolge sollte er versehentlich in dem Stahlrumpf eingeschweißt worden sein. Als der Dampfer 1859 zum erstenmal auslief, explodierte ein Kessel, und fünf Seeleute starben.

Bald klagte der Kapitän, ständig durch „anhaltendes Hämmern aus dem Schlaf gerissen" zu werden, das aus dem Innern des Schiffes drang – ein Geräusch, das die Matrosen dem Gespenst des gefangenen Arbeiters zuschrieben. Das Hämmern sollte die *Great Eastern* auf ihrem weiteren, unseligen Weg begleiten. Nie hattc sie genügend Passagiere, um rentabel zu fahren, Stürme und Unfälle suchten sie heim, und 1862 rammte sie vor New York einen Felsen. Arbeiter, die das Leck reparierten, vernahmen mit Entsetzen ein Klopfgeräusch, als dessen Ursache man, wie es hieß, Tauwerk identifizierte, das unter Wasser gegen den Rumpf schlug.

1865 wurde der einst so stolze Luxusliner aus dem Liniendienst genommen und für Kabelverlegearbeiten am Meeresboden eingesetzt. Im Jahre 1887 war auch das vorbei. Die *Great Eastern* wurde zum Abwrakken in ein Dock des Liverpooler Hafens geschleppt. Bei dieser letzten Reise wäre sie beinahe untergegangen – nachdem das legendäre Hämmern erneut zu hören gewesen war, wie es hieß. Der Geist, der dem Schiff offenbar soviel Unglück gebracht hatte, kam schließlich 1889 zur Ruhe, als Arbeiter den Schiffrumpf zerlegten und in ihm neben einer Tasche mit rostigem Werkzeug ein menschliches Skelett fanden.

Die Phantomfischer An einem stürmischen Tag des Jahres 1869 ging der Schoner *Charles Haskell* aus Gloucester in Massachusetts zwischen anderen Schiffen vor Anker, die die fischreichen Gewässer um die Georges Bank im Atlantischen Ozean aufgesucht hatten. Nach Einbruch der Nacht aber wurde die *Haskell* von Sturmböen losgerissen und schlug gegen ein anderes Fischerboot, das auf der Stelle mit Mann und Maus sank. Erst später erfuhren Kapitän und Mannschaft der *Haskell*, daß es die *Andrew Jackson* aus Salem gewesen war.

Als einige Tage nach dem Unglück ein Matrose auf der *Haskell* um Mitternacht Wache hielt, bemerkte er, daß sich etwas über das Vorderdeck bewegte. Er schaute genauer hin und sah, wie eine schemenhafte Gestalt nach der anderen mit tropfender Öljacke über die Reling des Schiffes an Bord kletterte. Eine ganze Phantommannschaft, vermutlich die Männer der *Jackson*, machte sich schweigend daran, unsichtbare Segel zu setzen und Netze einzuholen. Wie es heißt, kamen sie jede Nacht wieder, bis die *Haskell* heimwärts segelte. Zurück in Gloucester, weigerte sich die Mannschaft, das Schiff noch einmal zu betreten. Es lag monatelang im Hafen, bis ein Mann aus Neuschottland es kaufte. Die Phantomfischer sollen sich nicht mehr gezeigt haben.

Geheimnisvolle Stimmen

Im Einsatz als Truppentransporter fuhr die *Queen Mary* im Oktober 1942 Zickzackkurs, um gegnerischen U-Booten auszuweichen. Dabei rammte sie ein Begleitschiff, die HMS *Curaçao*. Der 84 000-Tonnen-Riese lief einfach durch die 4200 Tonnen schwere *Curaçao* hindurch, und rund 300 Seeleute fanden den Tod.

Es vergingen mehr als vier Jahrzehnte, und der alte Dampfer war schon längst als Touristenattraktion im kalifornischen Long Beach für immer vor Anker gegangen, als der Schiffszimmermann John Smith berichtete, Stimmen und Wasserplätschern gehört zu haben, während er im Bug unter Deck arbeitete – in jenem Teil des Schiffes, der die Seite des Kreuzers gerammt hatte. Wie er sagte, wußte er nichts von dem Vorfall in Kriegstagen, als er die Stimmen zum erstenmal vernahm.

1988 untersuchte der bekannte PSI-Forscher William G. Roll das Schiff. Im Bug hörte Roll selbst Stimmen, für die es keine Erklärung gab. Ein Tonbandgerät, das über Nacht dort aufgestellt wurde, nahm Stimmen auf und „ein Geräusch, das an fließendes Wasser erinnerte". Auch wenn Roll nicht zu dem Schluß kam, ein gespenstisches Echo der Katastrophe des Jahres 1942 zu hören, meinte er doch, daß die Angelegenheit einer weiteren Untersuchung wert sei.

KAPITEL 3

Die Schrecken des Spuks

In einer Frühlingsnacht des Jahres 1978 ließ sich eine 17jährige Engländerin auf einen makabren Streich ein, den ihr Freund und einige andere Jugendliche ausgeheckt hatten: Sie wollten auf einen örtlichen Friedhof gehen, um dort die Gräber zu verwüsten. Obgleich dem Mädchen nicht wohl bei der Sache war, schloß sie sich den anderen an. Sicher hätte sie gelacht, wenn man ihr gesagt hätte, daß die Folgen dieser Episode sie und ihre Familie aus ihrem Heim vertreiben sollten.

Die Vorfälle begannen ganz harmlos, nicht lange nach jener Nacht auf dem Friedhof, als das Mädchen, welches in dem Bericht der Society for Psychical Research Miss A genannt wurde, mitten in der Nacht aufwachte und eine alte Frau auf einem Stuhl neben ihrem Bett sitzen sah. Die Erscheinung schwieg und wirkte keineswegs bedrohlich. Sie saß einfach da und blickte das Mädchen unverwandt an. Miss A nahm diese nächtliche Vision nur im Halbschlaf wahr, spürte aber, daß die alte Frau nichts Böses im Sinn hatte. Kurz darauf schlief sie wieder fest ein, und später glaubte sie, daß die Frau nur eine unwirkliche Traumgestalt gewesen sei.

Aber dieser ersten, harmlosen Begegnung mit dem Gespenst folgten bald beunruhigendere Vorfälle. In den nächsten Wochen erschien die alte Frau nach Miss A's Bericht einige Male bei Tage und folgte dem Mädchen von Zimmer zu Zimmer. Die Erscheinung schwebte etwa 20 Zentimeter über dem Boden, beobachtete Miss A schweigend und erstarrte, wann immer sich diese umwandte, um sie anzublicken. Miss A konnte zwar nicht durch die alte Frau hindurchsehen, doch als sie sie zu berühren versuchte, griff ihre Hand geradewegs ins Leere.

Miss A war die älteste von vier Geschwistern, und zunächst erzählte sie weder ihren Eltern noch ihren jüngeren Brüdern von diesen Erlebnissen. Aber, sie begann, eine zunehmende Feindseligkeit seitens der Erscheinung zu spüren, und bald wurde ihr bange. Eines Tages beim Teekochen fühlte sie, wie eine Kraft plötzlich den Kessel mit dem kochenden Wasser ergriff und ihn kippte, als wolle sie Miss A verbrühen. Auch wenn sie bei dem Vorfall keinen Schaden nahm, glaubte sie nun, daß die alte Frau begann, ihre Gedanken negativ zu beeinflussen. Während des Bügelns verspürte sie plötzlich den Drang, das glühendheiße Bügeleisen zu nehmen und ihren kleinen Bruder damit zu verbrennen, der in seinem Bettchen schlief. Glücklicherweise konnte sie diesem schrecklichen Impuls widerstehen.

Schließlich wurde die angstvolle Ungewißheit, was als nächstes geschehen würde, für Miss A unerträglich, und sie zog ihre Mutter ins Vertrauen. Zunächst maß diese den Erlebnissen keine Bedeutung bei, später aber glaubte sie, die Erscheinung selbst zu sehen. Eines Morgens schaute sie die Treppe hinunter und erblickte die alte Frau, die durch den unteren Flur schwebte und dann in einem Zimmer verschwand. Bald konnte auch die Mutter die Gegenwart eines bösen Wesens spüren. Eines Tages riß ihr der Geist den Staubsauger aus der Hand und zerrte die Düse vom Schlauch. Ein andermal fühlte sie eine unsichtbare Kraft, die gegen Türen drückte, wenn sie sie öffnen oder schließen wollte.

Die Vorfälle häuften sich, und bald erlebte die ganze Familie seltsame und teilweise bedrohliche Phänomene. Selbst der Vater des Mädchens, der die Schilderungen seiner Tochter und seiner Frau zuerst als Unsinn abgetan hatte, war schließlich davon überzeugt, daß es nicht mit rechten Dingen zuging. Nachdem eines Nachts die gesamte Familie von lautem Klopfen geweckt worden war, suchte Mr. A zwei Stunden lang vergeblich nach der Quelle des Lärms. Ein andermal entdeckte er, wie Wasser unaufhörlich von der Küchendecke tropfte. Ein Klempner, den man herbeiholte, konnte aber nirgenwo ein undichtes oder defektes Rohr finden.

Miss A's jüngster Bruder war noch zu klein, um das zu beschreiben, was er vielleicht gesehen oder gehört hatte, ihre beiden anderen Brüder wußten jedoch von seltsamen Vorgängen im Haus zu berichten. Als einer der Jungen eines Nachts im gemeinsamen Schlafzimmer allein im Bett lag, vernahm er auf einmal aus dem Bett seines Bruders lautes Schnarchen. Er schaute nach, fand das Bett aber leer und unberührt vor. An einem anderen Abend saßen die beiden Jungen gemeinsam mit ihren Eltern, ihrer Schwester und deren Freund vor dem Fernseher, als die ganze Familie laute Geräusche aus dem Zimmer des Mädchens kommen hörte. Sie rannten die Treppe hinauf und sahen, daß alle Gegenstände, die auf dem Kaminsims gestanden hatten, heruntergefegt und auf das Bett geworfen worden waren. Nach diesem Zwischenfall verließ der Freund des Mädchens das Haus und weigerte sich mit Entschiedenheit, es je wieder zu betreten.

Zu guter Letzt aber erhielt man einen Hinweis auf die Identität der Erscheinung. Als Miss A eines Tages mit ihrem Vater beisammensaß, fiel sie unvermittelt in Trance und begann, über ein früheres Leben zu sprechen, in dem sie die Tochter eines französischen Arztes gewesen war, der Mitte des 18. Jahrhunderts in London gelebt hatte. Wie es schien, hatte die alte Frau, die nun Miss A und ihre Familie heimsuchte, zum Haushalt des Franzosen gehört. Warum der Geist zurückgekehrt war, sagte Miss A nicht, die jedoch bald auch andere erstaunliche Fähigkeiten zu entwickeln begann. So konnte sie angeblich die Zinken einer Gabel durch bloßes Darüberstreichen verbiegen.

Verständlicherweise war der Vater von Miss A durch die Vorkommnisse beunruhigt und machte sich größte Sorgen um ihre Gesundheit. Ein zu Rate gezogener Arzt glaubte zunächst, das Mädchen leide unter Epilepsie, aber eine Reihe von Elektroenzephalogrammen bestätigte diese Diagnose nicht. Schließlich bewegte das Sozialamt der Stadt D. F. Lawden, Forscher der SPR und Mathematiker an der University of Aston in Birmingham, den Fall zu übernehmen. Nachdem dieser die Familie befragt und das Haus untersucht hatte, erklärte er, er könne „keine normale Erklärung für die mir berichteten Ereignisse" finden. Lawden vermutete, daß der Ursprung von Miss A's Erlebnissen große Ängste waren, wahrscheinlich ausgelöst durch jenen Vorfall, der sich sechs Monate zuvor auf dem Friedhof ereignet hatte. Wie er glaubte, konnten die Schwierigkeiten möglicherweise aber durch einen Umzug beseitigt werden, da so die Verbindung zwischen dem Alltag des Mädchens und dem vertrauten Ort des Spuks unterbrochen wurde.

Die Familie gab das Haus, das elf Jahre ihr Heim gewesen war, nur ungern auf. Aber sechs Monate ununterbrochene Angst forderten ihren Tribut. Als man schließlich damit begann, die Habe für den Umzug einzupacken, wurden die Erscheinungen der alten Frau immer seltener.

Von Neugier getrieben, kehrte Miss A später noch einmal in das Spukhaus zurück. Die Hintertür war aufgebrochen, und sie trat ein. Um Licht hereinzulassen, öffnete sie die Haustür; dann ging sie zum Telefon. Auf einmal hatte sie das entsetzliche Gefühl zu ersticken und spürte eine Kälte um ihren Hals, als würde eine unsichtbare eisige Hand sie würgen. Schließlich wurde sie zur Haustür hinausgestoßen. Sie kehrte nie wieder in das Haus zurück.

Die beängstigenden Erlebnisse dieser englischen Familie scheinen sowohl Elemente von Poltergeist-Erscheinungen als auch von Spuk aufzuweisen: Im Mittelpunkt der seltsamen Geschehnisse stand eine Jugendliche, wie es bei behaupteten Poltergeist-Phänomenen meist der Fall ist, und die Ereignisse waren an einen bestimmten Ort gebunden – ein charakteristisches Merkmal für einen Spuk. Damit aber enden die Ähnlichkeiten zwischen diesem Fall und typischen Spuk- oder Poltergeist-Phänomenen. Auch wenn ein Spuk noch so erschreckend sein mag, handelt es sich doch zumeist um einen freundlichen Geist, der den Betroffenen kein Leid zufügen will. Und ein Poltergeist kann zwar großes Spektakel verursachen, gewöhnlich tut er dies jedoch, ohne böse oder feindselig zu sein.

Aber bekanntlich bestätigen Ausnahmen die Regel. Ein kleiner Teil der Dokumentationen über Poltergeister und Spukerscheinungen berichtet von bösartigen oder sogar grausamen Wesen, die Menschen aus ihren Häusern vertreiben, wie es bei der unglücklichen Familie von Miss A der Fall war. Teilweise werden Poltergeister und Erscheinungen sogar beschuldigt, ihre Opfer verletzt oder getötet zu haben.

Seit der Gründung der SPR im Jahre 1882 und ihres amerikanischen Gegenstücks, der ASPR, im Jahre 1885 wurden Dutzende von behaupteten Spukerscheinungen und Poltergeist-Phänomenen dieser Art eingehend untersucht. Gelegentlich hatten die Forscher den Verdacht, daß hinter besonders schrecklichen Spukerscheinungen eher Betrug als ein böser Geist steckte. Dies galt jedenfalls für einen Fall, der sich 1975 im amerikanischen Amityville ereignete. Er zog große Aufmerksamkeit auf sich und wurde später zum Gegenstand mehrerer Bücher und Filme *(S. 100–101)*. Oft aber finden sich trotz gründlichster und skeptischster Untersuchungen keine natürlichen Erklärungen für diese furchtbaren Begegnungen mit seltsamen, zerstörerischen Kräften. Eine bemerkenswerte Geschichte dieser Art wurde 1943 von einer verwitweten Engländerin geschildert.

„Es gibt hier etwas Böses, das sich in Krankheiten manifestiert. Unsere Gäste, Hausmädchen, alle scheinen krank zu werden, und mein Mann starb Anfang Juli ... Andere Phänomene ... sind Klopfgeräusche, furchterregender Lärm und widerliche, unerklärbare Gerüche. Meine Schwester ist zweimal nachts aufgewacht, weil sie das Gefühl hatte, daß sich Hände um ihren Hals legten, um sie zu erwürgen, und sie spürte die Gegenwart eines bösen Wesens." So war es in einem Brief zu lesen, den eine verzweifelte Mrs. Knight, wie sie genannt wurde, an die SPR richtete. Sie beschrieb ihr Leben in dem Dorf Wareham, etwa 100 Kilometer südwestlich von London, wohin sie mit ihrem Ehemann und ihrer Schwester drei Jahre zuvor gezogen war. Der Tod von Mr. Knight war nur eines von vielen unheimlichen und oft tragischen Geschehnissen, für die seine Frau eine unsichtbare, böse Kraft verantwortlich machte.

Dieses Haus, das so viel Angst und Leid in das Leben seiner Bewohner gebracht hatte, wurde von G. N. M. Tyrrell, einem renommierten SPR-Forscher und Verfasser des 1953 erschienenen Buches *Apparitions*, als „besonders hell und freundlich, ... das letzte Haus, in dem man einen Spuk vermuten würde" beschrieben. Das zweistöckige Gebäude war um 1820 erbaut worden. Es hatte ein Schieferdach und lag an einer hübschen Landstraße. Ein gestrichener Eisenzaun, der in Ziegelsockeln verankert war, trennte Vorgarten und Bürgersteig voneinander. Aber nach Mrs. Knight trog dieses reizvolle Bild.

Zu den schrecklichen Geschehnissen, die Tyrrell berichtet wurden, gehörten die zwei Erlebnisse Miss Irwins, der Schwester von Mrs. Knight, die mitten in der Nacht durch das Gefühl aus dem Schlaf gerissen worden war, es

würden sie unsichtbare Händen erwürgen. Sie berichtete auch, ein böses Wesen im Raum gespürt zu haben. Beim zweitenmal, als dies geschah, kratzte darüber hinaus ein unsichtbares Wesen auf ihrer Bettdecke. Miss Irwin versicherte, nicht geträumt zu haben.

Andere Male erfüllten ekelhafte Gerüche verschiedene Bereiche des Hauses, darunter Speisekammer, Flur und Badezimmer. Aus letzterem war ihr, so sagte Mrs. Knight, eines Morgens der Gestank verwesenden Fleisches entgegengeschlagen. Der Geruch hielt sich mehr als fünf Minuten und ließ sie an „Tod und Grab" denken. Mrs. Knight berichtete auch, daß sich eine Lampe im Badezimmer selbsttätig einschaltete, wenn niemand in der Nähe war, und ein Kofferradio plötzlich ein explosionsartiges Geräusch „ähnlich einem Pistolenschuß" abgab und stark qualmte, während es ganz normal weiterspielte.

1943 waren die Spukphänomene in dem Haus besonders heftig und vielfältig. Im Januar jenes Jahres ertönten an drei aufeinanderfolgenden Tagen unerklärliche Geräusche in verschiedenen Teilen des Hauses. Erstmals waren sie an einem Nachmittag zu hören, als Mrs. Knight mit einer Erkältung das Bett hüten mußte. Sie vernahm in ihrem Zimmer heftige Klopfgeräusche, als würde jemand gegen die Tür oder gegen das Kopfende ihres Bettes schlagen. Sie waren so laut, daß auch ihr Mann sie im Erdgeschoß hörte, nicht aber ihre Schwester, die sich zum diesem Zeitpunkt in der Küche befand. Am folgenden Abend drang aus einem der oberen Räume ein dumpfes Poltern zu Mrs. Knight und ihrer Schwester herunter, als sei jemand aus dem Bett oder Bücher von einem Tisch zu Boden gefallen. Die beiden gingen der Sache nach, konnten aber keine vernünftige Erklärung für den Lärm finden. Am nächsten Tag glaubte Mrs. Knight in der Küche ein Geräusch zu hören, als würde vor der Hintertür ein schwerer Wäschekorb abgesetzt. Sie öffnete die Tür, fand aber nichts.

Drei Monate später wachte Mrs. Knight mitten in der Nacht auf, weil unter ihrem Bett ein lautes, dumpfes Geräusch hervordrang. Es klang wie „ein Tier, das einen großen Knochen über den nackten Holzboden schleift", sagte sie später. Sie machte Licht und schaute unter das Bett. Obwohl sie nichts sehen konnte, hielt das Geräusch an. Sie holte ihre Schwester, und dann vernahmen die beiden, wie sich das Geräusch in einen anderen Teil des Raumes bewegte und verebbte. Zweimal hörten Mrs. Knight und ihr Mann geheimnisvolle Laute aus dem Wohnzimmer im Parterre dringen – als ob an der Vorderseite des Hauses eine Peitsche gegen das Fenster knallte.

Aber der Lärm war nicht das Schlimmste. Das Haus schien eine ungesunde Ausstrahlung zu haben. Wie Mrs. Knight berichtete, waren während der drei Jahre, in denen sie dort lebte, unter seinem Dach 13 Besucher und Angestellte auf mysteriöse Weise erkankt. Und als im Juli 1943 ihr Mann eine Woche nach einer Operation starb, schrieb sie seinen Tod dem Werk des bösen Geistes zu. Einen Monat später kam eine andere Schwester von ihr zu Besuch, und am Morgen nach ihrer Ankunft wurde sie krank. Sie litt unter heftigen Schmerzen, und die Ärzte stellten eine Schwellung des Unterleibs sowie eine Entzündung des Mund- und Rachenraumes fest, aber die Ursache ihrer Er-

Andrew MacKenzie (rechts), ein langjähriges Mitglied der englischen Society for Psychical Research und ein erfahrener Spukforscher, untersuchte als erster den Fall von Rachel Briggs – einem walisischen Mädchen, das Opfer einer rätselhaften, bösartigen Erscheinung wurde.

krankung wurde nie gefunden. Darüber hinaus ereigneten sich Unfälle, die sich niemand so recht erklären konnte. Just an dem Tag, an dem SPR-Forscher Tyrrell eintraf, um den Spuk zu untersuchen, stürzte Miss Irwin im Flur und brach sich das Handgelenk. Sie berichtete, auf dem Weg zur Tür ausgerutscht zu sein, aber Tyrrell stellte fest, daß ein Teppich im Flur lag und die paar unbedeckten Dielen nicht besonders glatt waren.

Die seltsamen Erscheinungen und rätselhaften Vorfälle gingen weiter. Einmal beobachtete Mrs. Knight ein kleines Lichtoval, das sich – offenbar unabhängig von jeder normalen Lichtquelle – an einer Wand entlangbewegte. Einige Nächte später sahen ihre Schwester und sie etwa um Mitternacht zuerst bei der Schlafzimmertür einen Fächer aus weißem Licht und dann nahe beim Kleiderschrank eine goldene Säule. Die untere Hälfte der Säule wurde durch eine blaugraue, senkrechte Linie getrennt, als verwandele sich das Licht in eine Gestalt mit zwei Beinen. Aber während die Frauen noch auf die Leuchterscheinung starrten, verschwand sie plötzlich.

Etwa einen Monat später verließen die beiden Schwestern während des Tages für kurze Zeit das Haus. Als sie zurückkamen, mußten sie feststellen, daß einer der gemauerten Zaunsockel im Vorgarten beschädigt worden war. Etliche Ziegel ragten auf der dem Haus zugewandten Seite aus dem Pfosten, und auf dem Rasen lagen Mörtelklumpen verstreut. Ein Bekannter, der den Sockel für die Damen reparierte, meinte, daß zur Entstehung eines solchen Schadens ein Auto oder Lastwagen gegen den Zaun gefahren sein mußte. Eine sorgfältige Untersuchung Tyrrells ergab jedoch, daß die der Straße zugewandten Ziegel vollkommen unbeschädigt waren und weder der Anstrich des Zaunes noch der Sockel Farbspuren oder Kratzer aufwiesen.

Bei ihrem Einzug hatte Mrs. Knight nichts über die Geschichte ihres Hauses gewußt, doch als sie schließlich ihren Nachbarn von dem Spuk erzählte, erfuhr sie, daß früheren Bewohnern bereits ähnliches Unheil widerfahren war. Eine Frau, die in dem Haus gelebt hatte, war nach dem plötzlichen Tod ihres Mannes und einem eigenen schweren Fahrradunfall ausgezogen. Außerdem kursierten Gerüchte, daß in dem Haus ein Kind gestorben war, ohne irgendwelche Krankheitssymptome zu zeigen, und ein anderer Bewohner war fluchtartig in eine nahe gelegene Stadt gezogen und hatte sich später ertränkt.

Forscher Tyrrell wertete Mrs. Knight als „zuverlässige, genaue Zeugin", die weder etwas über PSI-Forschung noch über die Geschichte ihres Hauses wußte. Vermutlich war sie daher auf mysteriöse, bedrohliche Geschehnisse dieser Art weder vorbereitet noch eingestimmt. Nach Tyrrells Auffassung ließen sich einige der Erkrankungen, Unfälle und Tode, die sich in dem Haus ereignet hatten, mit dem Zufall erklären, doch die Geräusche, Gerüche und Visionen, die Mrs. Knight und ihre Schwester wahrnahmen, waren seiner Ansicht nach „paranormaler, halluzinatorischer und nichtphysischer Natur" und ein guter Beweis für das Phänomen kollektiver Wahrnehmung, bei dem zwei oder mehr Menschen das gleiche erleben, mag es nun Realität oder eine Halluzination sein. Mrs. Knight und ihre Schwester Miss Irwin jedenfalls zogen fort, um fern von den geheimnisvollen Schrecken ihres Hauses ein neues Leben zu beginnen.

Das unterschwellige Gefühl des Bösen und die Furcht vor unsichtbaren Wesenheiten erscheinen noch schrecklicher, wenn die Opfer Kinder sind. Zu ihnen gehörte die kleine Rachel Briggs aus Wales – ein Pseudonym, das ihr Andrew MacKenzie gab, ein angesehener Autor, dem sie viele Jahre später über den Spuk in ihrer Kindheit berichtete. Rachel und ihre Familie waren Ende der 40er Jahre von Wales in die englische Stadt Cheltenham gezogen. Und um das Jahr 1950 hatte Rachel, im Alter von fünf oder sechs Jahren, ihre erste Begegnung mit jenem bösen Wesen, das einen düsteren Schatten auf ihr Leben werfen sollte.

Eines Morgens spielte sie mit ihrem Spaniel in ihrem Zimmer, als „die Atmosphäre plötzlich ‚elektrisch' wurde", wie Rachel es später ausdrückte. Sie wandte sich entsetzt vom Fenster um und schaute in den Raum. Obgleich sie nichts sah, schien es ihr, als würde irgend etwas sie gebannt und voller Abscheu anstarren. Der Hund stürzte aus dem Zimmer und Rachel hinterher. Sie lief in die Küche, wo ihre Mutter gerade kochte. Diese fragte Rachel nach dem Grund ihrer Aufregung, aber diese wußte ja selbst nicht, was geschehen war, und schon gar nicht, wie sie es erklären sollte.

Das entsetzliche Gefühl, von einem unsichtbaren, feindlichen Wesen beobachtet zu werden, kam immer wieder, und Rachel begann sich in der Wohnung zu fürchten. Auf dem Nachhauseweg von der Schule bummelte sie herum, und wenn es irgend möglich war, spielte sie im Garten, wo sie sich sicher fühlte. Wann immer ihre Eltern sie allein ließen, lief sie ins Freie, um dem Wesen zu entkommen. Das Schlafengehen wurde zur Qual. „Ich habe nie die Macht und Stärke dieses Wesens vergessen", schrieb sie später über einen Abend, an dem ihre Eltern Bekannte besuchten und sie alleine war. „Es war, als würde dich jemand mit einem Blick voller Haß durchbohren."

Auch andere Familienmitglieder spürten eine unheilvolle Wesenheit in der Wohnung. Eine Tante fürchtete sich während der Nacht so sehr, daß sie Rachels Mutter am nächsten Morgen erklärte, mit der Wohnung würde „etwas nicht stimmen". Sie beendete ihren Besuch abrupt und weigerte sich, jemals wieder den Fuß in das Haus zu setzen. Als Rachels Großmutter zu Besuch kam, die von sich behauptete, mediale Fähigkeiten und großes Wissen über die Geisterwelt zu besitzen, fühlte auch sie das Wesen, daß ihrer Enkeltochter solche Angst machte. Mrs. Briggs selbst spürte den bedrohlichen Geist siebenmal. Und als Rachels Vater eines Abends beim Kamin saß und las, glaubte er zu fühlen, wie ein schreckliches Wesen hinter ihm lauerte.

Aber es sollten noch drei Jahrzehnte vergehen, bevor Rachel mit ihren Eltern über ihre Kindheitserlebnisse sprach und erfuhr, daß sie nicht als einzige das Phantom in der Wohnung wahrgenommen hatte. Ihre Mutter redete nicht gern darüber, weil sie glaubte, daß das Interesse *ihrer* Mutter am Okkulten ihre eigene Kindheit überschattet hatte, aber jetzt gestand sie ein, in ihrer Jugend selbst mediale Fähigkeiten gezeigt und daraufhin den Vorsatz gefaßt zu haben, sich nicht mit der Geisterwelt einzulassen.

Ende 50er Jahre zog die Familie nach Malta. Dort sah Rachels Mutter eine gespenstische Gestalt, die offenbar verzweifelt nach etwas suchte. Bald fand Mrs. Briggs heraus, daß das Gebäude, in dem die Familie auf Malta wohnte, an einer Stelle errichtet worden war, an der im Krieg Bomben mehrere Häuser zerstört hatten.

In Cheltenham ließ sich jedoch keine solche Verbindung mit früheren Todesfällen und Zerstörungen feststellen. Als SPR-Forscher Michael Martyn eine spätere Mieterin der Wohnung in Cheltenham befragte, stellte sich heraus, daß sie nichts Außergewöhnliches erlebt hatte. Andrew MacKenzie, der bis 1983 mit Rachel im Briefwechsel stand, kam in seinem Bericht zu dem Schluß, daß die schrecklichen Erlebnisse der Familie in Cheltenham möglicherweise durch die mutmaßliche Sensitivität ihrer Mutter ausgelöst worden waren.

Obgleich Rachel Briggs ihren gespenstischen Peiniger nie sah, waren ihre Begegnungen nicht weniger schrecklich als jene, in denen sich ein Geist materialisiert oder auf andere Weise bemerkbar macht. Schilderungen von solch furchterregenden Geistererscheinungen kennt man seit vielen Jahrhunderten. Ein Fall, der von einer Reihe objektiver Beobachter bezeugt wurde, ereignete sich 1695 im schottischen Ringcroft, der ländlichen Heimat eines angesehenen Steinmetzen namens Andrew Mackie. Von seinen Freunden als „ehrlich, zuvorkommend und weit friedfertiger als viele seiner Nachbarn" beschrieben, lebte Mackie mit Frau und Kindern in einem kleinen Bauernhaus, in dem es

Gespenster in Englands Kirchen

In der Londoner Westminster Abbey werden Besucher des Nachts immer wieder von dem Gespenst eines Mönches erschreckt, das durch die Gänge schwebt. In der Watton Abbey in Yorkshire wollen schon viele Elfrida gesehen haben, eine einstige Novizin, die an diesem geheiligten Ort umgehen soll. Englands bestdokumentiertes Kirchengespenst ist der „Schwarze Kanonikus", der in der Bolton Priory bei Skipton im nördlichen Yorkshire spukt, wie es heißt. Tatsächlich scheint es überall in England Gespenster und andere Erscheinungen zu geben, die ihren Ursprung in der wechselvollen Kirchengeschichte des Landes haben.

Jene, die sich mit ihrer Erforschung beschäftigen, führen diese Geschehnisse auf den Bruch Heinrichs VIII. mit der römisch-katholischen Kirche im 16. Jahrhundert zurück. Der Spaltung folgte die Auflösung der Klöster und die Konfiszierung des kirchlichen Eigentums. Als einige Mönche – vor allem in Yorkshire und Lincolnshire – daraufhin rebellierten, ging der König gnadenlos gegen sie vor. Wie er dem Grafen von Norfolk sagte, wollte er „ohne Mitleid oder Umstände ... veranlassen, daß alle Mönche und Kanoniker, die sich in irgendeiner Weise schuldig gemacht haben, ohne Verzug und Förmlichkeit als abschreckendes Beispiel für andere in Fesseln gelegt würden".

Andere, die Widerstand leisteten, wurden gefoltert und umgebracht.

Durch Maßnahmen wie diese wurden die Reihen der geistlichen Orden gelichtet und zahlreiche Kirchengebäude geplündert und in Wohnhäuser umgewandelt oder dem Verfall überlassen. Geisterjäger glauben, daß die gespenstischen Mönche und Nonnen, die angeblich in vielen von Englands einstigen Kirchen, Klöstern und Stiften wohnen, dazu verdammt sind, so lange an diesen Orten zu spuken, bis ihre alte Religion wieder eingeführt ist.

Auch Kirchgänger in York, einer malerischen Stadt im Norden Englands, wollen ein solches Phantom gesehen haben. Die Holy Trinity Church der Stadt war einst Teil eines Benediktinerklosters, das auf Anordnung Heinrichs VIII. aufgelöst werden sollte. Nach der Legende weigerte sich die tapfere Priorin, die Soldaten des Königs in das Kloster zu lassen. Heinrichs Befehl kümmerte sie wenig, und sie wollte lieber sterben als ihm Folge zu leisten. Die Soldaten machten kurzen Prozeß mit ihr, doch im Sterben liegend schwor sie, nach ihrem Tod zurückzukehren. Und häufig haben Gläubige berichtet, daß sie ein Gespenst in einer Kutte sahen, das über das Kirchengelände schwebte.

angeblich seit Jahren spukte. Bis zum Februar 1695 blieb alles ruhig, aber dann wurden die Mackies Angriffsziel eines gnadenlosen Phantoms.

Das unbekannte Wesen war äußerst gewalttätig. Wie es heißt, flogen Steine und Gegenstände durch die Luft, als würden Geisterhände sie umherschleudern, und manchmal wurden Anwesende von ihnen getroffen und verletzt. Man holte den Gemeindepfarrer Alexander Telfair, der ebenfalls Zeuge der Erscheinungen wurde. Später bestätigte er, daß ihn der Geist mächtig bedrängt, Steine und verschiedene andere Dinge nach ihm geworfen und ihn einige Male mit einem Knüppel so heftig auf die Schultern und in die Seite gehauen hatte, daß Umstehende die Schläge hören konnten. Das Phantom schonte niemanden und wütete tags wie nachts mit ungehemmter Gewalt. Nach Telfairs Bericht prügelte es eines Abends Mackies Kinder in ihren Betten, und andere Male „zerrte es Menschen an ihren Kleidern im Haus herum". Selbst der Müller bekam einen schrecklichen Schlag versetzt, und den Schmied bombardierte das Gespenst mit einem Trog und einer Pflugschar.

Dann verschwand der Geist ebenso plötzlich, wie er gekommen war. Ein paar Tage später brach die Gewalt von neuem los, wie ein Sturm, der seine Kraft gesammelt hat. Einmal wurde das ganze Haus wie von einem Erdbeben erschüttert. Andere Phänomene waren nicht weniger zerstörerisch. So gingen Nebengebäude plötzlich in Flammen auf, beim Beten wurde die Familie mit brennenden Torfstücken beworfen, und manchmal erschien eine Art menschliche Stoffpuppe, die pfiff und stöhnte oder rief: „Still, still."

Da Mackie davon überzeugt war, daß es sich bei dem Geist um einen Dämonen handelte, bat er fünf Geistliche um Hilfe, die das Haus am 9. April 1695 exorzieren wollten. Aber ein Steinhagel machte diesen Versuch zunichte. Einige der Teilnehmer, unter denen sich auch Telfair befand, sagten aus, von einer Kraft in die Luft gehoben worden zu sein, die sie an Beinen oder Füßen packte. Nicht anders erging es den übrigen Priestern. Zunächst schien der Geist von den Bemühungen der Geistlichen nicht im mindesten eingeschüchtert, doch am Freitag, den 26. April, verkündete dann eine körperlose Stimme: „Bis Dienstag sollst du heimgesucht werden." Am angegebenen Tag entwickelte sich in der Ecke der Scheune eine drohende schwarze Wolke, die mehrere von Mackies Nachbarn sahen. Sie wurde größer und größer, bis sie beinahe das gesamte Gebäude ausfüllte. Die formlose Masse bewarf die Anwesenden mit Schlamm, ergriff einige von ihnen und hielt sie so fest, daß sie den Griff noch fünf Tage später zu spüren glaubten. Dann hielt der Geist sein zuvor gegebenes Wort und verschwand.

Im Jahre 1696 verfaßte Telfair einen Bericht über den Spuk, der von nicht weniger als 14 Menschen bezeugt wurde, unter ihnen fünf Geistliche und zwei angesehene Grundbesitzer der Gegend. Und wenn es auch zur damaligen Zeit noch keine Möglichkeit für eine unabhängige Untersuchung gab, halten es moderne PSI-Forscher doch für wenig wahrscheinlich, daß sich eine so große Zahl von Zeugen in ihren Beobachtungen täuschte oder gar zusammen einen solch komplizierten Betrug ausheckte.

Angriffe, wie die Mackies sie erdulden mußten, wurden in der Geschichte des Paranormalen häufig Dämonen zugeschrieben, und daher gelten Exorzismusriten oder religiöses Gerät seit langem als Waffen im Kampf gegen das Böse. Ihrer bediente man sich auch in den Jahren 1875 und 1876, um einen schrecklichen Geist zu vertreiben, der angeblich in einem Schloß in der Normandie sein Unwesen trieb.

Dieses Gebäude, das in der PSI-Literatur als Schloß von Calvados bekannt ist, gelangte 1867 durch Erbschaft in den Besitz eines Mannes, der in dem Bericht M. de X genannt wurde. Noch im Oktober desselben Jahres kam es zu einer Reihe seltsamer Vorfälle, zu denen unter anderem nächtliche Geräusche gehörten. Die Störungen hörten bald wieder auf, und acht Jahre lang blieb alles ruhig. Im November 1875 begann dann das makrabre Spiel.

Drei Monate lang führte M. de X Tagebuch über die Peinigungen, denen seine Familie ausgesetzt war. Er berichtete von lautem Lärm, der klang, als würde jemand gegen Mauern und Türen hämmern, schwere Lasten über Fußböden und Treppen zerren oder das Haus mit Brennholz bewerfen. Bücher wurden aus Regalen geschleudert und über den Boden verstreut, Möbel rückten, und Türen und Fenster flogen auf, ohne daß jemand sie berührte. Zeugen berichteten von klagenden Rufen, durchdringenden Schreien und den Schritten eines unsichtbaren Wesens, das durch das Haus wanderte und Treppen hinauf- und hinunterlief, als hätten die Beine „keine Füße und es liefe auf Stummeln". Ein Priester, der zu Besuch auf das Schloß kam, sah, wie sich ein

Schrank vom Boden erhob und emporschwebte. Drei Monate lang gab es keine ruhige Nacht. Entsetzte Familienmitglieder verriegelten die Türen ihrer Schlafzimmer und ließen die ganze Nacht Kerzen brennen, aber vergebens. Lichter wurden auf geheimnisvolle Weise gelöscht, verschlossene Türen von einem unsichtbaren Wesen geöffnet, Bibeln zerrissen und entweiht. Einmal, so hieß es, flog ein Schlüssel aus seinem Schloß und traf seinen Besitzer.

Die Familie versuchte dem Spuk ein Ende zu machen, indem sie an alle Türen Kreuze und Votivbilder hängte, aber die geweihten Gegenstände verschwanden in der folgenden Nacht, während lauter Lärm durch das Haus hallte. Der Gemeindepfarrer führte einen Exorzimus durch, der eine Zeitlang für Ruhe zu sorgen schien, aber als einige Tage später die Dame des Hauses einen Brief schrieb, materialisierten sich viele der verschwundenen Gegenstände plötzlich in der Luft und fielen auf ihren Schreibtisch nieder. Damit begannen die Gewalttätigkeiten von neuem. Schließlich verlor die Familie die Hoffnung, je wieder friedlich in ihrem Heim leben zu können, und verkaufte das Anwesen.

Berichte über den Calvados-Fall wurden erstmals 1893 in den *Annales des Sciences Psychiques* veröffentlicht. Der Herausgeber dieser Zeitschrift, ein gewisser Dr. Dariex, hatte die Tagebucheintragungen von M. de X studiert, in denen der Gepeinigte beispielsweise seine Versuche beschrieb, dem bedrohlichen Wesen auf die Spur zu kommen. So hatte er quer über die Türschwellen Fäden gespannt, um herauszufinden, ob sie während des Spuks zerrissen wurden, und in den Wintermonaten um das Schloß herum nach Spuren im Schnee gesucht. Viele Zeugen bestätigten in Briefen die verschiedenen Erscheinungen, die von M. de X beschrieben worden waren. Nachdem Dr. Dariex das Material geprüft hatte, kam er zu dem Schluß, daß „die Ehrlichkeit und die geistige Gesundheit des Eigentümers dieses Schlosses von niemandem in Frage gestellt werden können".

Die böse und zerstörerische Kraft, die in Ringcroft und im Schloß von Calvados offenbar wurde, wirkte aber nicht nur auf dieser Seite des Atlantiks. Einer der grausamsten und unbarmherzigsten Poltergeister in der Geschichte des Paranormalen soll vier Jahre lang auf einer Baumwollplantage im amerikanischen Tennessee sein Unwesen getrieben und deren Besitzer John und Luce Bell wie auch ihre neun Kinder gepeinigt haben. Der Spuk bei der Familie Bell begann 1817 und erregte so großes Aufsehen, daß in Scharen Neugierige zu der Plantage strömten, um die paranormalen Phänomene zu beobachten. Zu denen, die den Poltergeist selbst erleben wollten, gehörte auch Andrew Jackson, ein Freund der Familie Bell, der später siebenter Präsident der Vereinigten Staaten wurde.

Nach Richard Bell, der zwei Jahre später ein Buch über den Spuk schrieb, machte die Hexe Bell Witch, wie die Quelle der gespenstischen Störungen später genannt wurde, erstmals durch Klopfgeräusche und Kratzen an Türen und Fenstern des Hauses auf sich aufmerksam. Kurz darauf verlagerten sich die Geräusche ins Haus und wurden immer lauter und vielfältiger. Obgleich der Mittelpunkt des Spuks die damals zwölfjährige Elizabeth Bell zu sein schien, berichteten alle Familienmitglieder von seltsamen Phänomenen. Sie erklärten, gespenstische Wesen zu hören, die auf dem Fußboden scharrten, Möbelstücke anknabberten und gegen die Decke flatterten. Richard Bells Ruhe wurde eines Tages durch den Lärm eines wütenden Kampfes von Hunden und polternden Geräuschen auf dem Dach gestört, die klangen, als würden Steine darauf niederprasseln. In der Nacht hörte man das Krachen umstürzender Möbel und das Gerassel von Ketten und anderen schweren Gegenständen, die über den Boden geschleift wurden. Einige der geheimnisvollen Geräusche schienen entsetzlich menschlich, wie etwa Würge- und Schmatzlaute. Nach einem Jahr hatte der Lärm ein solches Ausmaß angenommen, daß das Haus wie unter Artilleriebeschuß in seinen Fundamenten erbebte.

Dem Lärm folgten grauenvollere Phänomene. Die Familie wurde physisch attackiert. Wie der zehnjährige Richard berichtete, war er eines Nachts aus dem Schlaf gerissen worden, weil irgendein unsichtbarer Angreifer heftig an seinen Haaren zog. Seine Schmerzensschreie weckten seinen Bruder Joel, und bald stimmte auch Elizabeth in ihrem nahegelegenen Schlafzimmer in ihr angstvolles Geschrei ein. Von dieser Nacht an hatte Elizabeth beim Zubettgehen stets das Gefühl, daß die Bell Witch sie an den Haaren packte.

Solange der Spuk auf störende Geräusche beschränkt gewesen war, hatte die Familie Bell nichts über die Sache verlauten lassen, doch als die Angriffe auf die Kinder einsetzten, zog man den Nachbarn James Johnson ins Vertrauen, einen guten Freund und frommen Christen. Johnson versuchte, die Hexe Bell Witch zu bannen, indem er Bibelverse zitierte und sie im Namen Christi aufforderte, das Haus zu verlassen. Damit schien dem Spuk ein Ende gemacht, aber die Erleichterung war nicht von Dauer. Viele brutale Poltergeist-Erscheinungen hatten sich offenbar auf Elizabeth konzentriert, und bald nahm ihr gespenstischer Peiniger sein grausames Spiel wieder auf. Er riß sie an den Haaren, bis sie weinte, und schlug ihr so fest ins Gesicht, daß leuchtendrote Flecken auf ihren Wangen blieben.

Um die Qualen des Mädchens zu lindern, baten John Bell und James Johnson weitere Nachbarn um Hilfe. Sie schickten Elizabeth ins Haus eines Freundes der Familie, aber offenbar folgte ihr die Hexe und setzte dort ihre Mißhandlungen und Störungen fort.

Niemand, der sich in der Nähe aufhielt, schien sicher zu sein. Als ein Nachbar namens William Porter eine Nacht in dem Haus der Bells verbrachte, zog irgendein physisch spürbares Wesen in seinem Bett ihm die Bettdecke fort. Er sprang sofort auf und fand die Decke zu einem Bündel zusammengerollt auf einer Seite des Bettes liegend. In der Überzeugung, diesmal der Hexe den Garaus machen zu können, packte er die zusammengerollte Decke und stürzte auf den Kamin zu, um das ganze Bündel ins Feuer zu werfen. Aber die Last in seinen Armen wurde immens schwer und verströmte einen Geruch, den Porter als „den widerlichsten Gestank, den ich je erlebt habe" beschrieb. Überwältigt ließ er das Bündel fallen und rannte hinaus an die frische Luft. Als Porter zurückkehrte und die Decke ausschüttelte, war sie leer – und der abscheuliche Gestank verschwunden.

Bald darauf versuchten Johnson und andere Nachbarn, mit der Bell Witch zu sprechen. Wie es heißt, beantwortete das Wesen ihre Fragen zunächst mit schwachem Pfeifen, das sich allmählich in eine wispernde, kaum vernehmliche Stimme verwandelte. Schließlich aber wurde das Wispern deutlicher und verständlich. „Die Worte waren sowohl in beleuchteten als auch dunklen Zimmern zu hören", schrieb Bell, „und schließlich zu jeder beliebigen Stunde des Tages." Einige Zeugen verdächtigten Elizabeth der Bauchrednerei, aber ein Arzt, der zufällig anwesend war, als die Hexe sprach, legte die Hand auf den Mund des Mädchens und erklärte, daß Elizabeth unschuldig sei.

Nach Berichten von Zeugen wurde die Stimme der Hexe immer kräftiger, und bald kamen neue Stimmen hinzu, von denen einige männlich und andere weiblich, alle aber gemein und ausfallend waren. Sie stießen wüste Drohungen aus, verwünschten den örtlichen Klatsch und erhoben Beschuldigungen, die von Trunkenheit bis Kindesmißhandlung reichten. Besondere Freude schien die Hexe daran zu haben, die Verbindung zwischen der nun fast erwachsenen Elizabeth und ihrem Bräutigam Joshua Gardner zu zerstören. Süß und sanft flüsternd drängte sie: „Bitte, Betsy Bell,

Fasziniert von den Geschichten über die berühmte Hexe Bell Witch reiste General Andrew Jackson – hier auf einem Porträt aus dem 19. Jahrhundert – in den 20er Jahren des letzten Jahrhunderts von Nashville nach Tennessee, um sich an Ort und Stelle von den Erscheinungen zu überzeugen. Als die Kutsche Jacksons, des späteren Präsidenten, auf der Farm der Bells ohne ersichtliche Ursache steckenblieb, soll Jackson gesagt haben: „Bei Gott, Männer! Das ist die Hexe!"

Nachdem die Hexe verkündet hatte, der todesähnliche Zustand des John Bell sei dadurch verursacht worden, daß sie ihm einen Schluck aus einem geheimnisvollen Fläschchen verabreicht hatte, gaben die Mitglieder der Familie – rechts auf einem Stich aus dem 19. Jahrhundert – einer Katze davon. Sie fiel auf der Stelle tot um. Am Tag darauf starb John Bell.

nimm Joshua Gardner nicht. Bitte, Betsy Bell, heirate Joshua Gardner nicht." Einem von Elizabeths Brüdern gegenüber drohte sie, daß seine Schwester in dieser Ehe weder Frieden noch Glück finden würde. Wenn Elizabeth und ihr Verlobter mit anderen zusammen waren, machte sie peinliche Bemerkungen, bis das Mädchen einen Nervenzusammenbruch erlitt. Endlich ertrug Elizabeth den Spott der Hexe nicht länger und löste die Verlobung.

Nun begannen sich auch körperliche Auswirkungen bemerkbar zu machen, und sie wurde ohnmächtig, ähnlich wie es bei Trancemedien geschieht. Sie rang nach Luft und fiel dann erschöpft in eine Bewußtlosigkeit, die 30 bis 40 Minuten währte. Während dieser qualvollen Episoden litt ihr Vater unter Steifheit und klagte über seltsame Beschwerden im Mund. Einmal schwoll seine Zunge so stark an, daß er stundenlang weder essen noch sprechen konnte. Darüber hinaus setzte ein heftiges, unkontrolliertes Zucken seiner Gesichtsmuskeln ein, welches so stark war und so lange anhielt, daß er sich zu Bett begeben mußte. Und die ganze Zeit hörte man die Stimme von Bell Witch, die „Old Jack Bell", wie sie ihn nannte, auf die entwürdigendste Weise beleidigte und ihm drohte, ihn bis ins Grab zu verfolgen.

Behandlungsversuche hatten absurdeste Folgen. Ein Quacksalber gab Elizabeth ein starkes Abführmittel, worauf sich „der Magen immer wieder entleerte", wie es ein Freund der Familie nannte. Bei einer Untersuchung fand man in dem Erbrochenen lauter spitze Nadeln. Bei anderer Gelegenheit entdeckten Familienmitglieder Nadeln, die mit der Spitze aus Polsterstühlen und Kissen ragten.

Das Hauptopfer neben Elizabeth Bell war John Bell. Immer noch ans Bett gefesselt, wachte er eines Morgens nicht auf. Als es seinem Sohn John nicht gelang, ihn zu wekken, schaute er in das Arzneischränkchen seines Vaters, wo er anstelle der Medizin, die ihm der Hausarzt verordnet hatte, ein Fläschchen mit dunkler Flüssigkeit fand. Richard Bell zufolge verkündete die Stimme der Hexe triumphierend, sie habe John mit dem Inhalt der seltsamen Flasche vergiftet. Der herbeigerufene Arzt prüfte ihn, indem er der Katze der Familie einige Tropfen davon gab. Sie sank auf der Stelle tot um, worauf der Arzt den Rest der unbekannten Mixtur ins Feuer schleuderte. Am folgenden Morgen wurde John Bell für tot erklärt. Aber die Hexe wollte ihn offenbar nicht in Frieden ruhen lassen und soll sein Begräbnis mit unflätigen Gesängen gestört haben.

Mit John Bells Tod schien der Spuk ein Ende zu haben. Die Hexe ließ monatelang kaum etwas von sich sehen oder hören, bis eines Tages ein Gegenstand, der einer Kanonenkugel ähnelte, den Kamin herabstürzte und in einer kleinen Rauchwolke explodierte. Dabei rief angeblich eine Stimme: „Ich gehe und werde sieben Jahre fortbleiben." Wie angekündigt, hörte der Spuk auf und kehrte erst sieben Jahre später mit einigen Erscheinungen zurück. Elizabeth war mittlerweise verheiratet und weggezogen. In dem Haus wohnten nur noch die verwitwete Luce Bell und zwei ihrer Söhne. Diesmal waren die Geschehnisse harmloser Natur – man hörte einige Kratzlaute, und etwas zupfte an Bettdecken – und dauerten nur zwei Wochen. Am Ende dieses kurzen Besuches versprach die Hexe, in 107 Jahren wiederzukehren. Das Datum der Rückkehr war somit das Jahr 1935, aber glücklicherweise verstrich es ereignislos.

In seinem 1846 unter dem Titel *Our Family Trouble* erschienen Tagebuch, kam Richard Bell zu dem Schluß, daß die Hexe offenbar von Anbeginn zwei Ziele gehabt hatte – zum einen die Verfolgung seines Vaters bis an sein Lebensende und zum anderen die Vereitelung des Herzenswunsches von Elizabeth. Viele Jahre später beschäftigte sich der bekannte ungarische Psychoanalytiker und PSI-Forscher Nandor Fodor mit dem Fall, der meinte, daß es sich bei der Hexe nicht um den Geist oder das Gespenst eines Verstorbenen gehandelt habe, der zurückgekehrt sei, um die Bells

Das Haus der Gesichter

Als Maria Gomez Pereira *(links)* an einem schwülen Augustmorgen des Jahres 1971 ihre bescheidene Küche betrat, bekam sie einen Schreck. Von dem Zementboden blickte der Spanierin ein Gesicht entgegen, das offenbar daraufgemalt worden war. Träumte sie oder hatte sie gar Halluzinationen? Nein, dieses seltsame Bild, das da ihren Fußboden zierte, schien tatsächlich der Beginn eines Gemäldes – eines farbigen Portraits – zu sein.

Die Tage vergingen, und das Bild wurde immer detaillierter. Rasch verbreitete sich die Neuigkeit von dem seltsamen Gesicht in dem winzigen Dorf Belmez, das nahe Cordoba in Südspanien liegt. Da den Pereiras das unerklärliche Bildnis unheimlich war, und immer mehr Schaulustige zu ihrem Haus strömten, beschlossen sie, es zu zerstören. Sechs Tage nach seinem Erscheinen machte sich Marias Sohn Miguel daran, den Küchenboden aufzubrechen. Dann wurde ein neuer Boden gelegt, und das Leben der Pereiras nahm wieder seinen gewohnten Gang.

Aber der Frieden währte nur kurz. Eine Woche später schon entstand an der gleichen Stelle ein neues Gesicht. Offenbar handelte es sich um das eines Mannes in mittleren Jahren. Zuerst erschienen die Augen, dann Nase, Lippen und Kinn.

Nun ließen sich die Neugierigen nicht mehr fernhalten. Jeden Tag standen die Menschen zu Hunderten Schlange, um das Haus der Gesichter zu besichtigen, wie man es inzwischen in der Umgebung nannte. Um des Andrangs Herr zu werden, mußte man die Polizei herbeirufen. Schließlich entschlossen sich die Pereiras, das Bild vorsichtig aus dem Boden zu nehmen, zu rahmen und neben dem Kamin aufzuhängen.

Bevor der Fußboden wieder ausgebessert wurde, gruben Forscher an der Stelle und fanden in drei Meter Tiefe menschliche Knochen. Einige zogen daraus den Schluß, daß die Gesichter den Verstorbenen gehörten, andere aber hielten diese Erklärung für unbefriedigend, denn man wußte, daß die Mehrzahl der Häuser in der Straße über einem ehemaligen Friedhof errichtet worden war – aber allein im Haus der Familie Pereira hatten sich rätselhafte Gesichter gezeigt.

Zwei Wochen nachdem der Küchenboden repariert worden war, erschien ein weiteres Bild. Ein viertes – diesmal das Gesicht einer Frau – folgte zwei Wochen später. Um dieses Porträt herum entstanden mehrere kleinere Bilder, deren Zahl mal mit neun, mal mit 18 angegeben wird. Mit der Zeit veränderten die Gesichter ihre Form, und einige verblaßten. Zu Beginn der 80er Jahre kamen neue Porträts dazu.

Was – oder wer – aber ließ die gespenstischen Gesichter auf dem Boden dieses einfachen Häuschens entstehen? Mehr als ein Forscher äußerte den Verdacht, daß die Bilder das Werk eines Mitgliedes der Familie waren, ein Streich, der ungeahnte Ausmaße annahm. Für einige Chemiker, die den Zement untersuchten, war das Phänomen jedoch ein Rätsel. Und obwohl Wissenschaftler, Professoren, Parapsychologen, Polizisten, Priester und andere die Bilder auf Maria Pereiras Küchenboden mit großer Sorgfalt untersuchten, konnte nie genau geklärt werden, wie sie dorthin gekommen waren.

Unter den Bildern, die auf dem Boden von Maria Pereiras Küche erschienen, waren die eines älteren Paares (oben), eines bärtigen alten Mannes mit einem Tuch und einer dunkelhaarigen Frau mit einem Kelch in der Hand sowie ein expressionistisch wirkendes Portrait von einem Mann, das aus dem Zementfußboden herausgenommen und an der Wand aufgehängt wurde.

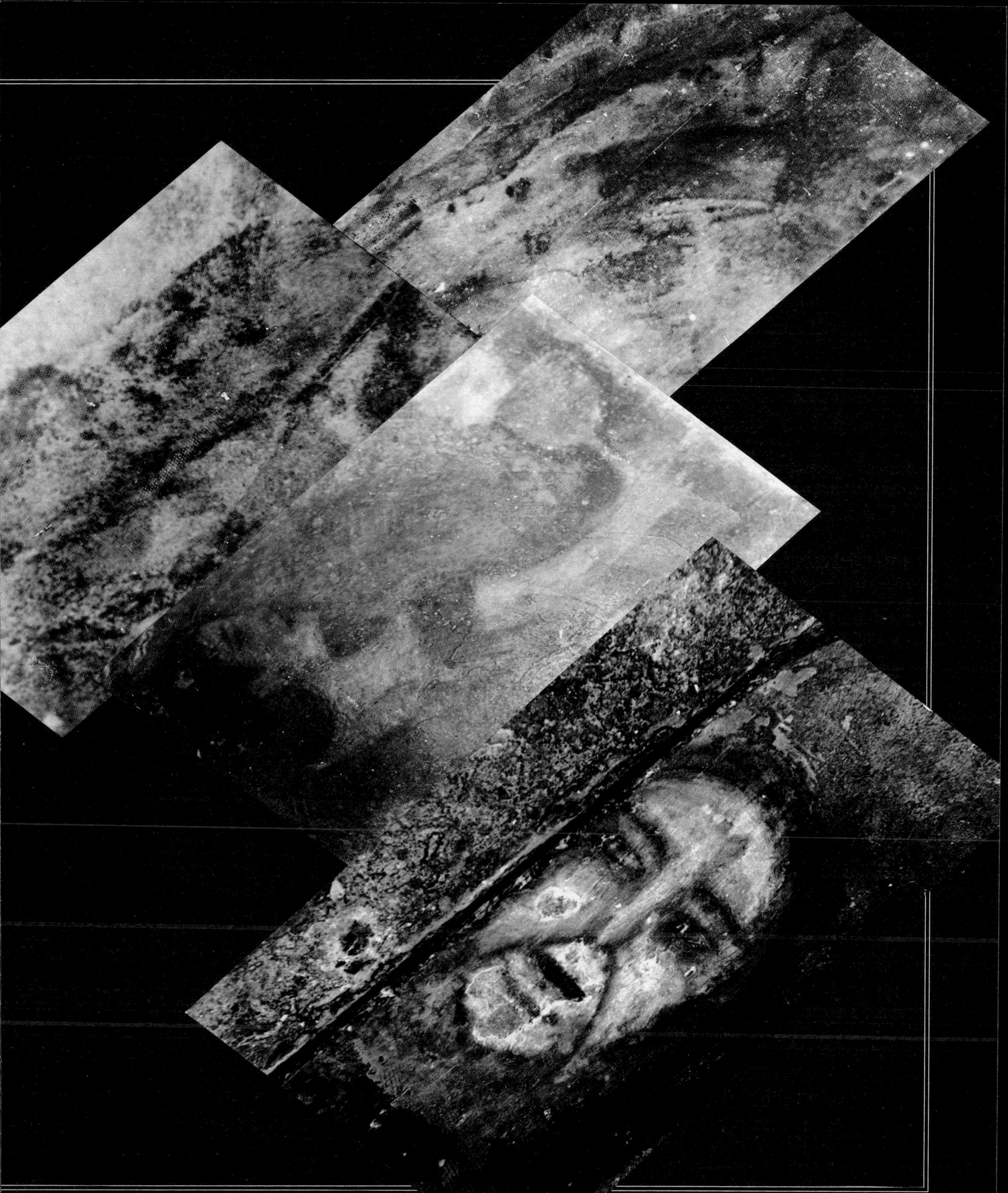

Esther Cox, die in den späten 70er Jahren des letzten Jahrhunderts in diesem Haus im kanadischen Amherst lebte, schien das Opfer eines bösen Geistes zu sein, der mit Messern warf, Feuer legte, Möbelstücke zertrümmerte und sie schließlich zur Flucht zwang.

heimzusuchen, sondern um einen Aspekt von Elizabeths Persönlichkeit, der sich zu Beginn der Pupertät gebildet und zu einer eigenständigen Wesenheit entwickelt habe.

Nach Fodor kann der Beginn der Pubertät einen Schock darstellen, der mitunter dazu führt, daß verdrängte traumatische Erinnerungen wiedererweckt werden. Er glaubte, daß die Verfolgung John Bells durch die Hexe (Elizabeth) und die Schmerzen, die sie sich selbst zufügte, auf einen früheren sexuellen Mißbrauch der Tochter durch den Vater zurückzuführen waren. Aber Fodor räumte ein, kein Psychologe würde gespaltenen Persönlichkeiten Manifestationen und Kräfte außerhalb der körperlichen Reichweite zutrauen, wie sie sich im Fall der Bell Witch gezeigt hatten. „Offensichtlich haben wir es hier mit Tatsachen zu tun, für die wir in der ... Psychologie keine adäquaten Theorien besitzen."

In den Jahren 1878 und 1879, ein halbes Jahrhundert nach dem letzten Erscheinen der Bell Witch, wurde ein Mietshäuschen in der kanadischen Stadt Amherst in Nova Scotia zum Wirkungsfeld eines Poltergeistes, der ebenso schrecklich war wie jener Spuk in Tennessee. In Amherst stand die 19jährige Esther Cox im Mittelpunkt des Geschehens, die zusammen mit ihren Geschwistern Jennie und William im Haus ihrer verheirateten Schwester Olive Teed und deren Ehemann Daniel, einem Vorarbeiter in einer örtlichen Schuhfabrik, lebte. Zu dieser Großfamilie gehörten ferner die beiden Kinder der Teeds und Daniels Bruder John.

Zeitweilig wohnte im Hause der Teeds auch ein gewisser Walter Hubbell, ein umherziehender Schauspieler, der Augenzeuge der Vorgänge wurde und 1888 darüber ein Buch mit dem Titel *The Great Amherst Mystery* schrieb. Die seltsamen Ereignisse nahmen eines Abends ihren Anfang, als Esther und Jennie, die ein Bett teilten, gerade einschliefen. Plötzlich fuhr Esther auf und schrie, es sei eine Maus im Bett. Die Mädchen durchsuchten es, und obwohl sie nichts finden konnten, behaupteten sie, daß sich die Matratze bewegt habe, als würde sich irgend etwas in der Strohfüllung regen. In der folgenden Nacht hörten Esther und Jennie ein Geräusch, das offenbar aus einer Pappschachtel mit Stoffresten kam, die unter dem Bett stand. Als sie die Schachtel hervorholten, beobachteten sie zu ihrer Verblüffung, wie sie einen 30 Zentimeter hohen Satz machte und dann auf der Seite landete. Jedesmal, wenn sie die Schachtel aufrichteten, hüpfte sie wieder empor. Die Schreie der Schwestern weckten Daniel Teed. Da er jedoch nichts Ungewöhnliches entdecken konnte, schickte er die Mädchen wieder ins Bett.

Erst in der dritten Nacht fanden Daniel und die anderen Mitglieder des Haushaltes schließlich Grund, Esther und Jennie Glauben zu schenken. An jenem Abend war Esther früh zu Bett gegangen, weil sie über Fieber klagte. Etwa um zehn Uhr folgte ihr Jennie. Wenige Minuten später warf Esther die Bettdecke zur Seite, sprang mitten ins Zimmer und rief angsterfüllt: „Mein Gott! Was geschieht mit mir? Ich sterbe!" Als Jennie die Lampe entzündete, sah sie das Gesicht ihrer Schwester feuerrot. Die Augen waren hervorgetreten, und ihr schulterlanges Haar stand buchstäblich zu Berge.

Jennies Schreie holten die anderen Erwachsenen im Haus herbei, und fassungslos beobachteten sie, wie Esthers Gesichtsfarbe von Knallrot in gespenstisches Weiß überging. Als Jennie und Olive ihrer Schwester wieder ins Bett halfen, begann sie zu würgen und zu keuchen. „Ich schwelle an und werde gewiß platzen!" stieß sie hervor, und tatsächlich konnten alle im Raum sehen, wie ihr Körper anschwoll. Darüber hinaus war sie ganz heiß und knirschte abwechselnd furchtbar mit den Zähnen oder schrie vor Schmerzen. Plötzlich hallte ein Donnerschlag ähnlich dem Geräusch einer Explosion durch den Raum. Es folgten noch drei weitere laute Schläge, die offenbar unter dem Bett hervorkamen, und dann gingen Esthers Schwellungen ebenso rasch zurück, wie sie entstanden waren. Anschließend fiel sie in einen so tiefen Schlaf, daß die Familie zuerst fürchtete, sie sei tot.

Nach Hubbell wurde Esther vier Nächte später erneut von der geheimnisvollen, quälenden Kraft ergriffen. Wieder traten die schmerzhaften Schwellungen auf, und wieder schrie das Mädchen, und einige Mitglieder des Haushaltes glaubten zu sehen, wie Esthers Kopfkissen und Bettdecke von unsichtbaren Händen durch die Luft geschleudert wurden. Wie beim erstenmal kündete eine Reihe ohrenbetäubender Schläge das Ende der Attacke an.

Daniel Teed glaubte, daß ein Arzt seiner unglücklichen Schwägerin helfen könnte. In den folgenden Nächten wachte ein Mediziner namens Carritte bei dem Mädchen, der berichtete, daß sich zu seinem Erstaunen Esthers Kopfkissen unter ihrem Kopf hin und her bewegt hatte und unter ihrem Bett laute Schläge hervorgedrungen waren. Dr. Carritte suchte nach dem Ursprung der starken Geräusche, konnte aber nichts entdecken. Dann wurde er, wie er berichtete, Zeuge eines der schrecklichsten Phänomene seit Beginn des Spuks. Die Decke flog von Esthers Bett, und es war ein lautes Kratzen zu vernehmen, während beinahe 30 Zentimeter große Buchstaben an der Zimmerwand erschienen, als wären sie mit einer stumpfen Metallspitze in den Putz geritzt. Die Botschaft stammte von dem schrecklichen Geist und lautete: „Esther Cox, ich werde dich töten." Dann löste sich ein Stück Putz aus der Wand, flog quer durch den Raum und landete Dr. Carritte zu Füßen. Schließlich erbebte das Zimmer unter donnernden Schlägen an den Wänden, bevor – nach zweistündigem Tumult – endlich wieder Ruhe einkehrte.

Am folgenden Tag kam der Arzt zurück, um Zeuge weiterer bizarrer Geschehnisse zu werden. Kartoffeln flogen durch die Luft, die ihn und Esther knapp verfehlten. Kaum hatte er dem gepeinigten Mädchen ein Beruhigungsmittel verabreicht, vernahm er die gleichen Schläge, die nachts ihr Schlafzimmer erfüllt hatten. Dann schienen sich die Geräusche aus dem Haus zu bewegen und in heftiges Hämmern auf dem Dach zu verwandeln. Als er hinausging, um nachzuschauen, konnte er nichts entdecken, obgleich das Geräusch an den Lärm eines Vorschlaghammers erinnerte, der

Amityville: Schwindel oder Wirklichkeit?

In einer Novembernacht des Jahres 1974 ermordete Ronald DeFeo seine Eltern sowie vier Brüder und Schwestern. Wie der älteste Sohn eines Autohändlers aus dem amerikanischen Amityville später behauptete, hatte ihn der Teufel zu dieser Tat gezwungen. Obgleich die Verteidigung auf Unzurechnungsfähigkeit plädierte, verurteilte man DeFeo wegen Mordes in sechs Fällen.

Während DeFeo im Gefängnis saß, wurde das Haus seiner Eltern zum Verkauf angeboten. Kathy und George Lutz, ein junges Paar aus dem nahe gelegenen Syosset, verliebten sich sofort in das dreigeschossige Gebäude im holländischen Kolonialstil, und sie änderten ihre Meinung auch nicht, als sie erfuhren, daß ihr Traumhaus Schauplatz eines schrecklichen Verbrechens gewesen war. Am 18. Dezember 1975 zogen sie mit ihren drei Kindern in der Ocean Avenue 112 ein.

Wie die Familie später erklärte, machten sich beinahe sofort im ganzen Haus unsichtbare Kräfte bemerkbar. Von irgendwoher ertönte gespenstisches Klopfen, verschlossene Fenster und Türen öffneten sich auf geheimnisvolle Weise, und ein Priester, der das Haus segnen wollte, wurde von einer körperlosen Stimme empfangen, die donnerte: „Hinaus!"

Die bizarren Geschehnisse nahmen an Heftigkeit zu. Kathy Lutz behauptete, aus ihrem Bett emporgehoben und von einem unsichtbaren Angreifer geschlagen worden zu sein. Dann tropfte von einer Decke grauenhafter grüner Schleim. Die Dinge gingen soweit, daß die Familie nur 28 Tage nach ihrem Einzug in Angst und Schrecken aus dem unheimlichen Haus floh.

Nicht lange danach tat sich das Paar mit dem Schriftsteller Jay Anson zusammen, um ein Buch über ihre alptraumhaften Erlebnisse zu schreiben, das den Titel *The Amityville Horror* trug. Es wurde zur Vorlage für einen ebenso erfolgreichen Film. Obwohl das Buch angeblich auf einer „wahren Geschichte", basierte, meldeten Experten erhebliche Zweifel an, und PSI-Forscher wiesen auf Unstimmigkeiten hin. Am schwersten wog die Aussage von DeFeos Rechtsanwalt William Weber, er habe Kathy und George Lutz im Hinblick auf ein Buch, das er schreiben wollte, detailliert über den Mordfall und die angeblichen paranormalen Erlebnisse der Familie unterrichtet.

Dieses hübsche Haus im amerikanischen Amityville war 1974 Schauplatz gräßlicher Morde und gelangte zu weiterer trauriger Berühmtheit, nachdem George und Kathy Lutz (links) dort eingezogen waren und behaupteten, von paranormalen Kräften heimgesucht zu werden. Ihre umstrittene Geschichte, an der viele Zweifel hatten, wurde zum Bestseller und später verfilmt.

gegen die Schindeln donnerte, und noch in 200 Metern Entfernung zu hören war.

In den folgenden Tagen nahm der Spuk immer zerstörerischere Formen an. In verschiedenen Teilen des Hauses brachen Feuer aus, und in der Luft materialisierte Streichhölzer entzündeten sich und fielen auf die Betten. Messer und Gabeln wirbelten herum und blieben zitternd in der Holztäfelung stecken. Ein schwerer gläserner Briefbeschwerer flog durch das Wohnzimmer und schlug wenige Zentimeter neben dem Kopf eines Gastes auf das Sofa. Möbelstücke stürzten um oder warfen sich gegen die Wände.

Doch die Feindseligkeiten des Poltergeistes richteten sich weiterhin vor allem gegen Esther. Andere Mitglieder des Haushaltes berichteten von heftigen Schlägen und beobachteten, wie auf Esthers Gesicht feuerrote Fingerabdrücke sichtbar wurden – Folgen der Schläge von Geisterhänden, wie sie glaubten. Nadeln wurden ihr von unsichtbarer Hand in Gesicht und Körper gestochen. Einmal riß die unbekannte Kraft einem kleinen Nachbarjungen ein Taschenmesser aus der Hand und stieß es Esther in den Rücken.

Um dem grausamen Wesen zu entgehen, suchte Esther bei Nachbarn Zuflucht, doch offenbar vergebens. Wie es heißt, folgte ihr der Poltergeist und attackierte sie, wohin sie auch ging, und schließlich kehrte sie nach Hause zurück. Im Juli 1879 – nicht einmal ein Jahr nachdem alles begonnen hatte – war der Spuk so destruktiv geworden, daß der Vermieter die Teeds zum Ausziehen aufforderte. Um ihrer Familie dies zu ersparen, verließ Esther erneut ihr Heim.

Die junge Frau fand Arbeit auf einem Bauernhof, doch als die Scheune niederbrannte, wurde Esther der Brandstiftung angeklagt und zu vier Monaten Haft verurteilt. Sofern es tatsächlich eine geheimnisvolle Kraft gegeben hatte, die die junge Frau verfolgte, schien sie mit diesem krönenden Schlag zufriedengestellt. Nachdem Esther nur einen Monat ihrer Strafe verbüßt hatte, wurde sie aus dem Gefängnis entlassen und führte dem Vernehmen nach ein offenbar normales Leben, unbelästigt von jenen seltsamen Kräften, die ihr so lange den Seelenfrieden geraubt hatten.

Als Dr. Carritte im Jahre 1883 einem Kollegen über den Fall Esther berichtete, schrieb er: „Bei allen Ereignissen wurden Personen mit einer gesunden Skepsis rasch davon überzeugt, daß es sich in diesem Fall weder um Betrug noch Sinnestäuschung handelte. Ich würde eine ganze Woche

brauchen, wollte ich Ihnen die Geschichte meiner persönlichen Beziehung zu jenen seltsamen Vorgängen vollständig schildern. Wenn ich den Fall in den Medizinjournalen veröffentlichen würde, wie Sie vorschlagen, so bezweifle ich, daß mir die Ärzteschaft insgesamt Glauben schenkte. Gewiß hätte auch ich nicht an solche offenbaren Wunder geglaubt, wäre ich nicht selbst Zeuge geworden."

Beschreibungen von Erscheinungen und Poltergeist-Phänomenen beschränken sich jedoch keineswegs auf vergangene Zeiten. Doch haben weit zurückliegende Fälle, mögen sie auch durch Generationen und selbst Jahrhunderte getrennt sein, auffallende Ähnlichkeit mit jenen jüngerer Vergangenheit. Ganze hundert Jahre nach der Heimsuchung der Esther Cox wurde beispielsweise eine Familie in New-England zum erstenmal das Opfer furchtbarer Spukscheinungen, die in ihrem Heim für mehr als zwei Jahre immer wieder Schrecken verbreiten sollten.

Der Fabrikarbeiter Joe Berini (ein Pseudonym, das ihm die Parapsychologen gaben, die den Fall untersuchten) und seine Frau Rose lebten mit den Kindern John und Daisy aus einer früheren Ehe von Rose in einem Haus, in dem schon Joes Vater aufwuchs und mehrere Mitglieder der Familie gestorben waren. Rose, die körperlich wie seelisch am stärksten unter der bösen Kraft leiden sollte, welche die Berinis heimsuchte, war die erste, die im Haus etwas Unheimliches bemerkte.

In einer Mainacht des Jahres 1979 hörte Rose die Stimme eines kleinen Mädchens rufen: „Mama, Mama, hier ist Serena." (Bei späteren Nachforschungen fand man heraus, daß Joes Vater eine Schwester namens Serena gehabt hatte, die vor mehr als einem halben Jahrhundert mit nur fünf Jahren in dem Haus gestorben war.) Die geheimnisvolle Stimme in der Nacht schien ein Vorbote drohenden Unheils zu sein. Am folgenden Tag sollten der damals neunjährigen Daisy die Mandeln entfernt werden, aber in der Narkose kam es zu einem Herzstillstand, so daß sie beinahe auf dem Operationstisch starb.

Dies war die erste von mehreren Gelegenheiten, bei denen Serenas Stimme in Zeiten gesundheitlicher Gefahr zu den Berinis sprach. Im folgenden Monat hörten sie die Stimme wieder, diesmal in der Nacht bevor Joes Großmutter einen Schlaganfall erlitt, und erneut im November, vor dem Tod der alten Frau. Ein andermal wurde Joe von der Stimme des kleinen Mädchens geweckt und bemerkte, wie Rose im Schlaf nach Luft rang. Später berichtete Rose, daß ihr erster Mann sie im Traum erwürgt hatte.

Nach den Berichten der Forscher kehrte im Haus der Berinis zwischen November 1979 und März 1981 wieder Ruhe ein. Dann begannen die seltsamen Ereignisse von neuem und nahmen rasch an Schrecken und Heftigkeit zu. Die zweite Runde des Spuks begann, als Rose die Gestalt eines ganz in Weiß gekleideten Jungen sah, der mitten in der Nacht durch den oberen Flur ging. Anderthalb Wochen später kehrte die Erscheinung zu einem zweiten Besuch zurück, und diesmal hörte Rose den Jungen in einer, wie sie sagte, melodischen Stimme fragen: „Wohin gehen all die einsamen Menschen? Wohin gehöre ich?"

Einige Nächte später sah und hörte auch Joe die Erscheinung. Sie sagte, es sei eine Lüge verbreitet worden, doch würde die Wahrheit herauskommen. Dann ging die kleine, weißgekleidete Gestalt in alle drei Schlafzimmer des Hauses, und in der Diele kniete sie nieder, als wolle sie den Teppich hochheben. Als Joe an dieser Stelle Teppich und Dielen entfernte, fand er eine gerissene Kette mit einem Anhänger, die offenbar alt war. Joe begann sich zu fragen, ob es sich bei dem Jungen vielleicht um den Geist seines Onkels Giorgio handelte, der wenige Jahre nach der kleinen Serena im Alter von acht Jahren in der Nähe des Hauses ums Leben gekommen war. Nachforschungen in der Familie und bei Freunden ergaben, daß man Giorgio in seinem weißen Kommunionsanzug beigesetzt hatte.

Von nun an erschien Giorgios Gespenst den Berinis zwei- bis dreimal in der Woche. Mitunter antwortete es sogar kurz auf Fragen, sagten sie. Andere Male erhob es Anschuldigungen gegen Giorgios Zwillingsbruder Carlos, der nunmehr mit Frau und Kindern in der Nähe lebte. Joe bat seinen Onkel Carlos um eine Erklärung für Bemerkungen der Erscheinung bezüglich etwas – niemand wußte was –, das aus dem Haus entfernt worden war. Auch Carlos wußte offenbar nicht, was der Junge in Weiß gemeint haben könnte. Eines Nachts verkündete der Geist dann, sein ältester Bruder sei der einzige, der ihm helfen könne, worauf Joe glaubte, daß Giorgios Gespenst ihn, Joe, irrtümlich für seinen Vater hielt. Als die Erscheinung in dieser Nacht fortging, sprang das Telephon neben dem Bett vom Nachttisch. Nachdem sich dies vermutliche Poltergeist-Phänomen mehrmals wiederholt hatte, versuchte Joe seine Eltern telephonisch zu warnen, daß sie Besuch von Giorgios Erscheinung erhalten würden, doch jedesmal, wenn er den Namen seines verstorbenen Onkels nannte, war die Leitung auf einmal tot.

Auf Anraten eines örtlichen Priesters beschlossen die Berinis, beim nächsten Erscheinen des Geistes keine Notiz von ihm zu nehmen. Doch als Rose der Gestalt in Weiß bei ihrem folgenden Besuch keine Beachtung schenkte, begann sich die Schranktür in ihrem Schlafzimmer ohne offenbare äußere Einwirkung immer wieder zu öffnen und zu schließen. Einige Tage darauf hörten Rose und Joe Schritte auf der Treppe, obwohl ihre beiden Kinder nicht zu Hause waren. Später riß eine unsichtbare Kraft Rose, die gerade das Essen zubereitete, eine Packung Makkaroni aus den Hand und warf den Inhalt auf den Küchenboden. Da das Ignorieren der Erscheinung nicht die gewünschte Wirkung gehabt hatte, wandten sich die Berinis wieder an ihre Kirche. Daraufhin kamen am folgenden Abend zwei Priester zu ihnen und zelebrierten eine Messe. Sie salbten das Haus mit Öl und segneten jeden Raum mit Weihrauch und Weihwasser. Wie es heißt, erschien der Geist in der nächsten Nacht erneut, verschwand aber, als Joe ihn im Namen Christi dazu aufforderte. Innerhalb weniger Stunden war die Erscheinung wieder da, doch danach wurden seine Besuche seltener.

Zum Pech der Berinis ging das allmähliche Verschwinden von Giorgios Phantom Hand in Hand mit dem Auftauchen einer weitaus bedrohlicheren Gestalt. Diese neue Erscheinung, ein buckeliger Mann in einem schwarzen Umhang, machte seinen Antrittsbesuch in der ersten Juniwoche des Jahres 1981 und erschien dann den ganzen Sommer. Das furchterregende Gespenst hatte bemerkenswert große Füße und eine rauhe Stimme. Es weigerte sich jedoch, zu verraten, wer es war, sah man einmal von seiner sarkastischen Behauptung ab, „ein Diener Gottes" zu sein. Es tauchte oft mit zotigen Reden auf, wenn Rose den Rosenkranz betete.

Während die schwarzgekleidete Erscheinung zum regelmäßigen Besucher wurde, ereigneten sich in dem Haus immer ungestümere Poltergeist-Phänomene. Rose, Joe und ihr 15jähriger Sohn John wurden von fliegenden Gegenständen getroffen, wobei Rose offenbar Hauptziel der Angriffe war. Das Telephon im Schlafzimmer sauste durch den Raum. Eine Nachttischlampe fiel immer wieder um und traf

Rose am Kopf. Parfümfläschchen hüpften von der Kommode auf den Boden. In verschiedenen Räumen wurden Möbelstücke von unsichtbaren Händen umgeworfen oder verrückt. Besondere Aufmerksamkeit widmete der Poltergeist religiösen Dingen – so zerbrach er Figuren und entfernte Kruzifixe von den Wänden. Geschirr segelte durch die Luft und traf Mitglieder der Familie. Die Tür des Gefrierschranks flog auf und schlug Rose gegen den Kopf. Die einziehbare Treppe zum Speicher entwickelte Eigenleben, wobei ihre heftigen Bewegungen einen Riß in der Dielendecke entstehen ließen.

Wie die Familie sagte, attackierten unsichtbare Angreifer Rose auch ohne die Zuhilfenahme von Haushaltsgegenständen. Einmal wurde ihr während des Abendessens der Arm plötzlich auf den Rücken gedreht und der Kopf mit solcher Gewalt zur Seite gerissen, daß sie keine Luft mehr bekam und blau anlief. Erst als ihr Mann sie eilends an die frische Luft brachte, erholte sie sich. Joe behauptete, verschiedene Male beobachtet zu haben, wie seine Frau im Schlaf aus dem Bett gehoben wurde, einen Moment in der Luft schwebte und dann zu Boden fiel. Nach einem dieser Vorfälle entdeckte Rose Flecken an ihren Armen und Beinen, als habe eine Kraft sie dort gepackt und gequetscht. Dreimal wurde sie von einem Angreifer gekratzt, und sie hatte das Gefühl, ihre Haut würde brennen. Auf ihrer Brust erschienen blutige Striemen und auf ihrem Rücken ein auf dem Kopf stehendes Kreuz.

Seinen heftigsten Angriff begann der Buckelige offenbar Anfang August, zwei Monate nach seinem ersten Erscheinen. Kurz nachdem Joe zur Nachtschicht in die Fabrik gegangen war, „ertönten Schläge an den Wänden, ... und das Bett erhob sich vom Boden“, wie Rose sich später erinnerte. „Ich wollte schreien, und die Tür schlug zu, so daß ich den Raum nicht verlassen konnte. Der Hund knurrte, und die Tür ging wieder auf.“ Als Rose schreiend in die Diele stürzte, schlossen sich die Türen der Kinderzimmer, und sie wurde gewaltsam in ihr Schlafzimmer zurückgezerrt. Als sie dort unsichtbare Hände am Hals ergriffen und ihr Kratzwunden zufügten, rief sie ihren Mann an. Eilends nach Hause zurückgekehrt, sah Joe das Bett einen halben Meter vom Boden abheben, während Rose in einer Ecke kauerte und ein Kruzifix und eine Flasche Weihwasser umklammerte.

Auch nach dieser schrecklichen Nacht wollten Rose und Joe ihr Haus nicht verlassen, doch als sie einige Wochen später eines Morgens ein großes Fleischmesser tief in den Küchentisch gerammt fanden, hielten sie die Zeit für gekommen, das Haus vollständig zu exorzieren. Die Familie stellte alle Möbel in die Garage und zog für einen Monat aus. Im September führte dann ein Priester in dem leeren Haus den entsprechenden Ritus durch. Danach kehrten die Berinis zurück und wurden nie mehr von Serenas Stimme, Giorgios Gespenst oder dem unheimlichen, schwarzgewandeten „Diener Gottes“ heimgesucht.

Etwa einen Monat nach Ende der Vorfälle untersuchten William G. Roll und Steven Tringale von der amerikanischen Psychical Research Foundation in Durham Fall. Mehrere Freunde und Nachbarn der Berinis, unter ihnen auch ihr Priester, bezeugten, in dem Heim der Familie verschiedene Poltergeist-Phänomene erlebt zu haben. Da Rose offenbar der Mittelpunkt vieler Erscheinungen gewesen war, unterzogen die Wissenschaftler sie einem Test, um festzustellen, wie stark sie zu Phantasien neigte, doch sie schnitt schlecht ab. Joe Berini machte ebenfalls einen Test und erreichte ein etwas besseres Ergebnis, was den Forschern zufolge vermuten ließ, daß seine Erlebnisse möglicherweise durch die seiner Frau ausgelöst worden waren.

Wie so häufig bei Spuk- und Poltergeist-Phänomenen bewerteten die Forscher den Fall jedoch als sehr komplex. Bei Rose Berini wurde eine Reihe seelischer und körperlicher Störungen festgestellt, welche nach Ansicht der Forscher in Beziehung zu den verschiedenen Persönlichkeiten standen, die sich in den Erscheinungen manifestiert hatten. So hatte, wie Roll und Tringale meinten, das religiöse Thema seinen Ursprung möglicherweise in einem seelischen Konflikt, in den Rose Berini durch ihren Übertritt vom Judentum zum Katholizismus geraten war.

Aber sie kamen zu dem Schluß, daß „diese Interpretationen natürlich spekulativ sind und weitere Untersuchungen abgewartet werden müssen, bevor wir sie ernst nehmen können. Obwohl es schien, als ob Mrs. Berini bei der Erzeugung oder Lenkung der Energie, die die Gegenstände in ihren Haus belebte, eine wichtige Rolle spielte, können die Vorfälle nicht allein durch ihre Persönlichkeit erklärt werden“. Und so ging ein weiterer Spuk genauso geheimnisvoll zu Ende, wie er begonnen hatte, und wieder einmal waren die Forscher dem Verständnis dieser Erscheinungen keinen einzigen Schritt nähergekommen.

Die Gespenster von Washington

Bei Tageslicht erscheinen die Wahrzeichen und Monumente Washingtons als stolze, vornehme Symbole von Politik und Macht, Spiegelbilder der Absicht des Architekten Pierre L'Enfant, der eine Hauptstadt schaffen wollte, „deren Pracht geeignet ist, eine große Nation zu zieren".

Aber nachts, wenn sich der Schatten auf die weißen Fassaden und Marmorsäulen senkt, kann ein ganz anderes Washington zum Vorschein kommen. Von der anmutigen Kuppel des Kapitols über das Weiße Haus bis zu den vornehmen Häusern von Georgetown und der Embassy Row verlieren Gebäude ihren erhabenen Glanz, werden unheilvoll dunkel und nehmen das Aussehen unwirklicher Mausoleen an. Und genau dann, so sagen manche, wandeln Gespenster in den Korridoren der Macht und erwecken alte Feindschaften zu neuem Leben wie auch vergangenes Leid, das die Lebenden längst vergessen haben.

Seit beinahe 200 Jahren erzählt man sich im District of Columbia unzählige Geschichten von ruhelosen Geistern und rachsüchtigen Phantomen. Einige dieser Legenden handeln von den Berühmten und Mächtigen, andere wieder von den Unterdrückten und Vergessenen. Aber alle sind Teil des seltsamen, gespenstischen Geheimnisses, das die Hauptstadt umgibt.

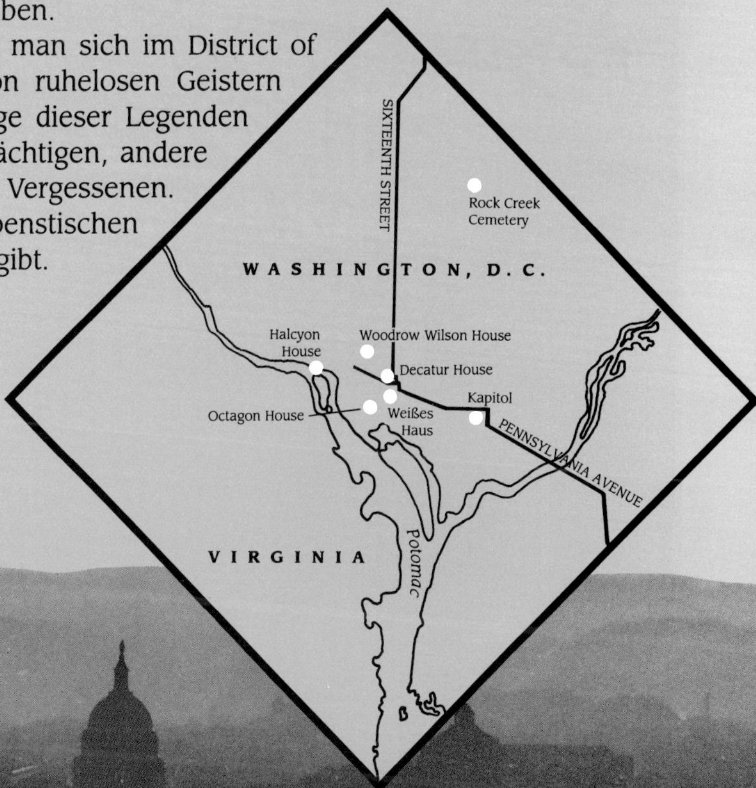

IN GOD WE TRUST

Geister unter der Kuppel des Kapitols

Nahezu von dem Augenblick an, in dem George Washington im Jahr 1793 den Grundstein legte, soll es im Kongreßgebäude der amerikanischen Hauptstadt scharenweise Phantome gegeben haben. Das erste war vielleicht der Geist eines unglücklichen Steinmetzen, der während der Bauarbeiten umgebracht wurde. Der Überlieferung zufolge hatte der Mann Streit mit einem Schreiner gehabt, der einen Ziegelstein nach ihm schleuderte und ihn anschließend mit seiner eigenen Maurerkelle einmauerte.

Zu den gespenstischen Bewohnern des Kapitols sollen unter anderem die Präsidenten John Quincy Adams und James Garfield, der Unbekannte Soldat des Ersten Weltkriegs und eine riesige dämonische Katze gehören, die nachts durch die schmalen Marmorkorridore streift. Selbst die steinernen Standbilder jener, die in der Statuary Hall verewigt sind, sollen in jeder Neujahrsnacht von ihren Podesten steigen, um die Vereinigten Staaten von Amerika zu feiern.

Als die häufigsten Phantombesucher des Kapitols gelten die einstigen Sprecher des Repräsentantenhauses Joseph G. Cannon und Champ Clark. Die beiden standen sich in erbitterter politischer Gegnerschaft gegenüber, als Clark in seiner Funktion als Fraktionsführer der Progressive Democrats seine Partei in einer hitzigen Auseinandersetzung mit dem konservativeren Canon vertrat.

Obwohl die beiden Männer ihre Differenzen schließlich noch zu Lebzeiten beilegten, glauben einige, daß die Auseinandersetzung im Jenseits weitertobt. Wachen im Kapitol haben berichtet, mitten in der Nacht auf dem Sprecherpodium das Klopfen eines Hammers vernommen zu haben, und als sie im Sitzungssaal des Hauses nach dem Rechten sehen wollten, erblickten sie Clark und Cannon in erneutem Streit *(links)*.

Dunkle Spuren auf den Marmorstufen der Galerie des Hauses *(oben)* kennzeichnen den Schauplatz eines Mordes und erzählen vom schaurigsten Geheimnis des Kapitols. Die merkwürdige Geschichte begann im Winter des Jahres 1890, als sich der Kongreßabgeordnete William Taulbee aus Kentucky und der Journalist Charles Kincaid im Gang vor der Pressegalerie wütend stritten. Taulbee, der erbost über einen herabwürdigenden Artikel war, den der Journalist in seiner Zeitung veröffentlicht hatte, verlangte eine Entschuldigung und die Zurücknahme der Behauptungen, aber vergebens. Statt dessen zog der hitzköpfige Kincaid eine Pistole und erschoß den Kongreßabgeordneten.

Auch heute noch sind die häßlichen, blaßroten Flecken, die Taulbees Blut hinterlassen haben soll, auf jenen Stufen zu sehen, wo er niedersank. Immer wieder hat man versucht, die Flecken zu entfernen, aber ohne jeglichen Erfolg. Einige Leute schwören, den Geist des Kongreßabgeordneten an dieser Stelle gesehen und gehört zu haben, und noch heute, wenn ein Journalist auf der glatten Marmortreppe ausrutscht, schreibt man das Unglück dem rastlosen Geist Taulbees zu, der unversöhnlich auf Rache sinnt.

Ruhelose Präsidenten

Auch das Weiße Haus hat seine Phantome. So soll man manchmal den Geist von Präsident Abraham Lincoln durch die Gänge wandeln sehen, und einige wollen gehört haben, wie Thomas Jefferson im Yellow Oval Room auf seiner Geige übte. Und seit beinahe 150 Jahren vernimmt man aus dem eleganten Queen's Bedroom *(unten)* sonores, heiseres Gelächter. Zu der Einrichtung des Zimmers gehört ein Himmelbett, das einmal im Besitz von Andrew Jackson gewesen sein soll, und manch einer glaubt, daß das geheimnisvolle Gelächter nur von ihm stammen kann.

Präsident Jackson stand in dem Ruf, einen ausschweifenden Charakter zu haben. Als er jedoch der schönen Frau eines seiner Kabinettsmitglieder den Hof machte, kam es zu einem Skandal, der schließlich zum Rücktritt des beleidigten Ehemannes führte.

Scheinbar dauerte Jacksons Verärgerung über den Skandal noch im Jenseits an. Etwa 20 Jahre nach seinem Tod im Jahre 1845 behauptete Mary Todd Lincoln gehört zu haben, wie sein Geist fluchend durch das Zimmer stampfte, obgleich das lüsterne Lachen, das andere zu hören glaubten, die Vermutung nahelegt, daß sich Jackson getröstet habe.

Viele Jahre später berichtete Mrs. Lillian Rogers Parks, die 30 Jahre im Weißen Haus beschäftigt war, von einem Erlebnis anderer Art. Als sie während der Amtszeit von Eisenhower eines Tages im Queen's Bedroom einen Bettüberwurf säumte, spürte sie, daß sich irgend etwas Unfaßbares ganz in ihrer Nähe aufhielt. „Ich konnte etwas Kühles hinter mir fühlen", erinnerte sie sich, „und ich hatte nicht den Mut hinzusehen. Es ist schwer zu beschreiben. Ich verließ das Zimmer und habe den Bettüberwurf erst drei Jahre später fertiggenäht."

Im Jahre 1921, nach zwei Amtsperioden, zog sich der kränkelnde Woodrow Wilson in ein herrschaftliches Haus in der Nähe der Washingtoner Embassy Row zurück, um ein ruhiges Leben zu führen. Er bewegte sich mit Hilfe eines Stockes langsam fort, studierte seine Bücher und Akten und grübelte oft über seine erfolglosen Bemühungen nach, die Zustimmung des Kongresses für Amerikas Beitritt zum Völkerbund zu erhalten. Enge Freunde berichteten, daß er unter Gedächtnisausfällen und Weinkrämpfen litt.

Wilson starb nur drei Jahre nachdem er in das Gebäude eingezogen war, aber manche glauben, daß sein Geist immer noch dort verweilt. So berichtete einmal ein Verwalter des Wilson House, das in ein Museum umgewandelt wurde, auf der Treppe die schlurfenden Schritte eines Mannes mit Stock gehört zu haben. Andere vernahmen Schluchzen.

Wilsons Geist soll aber nur einmal gesehen worden sein. Als eine Putzfrau eines Tages das Schlafzimmer betrat, erblickte sie eine Gestalt mit einer Brille, die im Schaukelstuhl des Präsidenten saß *(rechts)*. Erschreckt blinzelte sie und schaute noch einmal hin. Da war die Gestalt verschwunden, und nur der leere Stuhl schaukelte weiter hin und her.

COMMODORE STEPHEN DECATUR
WITH COMMODORE BARRON
HENRY CLAY
MARTIN VAN BUREN
EDWARD LIVINGSTON
GEORGE M. DALLAS

Ein Seeheld und entlaufene Sklaven

In einer Märznacht des Jahres 1820 stand Stephen Decatur, der berühmteste Seeheld Amerikas, in düstere Gedanken versunken beim Fenster seines Hauses am Lafayette Square in Washington. Decatur hatte vier Kriege miterlebt und glaubte, die Tage des Kampfes hinter sich zu haben. Nun aber sollte er sich am folgenden Tage gegen seinen Willen mit einem Marineoffizier duellieren, den er Jahre zuvor vor ein Kriegsgericht gebracht hatte. Der Mann machte ihn für seine gescheiterte Laufbahn verantwortlich und verlangte Satisfaktion.

Kurz vor Tagesanbruch verließ Decatur das Haus durch die Hintertür, seine Pistole in einem schwarzen Kasten unter dem Arm. Stunden später trugen ihn Freunde sterbend und mit der Sinnlosigkeit seines frühen Todes hadernd zurück. „Wäre es für mein Land gewesen", sagte er, „fiele es mir leicht."

Im folgenden Jahr sah man angeblich Decaturs schwermütigen Geist an jenem Fenster, an dem er in der Nacht vor seinem Tode gestanden hatte *(links)*. Das Fenster wurde zugemauert, aber immer wieder erblickten Vorbeikommende an dieser Stelle eine durchscheinende Gestalt, die ihren Blick niedergeschlagen über das Grundstück schweifen ließ. Andere Zeugen sahen eine Gestalt aus dem Hinterausgang des Hauses schlüpfen, genau wie es Decatur am Morgen seines Todestages getan hatte. Und unter dem Arm, so sagen sie übereinstimmend, trug die Gestalt einen kleinen, schwarzen Kasten.

Im Garten und Keller des Halcyon House in Georgetown *(oben)*, das 1787 an dieser Stelle wegen des herrlichen Blickes auf den Potomac River errichtet wurde, sollen gespenstisches Flüstern und leises Stöhnen an die Zeit erinnern, in der das Haus Teil eines Fluchtsystems war, durch das Sklaven in die Freiheit gelangten. Vom Ufer des Potomac führte ein geheimer Gang in den Keller des Hauses, aber viele der geflohenen Sklaven, die ihn erreichten, waren von den Qualen und Strapazen zu geschwächt und starben in dem unterirdischen Raum. Wie es heißt, hallen ihre Schreie dort heute noch wider.

Ein Schreiner, den man zu Beginn dieses Jahrhunderts damit beauftragte, den Tunnel zu schließen, vernahm während der Arbeit Stöhnen und Schluchzen. Obwohl er sich einzureden versuchte, daß der Wind die Geräusche erzeugte, verfolgten sie ihn sein Leben lang. „Es ist nun schon 50 bis 60 Jahre her", erinnerte er sich kurz vor seinem Tod. „Aber ich glaube, ich werde dieses unheimliche Seufzen mit in das Grab nehmen."

Tragische Liebe, einsame Trauer

Das prächtige Octagon House, das 1800 von Colonel John Tayloe gebaut wurde, war Schauplatz einer tragischen Romanze.

Einige Jahre nachdem er das Haus mit seiner Familie bezogen hatte, verliebte sich eine Tochter Tayloes sehr zu seinem Mißfallen in einen britischen Offizier. Trotz flehentlicher Bitten seiner Tochter verweigerte Tayloe dem Engländer jeglichen Zutritt zu seinem Haus. Als eines Abends ein bitterer Streit ihren Vater nicht hatte umstimmen können, ergriff das erregte Mädchen eine Kerze und lief die Treppe hinauf zu ihrem Schlafzimmer. Einen Augenblick später hörte die Familie einen gellenden Schrei, dem ein entsetzlicher, dumpfer Schlag folgte. Als Tayloe hinausstürzte, fand der den leblosen Körper seiner Tochter am Fuße der Wendeltreppe.

Seitdem soll es auf der Treppe des Octagon House spuken. Es wurden flackernde Schatten, wie von einer Kerze, gesehen, die sich langsam die Treppe hinaufbewegen, gefolgt von dem furchtbaren Schrei einer Frau und dem Geräusch eines schrecklichen Aufpralls. Dort, wo das Mädchen in den Tod stürzte, ist nichts zu sehen oder zu spüren außer einer unwirklichen Stille, die den Beobachter mit seltsamer Kühle umfängt.

In einer Baumgruppe auf dem Rock Creek Cemetery, Washingtons ältestem Friedhof, steht eine der merkwürdigsten Statuen der Stadt. Diese etwa zwei Meter große Bronzefigur ist weder männlich noch weiblich und trägt keine Inschrift und kein Datum. Eine große Kapuze wirft ewigen Schatten auf das unbewegte Gesicht und schützt die nach unten gerichteten Augen.

Die verwirrende Statue ist ein seltsam würdiges Denkmal für Marian Adams, deren Tod vor mehr als einem Jahrhundert in Washington einen Skandal auslöste. Marian war die Frau von Henry Adams, einem bekannten Historiker aus der Familie der Präsidenten John Adams und John Quincy Adams. Sie besaß ein ruhiges Wesen, Scharfsinn, eine umfassende Bildung und das, was Henry James einmal „intellektuelle Anmut" nannte.

An einem Dezemberabend des Jahres 1885 fand Adams beim Nachhausekommen seine Frau bewußtlos vor dem Kaminfeuer. Ein Arzt wurde herbeigerufen, aber er kam zu spät und konnte sie nicht mehr retten. Sofort begannen Gerüchte zu kursieren. Obwohl es um Mrs. Adams Gesundheit nicht zum besten gestanden hatte, war ihr Tod überraschend, und viele glaubten an Selbstmord.

Henry Adams schwieg zu den Umständen des Todes seiner Frau, aber ihre Grabstatue, die er in Auftrag gab, ließ die Welle der Spekulationen noch höher schlagen. Viele verwunderte die seltsame Tatsache, daß die Figur in keiner Weise der verstorbenen Mrs. Adams ähnelte. Tatsächlich hatte Adams ihren Schöpfer, den Bildhauer Augustus Saint-Gaudens, angewiesen, „keinen … Versuch zu unternehmen, sie für den normalen Menschen verständlich zu machen".

Doch in allen, die sie sehen, weckt die Statue ein überwältiges Gefühl von Leid und Kälte. Und obwohl der Künstler sein Werk *Das Geheimnis des Jenseits* nannte, ist es unter dem schlichten Namen *Gram* bekannter. Einige, die vor der Skulptur verweilten, haben berichtet, daß die verzweifelten Augen tatsächlich zu Leben zu erwachen schienen, während andere, die in der Dämmerung bei ihr saßen, behaupteten, in der Nähe die zerbrechliche Gestalt einer Frau mit traurigen Augen und Kleidern des späten 19. Jahrhunderts gesehen zu haben.

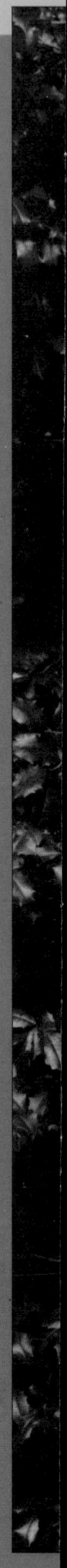

KAPITEL 4

Jäger und Gejagte

Wie es heißt, nahmen die gespenstischen Geschehnisse auf dem Landsitz Ash Manor im Frühsommer des Jahres 1934 ihren Anfang, kurz nachdem sein Besitzer Maurice Kelly das Haus aus dem 13. Jahrhundert mit den dazugehörigen zehn Hektar Waldland im englischen Sussex erworben hatte. Kaum waren Kelly, seine Frau Katherine und ihre 14jährige Tochter eingezogen, beunruhigten die Familie Geräusche, die offenbar vom Dachboden kamen. Es klang, als marschiere irgend jemand über die Dielen, doch hatte man den Boden dort schon vor langer Zeit entfernt, und es waren nur noch die nackten Balken vorhanden.

Der Lärm verwirrte die neuen Besitzer, beängstigte sie aber keineswegs so sehr, um sie aus dem Haus zu vertreiben. Kelly, ein nüchterner Geschäftsmann, hatte das Anwesen für ein Butterbrot gekauft und war mit seinem Geschäft äußerst zufrieden. Er dachte nicht daran, sich von etwas in die Flucht schlagen zu lassen, das sich verstandesgemäß als Geräusche erklären ließ, die in alten Häusern nun einmal auftreten. Aber die Nacht des 18. November sollte den Rationalisten in ihm zutiefst erschüttern.

Durch drei laute, dumpfe Schläge an seine Zimmertür wurde Kelly aus dem Schlaf gerissen. Er stand auf, trat auf den Flur und ging zum Zimmer seiner Frau. Hatte sie auch etwas gehört? „Ja", erwiderte sie, „drei heftige Schläge." Wie Kelly schließlich einem PSI-Forscher berichtete, wurde er in der nächsten Nacht zu genau derselben Zeit – um viertel vor vier – von zwei Schlägen an der Tür geweckt und in der darauffolgenden Nacht durch einen. Dann ging Kelly auf Geschäftsreise, und in diesen Nächten herrschte Ruhe in Ash Manor. Aber das Grauen lauerte schon. Als Kelly am Abend seiner Rückkehr zu Bett ging, fühlte er sich merkwürdig unbehaglich. „Der Raum war unnatürlich kalt", sagte er später, „und irgendwie wirkte er feindlich." Etwa um drei Uhr morgens schlief Kelly ein – doch bald wurde sein Schlaf durch einen krachenden Schlag gegen die Tür abrupt beendet.

„Erschreckt fuhr ich hoch", erinnerte er sich später. „In der Tür sah ich einen kleinen, ältlichen Mann stehen. Er trug einen grünen Kittel, schlammverschmutzte Kniebundhosen und Gamaschen, einen Schlapphut auf seinem Kopf und ein Tuch um seinen Hals." Für Kelly hatte der Eindringling nichts Gespenstisches an sich. Er schien durch und durch ein Mensch. In dem Glauben, es sei ein Landstreicher in das Haus eingedrungen, schrie er ihn an: „Wer sind Sie? Was suchen Sie in meinem Haus?" Als er keine Antwort erhielt, sprang er aus seinem Bett und wollte den ungebeteten Gast an der Schulter packen. Später wußte er nur noch, daß er mit der Hand ins Leere gegriffen hatte.

Wie Katherine Kelly sich erinnerte, hatte sie „einen entsetzlichen Schrei" gehört, und dann war ihr Mann in ihr Zimmer gestürzt und ohnmächtig umgesunken. „Sein Gesicht war aschgrau, seine Augen waren hervorgetreten, und das Grauen stand in jeder Linie seines Antlitzes geschrieben", sagte sie. Voller Angst, er könne nicht wieder von selbst aufwachen, entschloß sie sich, Weinbrand zu holen. Sie lief den Flur hinunter zu einem Raum, in dem der Schlüssel für den Weinkeller aufbewahrt wurde. Als sie zu ihrem Mann zurückkehrte, sah sie in der Tür seines Schlafzimmers einen kleinen Mann. Obgleich Kelly bewußtlos geworden war, bevor er ihr etwas sagen konnte, stimmte ihre spätere Beschreibung des Fremden in jeder Einzelheit mit der seinen überein – und sie fügte noch einige Details hinzu.

„Sein Gesicht war ganz rot", sagte sie, „der Blick böse und abscheulich. Sein Mund stand offen, und es rann Speichel heraus." Obwohl der Fremde wirklich furchterregend aussah, trat Katherine Kelly ihm mutig entgegen. „Was suchen Sie hier?" wollte sie wissen. „Und wer sind Sie?" Als die Antwort Schweigen war, schlug sie mit der Faust nach dem Eindringling, aber sie fuhr durch ihn hindurch und landete krachend am Türrahmen.

In den folgenden Monaten dauerten die gespenstischen nächtlichen Geräusche an, und noch schlimmer war, daß sie „den grünen Mann", wie sie ihn nun nannten, bestimmt zwei dutzendmal sahen. Einmal, so erinnerte sich Mrs. Kelly, hob die Erscheinung bedächtig ihren Kopf, um ihnen eine klaffende Wunde zu zeigen, die von einer Seite des Halses zur anderen ging. „Es ragte etwas Schreckliches aus ihr heraus, wie eine durchtrennte Luftröhre."

Die Kellys baten einen Priester um Hilfe, der um Gottes Segen für das Haus betete. Aber der Exorzimusversuch machte die Sache nur noch schlimmer. „Zwei Nächte lang", so sagte Mrs. Kelly, „kniete ich vor meiner Tür, während ich gegen eine fühlbare Macht des Bösen ankämpfte und betete." Verzweifelt gab Kelly in einer Zeitschrift eine Anzeige auf, in der er fachmännische Hilfe suchte. Es meldeten sich zwei angebliche Geisterjäger, die eine phantastische Geschichte von dem Gespenst eines Schuhmachers aus dem 19. Jahrhundert ersannen, der sich an einem Milchmädchen rächen wollte, von dem er verschmäht worden war. Nachdem die beiden den Kellys versichert hatten, daß sie nun nicht mehr belästigt würden, kassierten sie ein ansehnliches Honorar und verschwanden. Aber der Spuk von Ash Manor währte fort.

Im Juli 1936 schließlich erfuhr der Psychoanalytiker Nandor Fodor, der sich lebhaft für alles Paranormale interessierte, von der mißlichen Lage der Kellys. Fodor war damals gerade zum Leiter des International Institute for Psychical Research ernannt worden, das seinen Sitz in London hatte. In Ash Manor angekommen, machte er sich sofort an die Arbeit. Zunächst untersuchte er das Gebäude, um sicherzugehen, daß die seltsamen Geräusche nicht auf bauliche Mängel zurückzuführen waren. Anschließend befragte er Kelly, der seiner Einschätzung nach ein „nüchterner, entschlossener Materialist mit keinerlei Hang zum Paranormalen" war. Dann ließ sich Fodor eine eidesstattliche Erklärung von Katherine Kelly geben und sprach mit Tochter Patricia. Schließlich stellte er noch eine Kamera auf dem Treppenabsatz auf, wo die unheimliche Erscheinung nach den Schilderungen der Kellys besonders häufig gesehen worden war.

Das Photographieren von Geistern war und ist ein Unternehmen mit fragwürdigen Erfolgsaussichten, aber Fodor glaubte fest daran, daß es möglich sei. Wie er meinte, konnte mit Hilfe einer Quarzlinse und speziell beschichteter Platten die Empfindlichkeit in nicht sichtbaren Bereichen des Spektrums gesteigert und so ein Gespenst – obwohl für uns unsichtbar – möglicherweise photographiert werden, vorausgesetzt es hatte die Freundlichkeit, in der richtigen Entfernung und innerhalb des betreffenden Spektrums der ultravioletten Strahlung zu erscheinen.

Nachdem Fodor seine Geräte installiert hatte, nahm er seine „Geisterwache" auf, wie er es später nannte. Einmal wurde er in der Nacht von zwei dumpfen Schlägen aufgeschreckt, die aus der Richtung von Patricias Zimmer kamen, aber sie waren nicht übernatürlichen Ursprungs. Wie sich herausstellte, hatte das Mädchen mit dem Fuß aufgestampft, weil es sich ärgerte, daß es in seinem Zimmer bleiben mußte, um die Untersuchungen nicht zu stören. Später hörte Fodor ein merkwürdiges Gluckern – doch Mrs. Kelly hatte vor dem Zubettgehen nur mit Mundwasser gegurgelt. „Ich schlief erst morgens um viertel nach sechs ein", erinnerte sich Fodor. „Während der Nacht hatte ich mehrere Platten belichtet. Auf keiner war etwas zu sehen."

Auch eine zweite Nachtwache verlief ereignislos, aber Fodor gab sich nicht geschlagen. Zufällig hielt sich gerade das berühmte amerikanische Medium Eileen Garrett in England auf, und als Fodor sie um Hilfe bat, kam sie nach Ash Manor. In der Nacht des 25. Juli 1936 setzte sie sich neben einen großen Kamin des düsteren, alten Hauses und ging in Trance. Wie es schien, wurde ihr Körper nun von einer Wesenheit namens Uvani kontrolliert, einem vor langer Zeit gestorbenen Araber, der während der Séancen des Mediums zumeist darüber wachte, welche Geister durch Eileen sprechen durften. Als Fodor um eine Erklärung für den Spuk von Ash Manor bat, machte Uvani dem in das Haus eingedrungenen Gespenst Platz, damit es Eileen Garretts Körper übernehmen und selbst aussagen konnte.

Das Medium begann schwer zu atmen, sein Körper wurde steif, und seine Gesichtszüge nahmen nach Fodors Bericht die eines gequälten Mannes mit eingefallenen Wangen an, dessen Mund halb offen stand und dem ein Ausdruck unsäglicher Pein auf dem Anlitz geschrieben stand. Garrett winkte Fodor zu sich heran und ergriff seine Hand so heftig, daß er vor Schmerz aufschrie. Mit erstickter Stimme

In Ash Manor im englischen Sussex soll einmal der Geist eines Mannes aus dem 16. Jahrhundert umgegangen sein, der sich an dem Verführer seiner Frau rächen wollte. Wie es heißt, wurde der Geist 1936 von dem Medium Eileen Garrett gebannt.

Diese geisterhafte Gestalt ist auf einem Photo zu sehen, das ein Verwalter von Ash Manor machte. Er hatte seine Kamera auf die Ecke eines Treppenabsatzes gerichtet, in der sich die Erscheinung angeblich besonders häufig zeigte. Energisch bestritt er die Vermutung, bei dem abgebildeten „Geist" handele es sich wohl eher um einen Daumenabdruck auf dem Negativ.

rief das Medium: „Eleison! Eleison!" – die griechischen Worte für „Erbarmen, Erbarmen". In abgerissenen, oft unverständlichen Sätzen und in mittelalterlichem Englisch flehte der angebliche Geist, wieder mit seiner Frau vereint zu werden. „Ich bitte dich, Freund", sagte er durch das Medium, „finde für mich ihre letzte Ruhestätte." Dann beschuldigte der Geist, sofern er einer war, zornig einen gewissen „Buckingham" – vermutlich einen der englischen Grafen dieses Namens. „Er bot mir Dukaten und viel Land für mein Weib", sagte er. „Er, mein Feind. Ließ mich hier verrotten ohne meinen Sohn. Ich warte auf Nachricht von meinem Sohn. Das hat er mir angetan, dieser hochwohlgeborene Bastard ... möge seine Seele auf ewig in jener Hölle braten, aus der es kein Entrinnen mehr gibt."

Auf Fodors Anweisung kam Maurice Kelly nun näher. Er starrte Eileen Garrett an und murmelte verblüfft: „Es ist genau das Gesicht des Geistes." Als dann Katherine Kelly vortrat, wurde sie, wie Fodor später berichtete, „kreidebleich". Sie wich vor dem Medium zurück, verbarg ihr Gesicht in den Händen und weinte: „Mein Gott." Augenblicke später hob der Geist wieder zu sprechen an und bat um eine Feder. Fodor reichte Garrett Stift und Notizblock, und sie begann in einer Schrift zu schreiben, die, wie Forscher später bestätigten, nicht ihre eigene sein konnte. „Henley", kritzelte sie, dann „Edward Charles" und schließlich „Esse", was, wie sich herausstellte, einmal der Name eines mittelalterlichen Dorfes in der Nähe von Ash Manor gewesen war.

Offenbar war der Name des Gespenstes zu Lebzeiten Henley gewesen und seine Geschichte im wesentlichen diese: In der Kindheit die besten Freunde, hatten er und Buckingham sich später entzweit, als letzterer Henleys Frau Dorothy nachstellte. „Er bezwang ihre Augen", zürnte der Geist. Die genaue Bedeutung des Satzes blieb unklar, aber anscheinend hatte Buckingham Dorothy verführt und dadurch Henleys Gefühle so sehr verletzt, daß sein Geist an die Erde gebunden blieb und nach Vergeltung dürstete. „Verlaß mich nicht", flehte er Fodor an, „und hilf mir, ihn zu bestrafen. Als Fodor erwiderte, daß Strafe die Sache Gottes sei, rief das Gespenst: „Was schwatzest du mir von Gott. Er ließ mich leiden. Ich will Vergeltung."

Fodor kannte die Vorstellung vieler Okkultisten, derzufolge Haß und Rache zu den häufigsten Ursachen gehören, die Gespenster an die Erde binden. Und nach dieser Theorie konnten die Gespenster nur Erlösung finden, wenn sie diese Leidenschaften losließen. In diesem Sinne versuchte der Forscher, den Geist zu überzeugen. „Du kannst frei und glücklich sein, wenn du von deinen Gedanken an Rache abläßt, die dich an die Erde binden", sagte er. „Was willst du? Genugtuung oder mit deiner Frau und deinem Sohn vereint werden?" Der Geist zauderte und wollte der Frage ausweichen, aber schließlich entschied er sich: „Für sie, ja."

„In diesem Moment", so schrieb Fodor, „schien etwas mit ihm zu geschehen. Er schrie auf und packte erneut meine Hand: ‚Halte mich, halte mich! Ich kann nicht bleiben. Ich gleite fort. Verlaß mich nicht, verlaß mich nicht!'" Und dann sackte Eileen Garretts Körper in dem Stuhl zurück. Der Geist von Ash Manor war offenbar fort.

Aber nicht für lange. Am nächsten Abend erhielt Fodor einen Anruf von dem bestürzten Kelly. „Er ist wieder da!"

Während Eileen Garrett versucht, Kontakt mit dem Gespenst von Ash Manor aufzunehmen, steht Elmer Lindsay, ein Geisterjäger aus New York, wartend neben ihr. In Trance schrieb das Medium die Namen „Henley" und „Edward Charles" nieder. Bei der kritzeligen Handschrift soll es sich um die des Geistes gehandelt haben.

rief er. „Er steht in der Tür, öffnet seinen Mund und versucht, etwas zu sagen." Fodor suchte Eileen Garrett in ihrer Londoner Wohnung auf, um das erneute Erscheinen mit ihr zu besprechen. Wieder schien das Medium in Trance zu fallen, und dann berichtete Uvani, ihr Geistführer, warum das Gespenst noch auf Ash Manor weilte. Wie Uvani sagte, wurde Henleys Geist durch Spannungen innerhalb der Familie Kelly selbst genährt. Erst wenn diese Spannungen ausgeräumt wären, könne er sich für immer verabschieden.

Auf diese Erklärung angesprochen, lüfteten die Kellys ihr gut gehütetes Geheimnis: Kelly war homosexuell, und weil seine Frau ihre sexuellen Probleme nicht bewältigen konnte, war sie morphiumsüchtig geworden. Später schrieb Fodor, daß der Geist den Kellys als „ablenkendes Element, als eine Art Beruhigungsmittel" gedient habe, das half, die Familie zusammenzuhalten. Aber wie er hinzufügte, war die Erscheinung deswegen nicht weniger real. Immerhin schien das Geständnis dauerhafte Abhilfe zu schaffen. Der Geist von Ash Manor, woher er auch kam, was er auch gewesen sein mochte und welche Emotionen – seine eigenen Leiden und Leidenschaften oder die anderer – ihn genährt hatten, wurde nie mehr gesehen.

Einige Skeptiker halten nicht viel von dem Ash-Manor-Fall, und sei es nur aus dem Grund, daß Hauptberichterstatter Nandor Fodor war, der nicht als der zuverlässigste unter den Geisterjägern galt. Er schien ein so dringendes Bedürfnis zu haben, an die von ihm verfolgten Geister zu glauben, daß seine Objektivität in Frage stand. Aber mit der Geisterjagd befand er sich in Gesellschaft eines besonderen und weithin mißverstandenen Menschenschlages. Es ist selten die vorrangige Aufgabe dieser PSI-Forscher gewesen, ein Gespenst zu bannen oder Gebäude von spukenden Geistern zu befreien. Sofern dies geschah, war es mehr ein Nebenprodukt ihres Bemühens, die Realität der Geisterwelt zu untersuchen und ihre Natur zu erforschen. Seit Geister im menschlichen Bewußtsein spuken, haben Menschen die Geister verfolgt und sich hartnäckig bemüht herauszufinden, ob es sich bei ihnen tatsächlich um zurückgekehrte Verstorbene oder lediglich um das Ergebnis verzerrter Wahrnehmung und der Leidenschaften von Lebenden handelt.

Bei ihrer Suche nach Antworten haben sich die Geisterjäger verschiedener Methoden bedient. Manchmal kam eine bestimmte Methode in Mode und wurde irgendwann wieder aufgegeben, um im Lichte weiterer Erfahrungen zu neuem Leben zu erwachen. So betrachtete man beispielsweise Medien lange Zeit als die besten Kanäle für die Kommunikation mit Geistern Verstorbener. Mitte des 20. Jahrhunderts aber verlagerte sich die PSI-Forschung, die stets eng mit der Untersuchung von Geistern verbunden gewesen war, unter dem Einfluß des PSI-Forschers Joseph Banks Rhine von der Duke University aus Séance-Zimmern in Laboratorien und Seminarräume. Rhine arbeitete mit wissenschaftlichen Methoden, und seine Experimente erbrachten nach Ansicht einiger Parapsychologen schwerwiegende Beweise für die Existenz der Außersinnlichen Wahrnehmung. Doch die Frage, ob Fähigkeiten wie Hellsehen und Telepathie – selbst wenn es sie gibt – in der Kommunikation mit Toten eine Rolle spielen, war nie das Hauptinteresse von Rhine und seinen Kollegen, und daher blieb sie unbeantwortet. In den letzten Jahren wurden Fehler in Rhines Methodik entdeckt, und einige Forscher sind zu altbewährten Verfahren zurückgekehrt. Heute werden wieder Medien eingesetzt, denen man allerdings mit dem ganzen Überwachungsinstrumentarium, das die moderne Technologie bietet, zu Leibe rückt.

Über welchen Verfahrens sich ein Forscher auch bedient, seine Suche wird immer mit Schwierigkeiten verbunden sein. Spukerscheinungen ziehen sich oft über längere Zeiträume hin, und manchmal wartet der Jäger Wochen oder sogar Monate auf die Manifestation eines angeblichen Geistes. In dieser Zeit kann das Leben der Bewohner vermeintlicher Spukhäuser durch die Anwesenheit des Verfolgers und seiner Ausrüstung erheblich gestört werden. Mitunter gelangen betroffene Familien sogar zu der Ansicht, daß der Geist weniger lästig ist als der Mensch, der ihm nachstellt. Darüber hinaus zeigen sich Geister gegenüber ihren Jägern nur selten kooperativ. Einige Wissenschaftler glauben tatsächlich, allein die Gegenwart eines Forschers könne dazu führen, daß ein Geist für Monate verstummt.

Selbst in den Fällen, in denen ein PSI-Forscher glaubt, einer Spukerscheinung zu begegnen, muß er sich davor hüten, die Äußerungen des Geistes für bare Münze zu nehmen – und sei es nur deshalb, weil Geister manchmal lügen, wie der Schriftsteller und Journalist G. K. Chesterton einmal schrieb. Da leider auch Menschen mitunter lügen, muß ein

Ein absonderlicher Krieg

Zu den zahllosen Merkwürdigkeiten in dem Haus von Sarah Winchester gehören (von oben im Uhrzeigersinn) eine Treppe, die an einer Decke endet, eine kleine Tür für kleine Geister, eine U-Treppe mit sieben Zwischenpodesten, 44 Stufen und einem Höhenunterschied von nur drei Metern sowie eine Tür, die auf eine Balkenkonstruktion über einem Lichtschacht im zweiten Stock führt.

Eine Luftaufnahme vom Winchester-Haus zeigt das Resultat einer 38 Jahre dauernden Bautätigkeit.

Im Jahre 1862 heiratete eine junge Frau namens Sarah Pardee einen gewissen William Wirt Winchester. Im Laufe der Zeit kam sie immer mehr zu der Überzeugung, daß sie den Fluch mitgeheiratet hatte, der auf ihm lastete. Ihr Mann war der Sohn des Erfinders und Herstellers der Winchester-Gewehre. Als er 1881 starb, bekam Sarah von einem Medium gesagt, daß die Geister der vielen tausend Namenlosen, die durch Winchester-Gewehre getötet worden waren, seinen Tod herbeigeführt hätten. Und mit den zahlreichen Winchester-Millionen solle Sarah nun die Heimsuchungen durch die Geister erben, sagte das Medium. Entgehen könne sie ihnen nur, indem sie ein Haus kaufte und es ständig ausbaute. Der Grund lag offenbar darin, daß sie auf diese Weise gute Geister anziehen könnte, die sie vor der Horde der bösen und rachsüchtigen schützten.

1884 zog Sarah Winchester nach Kalifornien und erwarb in San Jose ein Haus mit acht Zimmern. Sechs Monate später hatte es bereits 26 Räume, und immer noch wurde rund um die Uhr gebaut. So sollte es 38 Jahre weitergehen, bis die menschenscheue, zurückgezogen lebende Witwe 1922 im Alter von 85 Jahren starb. Zu diesem Zeitpunkt hatte das Haus 160 Räume und erstreckte sich über fast zweieinhalb Hektar. Seine zahlreichen architektonischen Merkwürdigkeiten waren Sarah angeblich von ihren guten Geistern vorgeschrieben worden. Dabei handelte es sich zumeist um Wohnräume für die wohlwollenden und Irrwege für die bedrohlichen Geister.

Geisterjäger bei einer Untersuchung zunächst einmal feststellen, ob sich der angebliche Spuk nicht vielleicht durch Lüge, Schwindel, Hysterie oder irgendeine andere, höchst irdische Ursache erklären läßt.

Andrew MacKenzie, einem führenden Spukexperten, zufolge „muß zuerst nach einer normalen Erklärung für ein Erlebnis gesucht werden, bevor wir von einer paranormalen ausgehen können". Ein eifriger Verfechter dieser Auffassung ist der britische Forscher G. W. Lambert, der 1960 die Ergebnisse einer Studie veröffentlichte, in der er Zusammenhänge zwischen vermeintlichen Spukhäusern in London und ihrer Nähe zu unterirdischen Wasserläufen, mit je nach Wetter ansteigendem oder fallendem Wasserstand, untersuchte.

Von den 25 Gebäuden, die Lambert im *Journal for the Society for Psychical Research* aufführte, lagen insgesamt 20 über oder nahe bei unterirdischen Flüssen. Darüber hinaus stellte Lambert einen auffallenden Zusammenhang zwischen angeblichen Spukerscheinungen und Zeiten fest, in denen es in London ungewöhnlich heftig geregnet hatte. Nach Lamberts Theorie konnte der Druck des Wassers, das sich bei übermäßigen Niederschlägen unterirdisch sammelte, ein Gebäude anheben und in Schräglage versetzen. Wenn der Druck dann nachließ, senkte sich das Gebäude plötzlich wieder, wodurch laute Geräusche verursacht wurden und sogar Gegenstände in Bewegung gerieten, wie es so oft bei Spuk und Poltergeist-Phänomenen der Fall ist.

·Ein Jahr zuvor hatte Lambert über eine Untersuchung von 50 Orten in Schottland berichtet, an denen angeblich paranormale Phänomene aufgetreten waren. 19 davon lagen in der Kalksteinregion um den Firth of Forth, wo es zahllose unterirdische Wasserläufe gibt. Von den übrigen befanden sich alle bis auf drei in der Nähe von geologischen Verwerfungen, wo die Erde häufig bebt. Lambert stellte fest, daß die Mehrzahl der gespenstischen Erscheinungen während Perioden aufgetreten war, in denen es große Erschütterungen gegeben hatte. „Es wird die Behauptung aufgestellt", so schrieb er, „daß ein Erdstoß, der ein Haus erfaßt, ... auf freistehende Gegenstände in den Räumen übertragen werden kann und sie durch die Luft fliegen läßt, wobei nicht zwangsläufig Schäden am Haus entstehen müssen, sofern es auf solidem Fundament gebaut ist." Man braucht wohl nicht hinzuzufügen, daß Erdbeben auch Geräusche erzeugen können. Mit dieser Theorie läßt sich denn vielleicht auch eines der verblüffendsten Rätsel in der Geschichte des Paranormalen zumindest teilweise erklären – der Spuk von Ballechin House.

Am frühen Abend des 3. Februar 1897 stapften Ada Goodrich Freer, eine

Dieses 1965 nahe beim Tower of London aufgenommene Photo zeigt den britischen PSI-Forscher G. W. Lambert (rechts) und seinen Kollegen John Cutten mit einer Erfindung Cuttens, einem sogenannten Vibrographen. Das Gerät sollte geringfügigste Bewegungen in der Luft und Erde registrieren. Wie Lambert glaubte, entstanden viele „Geistermanifestationen" dadurch, daß sich Gebäude aufgrund von Schwankungen des unterirdischen Wasserdrucks bewegten.

Frau von zarter Schönheit, und ihre Begleiterin Constance Moore, Tochter von Königin Victorias Hofkaplan, durch tiefen Schnee zur Eingangstüre von Ballechin House, das im einsamen schottischen Hochland oberhalb des tiefen Flußtals des Tay lag. Noch bevor sie das Haus betraten, wurde Freer von einem Gefühl der Furcht ergriffen. „Das Haus wirkte ungemein düster", schrieb sie später, und in seinem Innern, fühlte man sich wie in „einer Gruft". Für Freer, die die Society for Psychical Research zu Forschungszwecken an diesen Ort entsandt hatte, war Ballechin House erfüllt von jener Geschichte, die sie so sehr faszinierte.

Ballechin House war 1806 auf den Besitzungen der Familie Steuart, Nachfahren des schottischen Königs Robert II., errichtet worden und 1850 in den Besitz von Major Robert Steuart gekommen, einem pensionierten Offizier der East India Company. Steuart war in jeder Hinsicht ein seltsamer Kauz. Der Junggeselle und Einzelgänger bewohnte das Haus zusammen mit 14 Hunden. Zu ihnen gehörte auch ein großer schwarzer Spaniel, der sein erklärter Liebling war. Während seiner Zeit in Indien hatte sich der Major den Glauben an die Seelenwanderung zu eigen gemacht, und immer wieder versicherte er, daß er nach seinem Tod im Körper des schwarzen Spaniels zurückkehren würde.

Der einzige Mensch, der ihm Gesellschaft leistete, war seine Haushälterin, eine junge Frau namens Sarah, die 1873 unter, wie es in der Gegend hieß, mysteriösen Umständen starb. Die Gerüchte erhielten neue Nahrung, als bekannt wurde, daß sie in Steuarts Schlafzimmer gestorben war, und kursierten erst recht, als er nach seinem eigenen Tod im Jahre 1876 aufgrund einer testamentarischen Verfügung auch noch neben Sarah beerdigt wurde.

Robert Steuarts Erben schien die angekündigte Seelenwanderung ihres exzentrischen, unliebenswürdigen und in Verruf geratenen Verwandten zweifellos eine höchst unwillkommene Aussicht, und als vorbeugende Maßnahme erschossen sie sämtliche Hunde – allen voran den Spaniel. Der Erbe von Ballechin House war Roberts Neffe John Steuart, ein frommer Katholik, der kurz nachdem er das Erbe angetreten hatte, eines der Häuschen auf dem Anwesen, das nunmehr ihm gehörte, Nonnen zur Verfügung stellte.

Der Spuk begann bald nach dem Einzug der Steuarts damit, daß Mrs. Steuart eines Tages von einem durchdringenden Hundegeruch übermannt wurde, den sie aus jenen Tagen kannte, als das Haus des alten Major noch voller Hunde gewesen war. Als sie aufstand, um ein Fenster zu öffnen, fühlte sie, wie sich etwas Unsichtbares an ihre Beine drückte, und irgendwie wußte sie, daß es ein Hund war.

In den folgenden Jahren berichteten Bewohner von Ballechin House immer wieder über nächtliche Störungen durch Geräusche – unerklärliches Klopfen, explosionsartiges Knallen und selbst ärgerliche Stimmen von Menschen, die – obwohl man ihre Worte nicht verstehen konnte – zu streiten schienen. Besonders erschreckend waren die Schritte von jemandem oder etwas, der oder das durch den Raum hinkte, in dem Sarah gestorben war – Major Robert Steuart hatte nach seiner Rückkehr aus Indien auffällig gehinkt.

Im Sommer 1892 kam ein Jesuitenpater namens Hayden nach Ballechin House, um den in dem Häuschen lebenden Nonnen in religiösen Fragen Beistand zu leisten. In acht der neun Nächte, die er in dem Herrenhaus verbrachte, wurde sein Schlaf von „äußerst seltsamen und ungewöhnlichen Geräuschen" gestört, die irgendwo aus dem Bereich zwischen seinem Bett und der Zimmerdecke kamen und ihn an „ein fortwährendes Explodieren von Petarden" erinnerten, wie er berichtete. Von Zeit zu Zeit hörte er etwas, das klang, als würde sich „ein großes Tier" gegen seine Tür werfen. Doch als er in die Diele hinausspähte, konnte er nichts entdecken. „Nichts", so schrieb der Priester später, „hätte mich dazu gebracht, eine weitere Nacht dort zu verbringen ... und sonst bin ich eigentlich nicht feige."

Als sich John Steuart drei Jahre später zu einem Besuch in London aufhielt, wurde er von einer Droschke überfahren und getötet. Daraufhin ging das Haus in den Besitz eines anderen Steuart über, eines Hauptmanns der Armee, der keinerlei Wunsch hegte, dort zu leben. Vielmehr vermietete er das Anwesen 1896 an eine reiche Familie, die für das zweifelhafte Privileg, dort wohnen und auf seinen ausgedehnten Ländereien Rauhfußhühner schießen zu dürfen, ein Jahr im voraus Miete bezahlte. Aber nur sieben Wochen nach ihrem Einzug flohen die neuen Mieter vor den unheimlichen nächtlichen Geräuschen, ohne auch nur die restliche Miete zurückzuverlangen.

Für John Crichton-Stuart, den dritten Marquis von Bute und einen engagierten Erforscher des Paranormalen, war das unerwartete Freiwerden des Spukhauses eine Gelegenheit, auf die er lange gewartet hatte. Bute hatte einige Jahre zuvor durch Pater Hayden erstmals von den gespenstischen Vorgängen erfahren, und entschloß sich nun, eine umfangreiche Untersuchung zu finanzieren. Unterstützung für das Projekt erhielt er von der Society for Psychical Research, die für den Fall zwei ihrer Forscher abstellte – den erfahrenen Colonel Lemesurier Taylor und Ada Goodrich Freer. Mit Bute als Geldgeber mietete Taylor Ballechin House unter seinem Namen an. Familienangelegenheiten hinderten ihn aber zu jener Zeit, sich persönlich dorthin zu begeben, so daß sich als Vorhut einer großen Gruppe von Gästen, die Freer und Taylor ausgesucht hatten, lediglich Freer und ihre Begleiterin einfanden. Zum Teil kannten die Gäste die gespenstische Vergangenheit des Hauses nicht, zum Teil galten sie als sensitiv oder Gespenstererscheinungen gegenüber offen.

In der Regel müssen sich Geisterjäger darauf einstellen, Wochen oder Monate zu warten, bevor die Geister gewillt sind, in Erscheinung zu treten. Nicht so Ada Freer. Nach dem 250 Seiten umfassenden Buch, das sie später über den Fall verfaßte, wurde sie schon in der ersten Nacht durch „ein lautes, schallendes Geräusch, das im ganzen Haus widerzuhallen schien" geweckt. Wenig später hörten sie und ihre Freundin Constance Moore Stimmen, und in der folgenden Nacht vernahmen sie von ferne so etwas wie die Feier einer Messe in einer Kirche. (Wie sich herausstellte, war dies eines der häufigsten Phänomene in Ballechin House.)

Am nächsten Abend zogen Freer und ihre Gäste ein Ouija-Brett zu Rate, und umgehend buchstabierte ein Geist, der sich Ishbel nannte, eine Botschaft, in der er die Menschen aufforderte, gegen Abend „den Weg entlang zu dem engen Tal bis zum Fluß" zu gehen. Kurz nach Sonnenuntergang des nächsten Tages machte sich Ada Freer mit zwei männlichen Begleitern zu dem angegebenen Ort auf. „Es war ziemlich dunkel", schrieb sie, „aber der Schnee leuchtete so weiß, daß wir unseren Weg erkennen konnten ... Ich erblickte die schmächtige, schwarze Gestalt einer Frau, die sich langsam das Tal emporbewegte. Sie hielt inne, wandte sich um und schaute mich an. Sie war wie eine Nonne gekleidet." Bekanntlich war

John Crichton-Stuart, dritter Marquis von Bute, mietete im Jahre 1897 Ballechin House (gegenüber), um den dort angeblich umgehenden Gespenstern auf die Spur zu kommen. Später schrieb er zusammen mit seiner Forscherkollegin Ada Goodrich Freer ein Buch über den Spuk.

Ballechin House, ein altes Anwesen im Schottischen Hochland, war vor der umstrittenen Untersuchung, die 1897 mit finanzieller Unterstützung der englischen Society for Psychical Research durchgeführt wurde, nur in der näheren Umgebung für seinen Spuk bekannt. Die Untersuchung förderte ein beeindruckendes Spektrum von – echten oder eingebildeten – Geistererscheinungen zutage.

Isabella, eine der Schwestern des alten Major Robert Steuart, bis zu ihrem Tod im Jahre 1880 Nonne gewesen.

Wie Freer berichtete, sah sie die Nonne später noch viele Male. Manchmal war der Geist in eine ernste Unterhaltung mit dem Phantom einer älteren Frau vertieft, die ihr offenbar Vorwürfe machte. Einmal, so erzählte Freer, weinte die Nonne „wie mir schien, leidenschaftlich und ungehemmt". Interessanterweise aber hatte keiner der beiden Männer, die Freer bei dem ersten Besuch am Bach begleiteten, die gespenstische Nonne gesehen.

Dennoch gab es genügend Phänomene in Ballechin House, um selbst den anspruchsvollsten Geisterjäger zufriedenzustellen. Während der 69 Tage und Nächte, die sich Freer und ihre Gruppe dort aufhielten, wurde bei 92 Gelegenheiten von außergewöhnlichen Geräuschen berichtet, zu denen Stöhnen, Ächzen, Schreien, Klopfen, dumpfes Schlagen und Knallen gehörten sowie die Laute eines hinkenden Mannes, eines Priester, der die Messe feierte, sich bewegender Tiere und schlurfender Schritte, die, wie man glaubte, von einem älteren Mann stammten. Vier der Anwesenden, unter ihnen Freer und ein Hausmädchen, gaben an, von unsichtbaren Wesen berührt worden zu sein. Viele hatten das Gefühl, als würde jemand ihr Bett emporheben oder hin- und herschaukeln beziehungsweise an ihrer Bettdecke zupfen. Freer wie auch Constance Moore behaupteten, von einem großen, unsichtbaren Hund geschubst worden zu sein, und eine Besucherin glaubte sogar, mit einem unsichtbaren Phantom gerungen zu haben.

Unter allen Phänomenen ist für einen PSI-Forscher die Sichtung eines Geistes das aufregendste, und in Ballechin House war ein ganzes Kaleidoskop von Gespenstern zu Hause. Außer der Nonne und ihrer Begleiterin sah Freer auch eine Frau, die ein Kruzifix hielt. Ein Hausmädchen erblickte eines Nachts die obere Hälfte des Körpers einer alten Frau, und es wurde auch von der Erscheinung eines Lebenden berichtet, der jedoch weit entfernt von dem Anwesen wohnte – es war angeblich Pater Hayden, jener Priester, den fünf Jahre zuvor die nächtlichen Erscheinungen in Angst und Schrecken versetzt hatten. Kurz vor Abschluß ihrer Untersuchungen wurde Ada Freer eines Nachts von dem Wimmern ihres Hundes Spooks geweckt. Sie setzte sich auf und „sah zwei schwarze Pfoten (nicht die von Spooks) auf dem Tisch neben dem Bett. Mir wurde fast schlecht".

Insgesamt, so schien es, spukten in Ballechin House und seiner Umgebung wenigstens neun sichtbare beziehungsweise unsichtbare Geister: die Nonne Ishbel (oder Isabella), Ishbels ältere Begleiterin (möglicherweise Margaret, ebenfalls eine Schwester von Major Steuart), der hinkende Mann (vermutlich der Major selbst), der schlurfende Mann, die alte Frau mit dem halben Körper, die Frau mit dem Kruzifix, ein toter Priester, ein höchst lebendiger Priester und ein schwarzer Hund.

Im Mai 1897 verließen Ada Freer und ihre Gäste Ballechin House. Danach kehrte in dem Haus, soweit bekannt, wieder Ruhe ein, bis es 1963 abgerissen wurde. Offenbar war es von seinen Gespenstern verlassen worden.

Aber hatten sie jemals existiert? Die Erklärung, daß sich Geistern zugeschriebene Geräusche auf natürliche Ursachen wie unterirdische Wasserläufe oder Erdbeben zurückführen ließen, war schon zu Ada Freers Zeiten bekannt, kam aber durch Lamberts Forschungen im Fall von Ballechin House neu zum Tragen. Wie er feststellte, befand sich das alte Gebäude nahe der Stellen, an denen zwei Bäche in der Erde verschwanden, und Freers Untersuchung hatte in einem der niederschlagreichsten Monate der britischen Geschichte stattgefunden. Außerdem lag das Anwesen der Steuarts in der Nähe der großen Verwerfung, die von Stonehaven – einer Region, in der innerhalb eines Zeitraumes von

Eine fernöstliche Geisteraustreibung

Durch das Deuten der Zeichen auf bemalten Holztafeln stellt der Lama Yeshe Dorje Rinpoche fest, wer der gefährliche Geist ist – angeblich die Reinkarnation eines verstorbenen Lehrers.

Der Lama rezitiert die alten Austreibungsformeln, während er einen Dolch in eine Figur sticht, in die er die Lebenskraft des Geistes gebannt hat. Auf diese Weise vernichtet der Priester das böse Wesen und befreit die Seele des Lehrers, damit sie unter günstigeren Umständen wiedergeboren werden kann. Die Figur wird zerstückelt.

Nach der rituellen Tötung des Geistes verbrennt der Priester die Teile der Figur zusammen mit einigen Gerätschaften, die für den Exorzismus benutzt worden sind. Die Asche wird gesammelt und bestattet.

Lange Zeit, bevor der Buddhismus die Festung Tibet eroberte, praktizierten die dortigen Bewohner eine animistische Religion, genannt Bon, einen schamanistischen Glauben voller komplizierter Rituale. Viele dieser Rituale gingen in den tibetischen Buddhismus ein und existieren noch heute. Eines von ihnen dient dem Austreiben von Geistern.

Die Bilder auf dieser Doppelseite zeigen Ausschnitte des alten Rituals, wie es 1981 im indischen Dharamsala durchgeführt wurde, wohin viele Tibeter nach der chinesischen Invasion ihres Landes im Jahre 1950 geflüchtet waren.

Die Zeremonie wurde vom Lama Yeshe Dorje Rinpoche geleitet, einem Priester und persönlichen Beauftragten des Dalai Lama, dem geistigen Oberhaupt der tibetischen Buddhisten.

Das sechstägige Ritual war notwendig worden, nachdem Omen darauf hingedeutet hatten, daß ein Mann, der zu Lebzeiten in einer Schule für tibetische Kinder unterrichtet hatte, als „hungriges" Gespenst zur Erde zurückgekehrt war – als böser Geist, der danach trachtet, den Lebenden Schaden zuzufügen.

Das komplizierte Ritual beginnt stets damit, daß der Lama eine Schutzgöttin namens *dakini* anruft und sich rituell in sie verwandelt, um ihre Kraft und Klugheit zu erlangen. Diese Verwandlung dauert gewöhnlich einen ganzen Tag. Dann führt der Priester mit Hilfe bemalter Holztafeln einen Divinationsritus durch, um aus dem Heer der 84 000 Geister, die es geben soll, genau den gesuchten herauszufinden. Die Tafeln werden dazu in einen Eisenkessel gelegt, und im allgemeinen dauert es drei Tage, bis der bedrohliche Geist erkannt ist.

Nachdem dies in der Zeremonie von 1981 geschehen war, begann die eigentliche Austreibung, während der das Gespenst getötet werden mußte, damit die Seele des Lehrers befreit wurde und unter glücklicheren Umständen wiedergeboren werden konnte. Zu diesem Zweck nahm der Lama eine aus Gerstenmehl und Butter geformte Figur, die als Behältnis für die Lebenskraft des Gespenstes diente. Und während der Priester Beschwörungsformeln sprach, damit der Geist nicht aus der Figur entwich, stach er einen Dolch in die Plastik und teilte sie anschließend in mehrere Stücke. Dann verbrannte er sie in demselben Kessel, der ihm schon für die Divination gedient hatte. Durch das Verbrennen wurde der Verderben bringende Geist endgültig vernichtet und die Seele des Lehrers befreit.

Am vierten Tag der Austreibung trugen der Lama und seine Helfer dann, begleitet von Gebeten und Gesängen, die Asche der Figur zu einer Einäscherungsstätte, um sie zu beerdigen.

Der letzte Teil des Tage dauernden Rituals beinhaltete das Auslegen komplizierter Fadenkreuze – geometrischen Formen aus bunten Schnüren, die die Aufmerksamkeit mächtiger Gottheiten auf sich ziehen sollten. Neben den Fadenkreuzen wurden angemessene Opfergaben dargebracht, um den wohlwollenden Geistern zu danken, sie zu besänftigen und um Nachsicht dafür zu bitten, daß sie den störenden Exorzismus in ihren heiligen Sphären erdulden mußten.

Die Asche wird zu einer Einäscherungsstätte gebracht. Im Vordergrund sieht man den Eisenkessel, den der Priester während der Austreibung benutzt hat, und eine Kelle, mit der Butter in das Feuer gegossen wurde, um das den Geist vernichtende Feuer anzufachen.

Der Priester und seine Helfer beten und singen am versiegelten Grab des Geistes, das von einer Steinpyramide, Stupa genannt, gekrönt ist. Diese kennzeichnet den Platz als gefährlichen Ort.

38 Jahren 465 Erdstöße registriert wurden – in südwestlicher Richtung durch Schottland verläuft.

Doch auch wenn die hörbaren Phänomene in Ballechin House möglicherweise natürlichen Ursachen zugeschrieben werden konnten, ließen sich die spürbaren und sichtbaren Manifestationen nicht so leicht erklären. Allerdings war Ada Freer weithin dafür bekannt, äußerst empfänglich für paranormale Erlebnisse echter und eingebildeter Art zu sein. Sie war schon angespannt, noch bevor sie überhaupt einen Fuß in das Haus gesetzt hatte, und vermutlich wurde sie auch innerhalb seiner Mauern nicht ruhiger. Tatsächlich maß selbst Freers Forscherkollege Lemesurier Taylor ihrer gespenstischen Nonne keinerlei „Beweiswert" zu.

Die Gäste wiederum, die mit Ada Freer auf Geisterjagd gingen, erwarteten nicht nur Beweise für die Existenz von Gespenstern, sondern schienen teilweise sogar darauf zu hoffen. So berichtete beispielsweise eine Besucherin, wie sie eines Abends spät an ihrem Kamin saß und wartete. Als jedoch nichts zu passieren schien, ging sie zu Bett und schlief bald darauf ein. Kurze Zeit später erwachte sie wieder, weil sie das Gefühl hatte, daß jemand an ihrem Bett rüttelte. Sie machte aber kein Licht, sondern wartete ab, was als nächstes geschehen würde. Zu ihrer Enttäuschung passierte nichts. Umgekehrt war es sicher so, daß die Erwartungshaltung zumindest einige der Bewohner von Ballechin House das, was sie sehen wollten, auch sehen ließ.

Wenn Suggestion ausreichte, die Anwesenden in Ballechin House Gespenster sehen zu lassen, stellt sich die Frage nach der Kraft der Suggestion auch in anderen Fällen von Geisterphänomenen – die offenbar alles andere als selten sind. Eine 1984 vom National Opinion Research Center der University of Chicago durchgeführte Befragung ergab, daß 42 Prozent aller Amerikaner von sich behaupten, schon einmal mit einem Verstorbenen in Verbindung gestanden zu haben; laut einer Umfrage des Epcot Center im Jahre 1987 glaubten 13 Prozent der amerikanischen Bevölkerung, schon einmal einem Geist begegnet zu sein.

Der reine Zufall bot 1964 eine Gelegenheit, die Macht der Suggestion während einer halbstündigen Sendung des britischen Fernsehens zu erforschen, die sich mit dem Paranormalen befaßte. Für die Produktion hatte man A. D. Cornell, ein Mitglied der SPR, gebeten, über die Arbeitsweise eines erfahrenen PSI-Forschers zu berichten. Die Dreharbeiten fanden in Morley Hall in Norfolk statt, einem Herrenhaus aus dem 16. Jahrhundert. Obwohl das Gebäude nicht in dem Ruf eines Spukhauses stand, schien sein dunkles, düsteres Inneres wie geschaffen für unirdische Geschehnisse zu sein.

Während einer ganzen Nacht führte Cornell seine üblichen Arbeiten durch, sprach mit dem Eigentümer des Gebäudes, untersuchte das Anwesen, stellte seine Prüfgeräte auf und wartete wie immer im Dunkeln auf das Erscheinen eines Geistes. Am nächsten Morgen begab er sich nach draußen, um dem Moderator der Sendung ein Interview zu geben. Hatte er etwas Außergewöhnliches festgestellt? Nein, erwiderte Cornell. Glaubte er, daß es in Morley Hall spuke? Nein, ganz gewiß nicht.

Nach der Ausstrahlung der Sendung meldeten sich jedoch fünf Zuschauer, die behaupteten, während des Interviews rechts neben Cornell die gespenstische Gestalt eines Mönches gesehen zu haben. Verblüfft nahmen Mitarbeiter der Fernsehgesellschaft den Film unter die Lupe, konnten aber nichts entdecken. Als Experiment wurde die Sendung zwei weitere Male ausgestrahlt. Ohne auf Einzelheiten einzugehen, fügte der Ansager nun hinzu, daß einige Menschen in dem Film ein Gespenst gesehen hätten.

Diesmal meldeten sich insgesamt 27 Zuschauer, von denen 15 behaupteten, daß sie einen Mönch oder Priester gesehen hatten. Zehn weitere glaubten, eine ähnliche Gestalt entdeckt zu haben, ein Zuschauer beschrieb eine Dame in einer Mantille und einer einen Schädel mit einer Kapuze. Immerhin waren sieben der Zuschauer skeptisch genug, die gespenstische Gestalt dem Lichteinfall oder einer anderen optischen Täuschung zuzuschreiben – und genau darum handelte es sich, wie eine erneute eingehende Überprüfung der Fernsehaufnahmen ergab.

Dennoch waren die meisten Zuschauer, die sich gemeldet hatten, davon überzeugt, etwas Paranormales gesehen zu haben. Angesichts der negativen Auswirkungen, die die Beeinflußbarkeit solcher Menschen auf eine ernsthafte PSI-Forschung haben kann, sah sich Cornell zu einem nachdenklichen Kommentar veranlaßt. „Man fragt sich (wenn auch nicht sehr hoffnungsvoll), ob es eine Möglichkeit gibt, alle die Zeugen einer Erscheinung zu erfassen, die zu solch extremen Sinnestäuschungen neigen."

Cornell war jedoch der Meinung, daß Suggestion allein nicht alle Geister erklären kann, da die meisten Menschen keineswegs so beeinflußbar sind. Um seine These zu untermauern, machte er eine Reihe von Tests. Für einen dieser Versuche, den er am 26. Mai 1960 um zehn Uhr abends begann, hüllte sich Cornell in vier Meter weißes Leintuch. So ausstaffiert lehnte er sich sieben Minuten lang an einen Baum auf dem Kirchhof der Saint Peter's Church in Cambridge, der an einen großen Friedhof angrenzte und nur zweieinhalb Meter von der größten Durchgangsstraße der Universitätsstadt entfernt lag. Hinter Sträuchern hatte er Assistenten postiert, die allzu erschreckte Passanten beruhigen sollten. Anschließend schlenderte er fünf Minuten umher, manchmal im Schatten, manchmal im Schein der Straßenlaternen. Danach hielt er sich noch einmal drei Minuten unter dem Baum auf, bevor er seinen Versuch mit einem fünfminütigen Spaziergang beendete, bei dem er zudem noch gespenstisch und dramatisch stöhnte.

In den insgesamt 20 Minuten hatte sich Cornells „Geist" im Blickfeld von 90 vorbeifahrenden Fahrzeugen, 40 Radfahrern und zwölf Fußgängern befunden, aber lediglich zwei Personen schenkten ihm größere Beachtung. Einer – ein junger Mann – hielt, starrte den Geist an und erkundigte sich dann, was er im Schilde führe. Als er keine Antwort bekam, begann er, neben ihm herzuschlendern. Cornells Assistenten kamen aus ihrem Versteck, klärten ihn über den Versuch auf und fragten ihn, was er zu sehen geglaubt habe. „Einen Kunststudenten, der in einer Decke umherspaziert", antwortete er. Einige Minuten später stieg ein Student von seinem Fahrrad und betrachtete den lakenumhüllten Forscher. Auch er wurde befragt, für was er die Gestalt hielt. Seine Antwort lautete: „Für einen Mann, der sich als Frau verkleidet hat und offenbar spinnt."

So ernst die PSI-Forscher die Frage der Beeinflußbarkeit nehmen, so deutlich differenzieren sie zwischen Suggestibilität und Sensitivität. Für sie ist Sensitivität eine Eigenschaft, die echte Medien besitzen – Menschen, die anscheinend einen besonderen Zugang

Dieses Photo von Ada Goodrich Freer wurde 1894 aufgenommen, drei Jahre vor ihren Untersuchungen der Vorgänge in Ballechin House im Auftrag der Society for Psychical Research. Freer berichtete von einer Flut unheimlicher Ereignisse während ihres 69 Tage dauernden Aufenthalts, aber Skeptiker hegten Zweifel an ihrer Darstellung und behaupteten, sie sei leicht beeinflußbar und besitze eine ausgeprägte Phantasie.

zu Welten haben, die für andere weder sichtbar noch hörbar sind. Eine Sensitive war offenbar jene Frau die – nach ihrem schwäbischen Geburtsort – als Seherin von Prevorst in die PSI-Geschichte einging. Ihr wirklicher Name war Friederike Hauffe, und ihre Geschichte wurde von Dr. Justinus Kerner niedergeschrieben, an den man sich wandte, als ein geheimnisvolles Leiden sie dem Tode nahebrachte. Kerner fand eine vorzeitig gealterte, zahnlose, verhärmte Frau, die angeblich seit ihrer Kindheit in Trancen gefallen war, Visionen gehabt und mit den Geistern der Toten gesprochen hatte. Als Kerner sie kennenlernte, wurde Hauffe unter anderem durch einen Poltergeist verfolgt, der mit Ketten rasselte, mit Kieselsteinen warf, Hocker und Lampenschirme umherschleuderte und der kranken Frau die Stiefel auszog, während sie ruhte.

Obwohl Kerner zunächst mißtrauisch war, kam er bald zu der Überzeugung, daß die Seherin unglaubliche Fähigkeiten besaß. Nach seinem Bericht konnte sie im Dunkeln mit großer Schnelligkeit exakte Kreise und andere geometrische Figuren zeichnen. Noch erstaunlicher war, daß sie im Liegen mit geschlossenen Augen ohne weiteres Dokumente lesen konnte, die ihr Kerner auf den nackten Bauch legte.

Darüber hinaus behauptete Kerner, daß Hauffe manchmal ihre außergewöhnlichen Gaben benutzte, um Geister zu vertreiben. Als der Forscher eines Tages von einem Haus hörte, in dem das Gespenst eines alten Mannes spuken sollte, brachte er einen der Hausbewohner zu der Seherin. Sie fiel in eine tiefe Trance und erklärte, daß es sich bei dem Geist um einen ehemaligen Bürgermeister mit dem Namen Bellon handele, der an die Erde gebunden sei, weil er sich zu Lebzeiten auf Kosten von zwei Waisenkindern bereichert habe. Als Kerner in den Archiven forschte, fand er heraus, daß es im Jahre 1700 tatsächlich einen Bellon gegeben hatte, der sowohl Bürgermeister als auch Direktor eines Waisenhauses gewesen war. Mit den Beweisen von Friederike Hauffe konfrontiert, so berichtete Kerner, gestand der Geist seine Schuld ein und verschwand.

Kerner entschied sich zur Behandlung der Seherin für den Mesmerismus, der eine Zeitlang groß in Mode war. Dabei strich man mit Magneten über den Körper des Kranken, um den Fluß eines „Fluidums" anzuregen, der für die Gesundheit unerläßlich war. Zunächst schien die Patientin gut darauf anzusprechen. Dann aber wurde sie immer schwächer. Nach Kerners Ansicht wurde ihre Kraft von den Geistern aufgezehrt, die sie umgaben. 1829 starb Friederike Hauffe im Alter von nur 28 Jahren.

Zwei Jahrzehnte später brach das Goldene Zeitalter des Spiritismus an – jener Bewegung, in deren Mittelpunkt Medien standen, die angeblich Verbindung mit Toten hatten. Damals erregten zwei junge Schwestern im Staate New York großes Aufsehen, da sie offenbar mit Geistern sprechen konnten. Und obwohl die Geschwister Kate und Maggie Fox schließlich des Betrugs beschuldigt und so gut wie überführt wurden, lebte die spiritistische Bewegung bis weit ins 20. Jahrhundert fort, bevor eine Schar von Quacksalbern und Scharlatanen sie allgemein in Verruf brachte. Eines der wenigen anerkannten und angesehenen Medien war Eileen Garrett, die half, den Ruf des Mediumismus zu retten und ihn als Teilgebiet der Parapsychologie zu etablieren.

Nach ihrer Autobiographie hatte die gebürtige Irin schon in ihrer Kindheit telepathische und hellseherische Erlebnisse gehabt. Sie besaß eine Vielzahl sogenannter Geistführer, aber im Gegensatz zu anderen Medien behauptete sie nicht zu wissen, woher sie kamen oder daß sie echt waren. Tatsächlich äußerte sie sogar die Vermutung, daß es sich bei ihren Kontakten zu anderen Welten möglicherweise lediglich um unbewußte Aspekte ihrer eigenen Persönlichkeit handele. Selbst bezüglich ihrer offenbaren paranormalen Fähigkeiten äußerte sich Garrett eher vorsichtig und meinte, daß sie gefährlich seien, wenn man sie nicht dazu benutzte, anderen Menschen zu helfen. Vielleicht wegen ihrer Zweifel suchte sie unermüdlich nach Erklärungen für ihre medialen Erlebnisse. Sie stellte sich einer Reihe von Parapsychologen als Versuchsperson zur Verfügung, und 1951 gründete sie in New York die Parapsychology Foundation, um die wissenschaftliche Erforschung des Übernatürlichen zu unterstützen. „Wenn alle seltsamen und rätselhaften paranormalen Gaben der Dunkelheit der Séance-Räume entrissen und in die befähigten forschenden Hände der Wissenschaft gelegt werden könnten", sagte sie, „würden sich alle bei diesem Thema erheblich wohler fühlen." Als Eileen Garrett 1970 im Alter von 77 Jahren starb, herrschte unter ihren Forscherkollegen fast einmütige Trauer und Anerkennung, selbst unter solchen, die – wie sie selbst so oft – erhebliche Zweifel daran hegten, daß sie tatsächlich mit den Geistern von Toten in Verbindung gestanden hatte.

Der Geist des Kaisers

Viele Legenden ranken sich um Rom, und eine der gespenstischsten Geschichten erzählt von den Bemühungen der Christen, den Geist eines heidnischen Herrschers zu vertreiben, zu dessen zahllosen Verbrechen auch die Ermordung seiner Mutter und seiner Ehefrau gehörte.

Nach der Legende beging Kaiser Nero, der als Stifter des großen Brandes von Rom und Initiator der Christenverfolgung in die Geschichte eingegangen ist, im Jahre 68 an jener Stelle Selbstmord, an der heute die Kirche Santa Maria del Popolo steht. Neros Gebeine ruhten, wie es hieß, unter einem gewaltigen Walnußbaum, der damals dort wuchs. Angeblich aber spukte der böse Geist des Kaisers mit dämonischen Begleitern in der Nähe der Grabstätte und peinigte jeden, der dort zufällig vorbeikam.

Die Lage wurde so unerträglich, daß das Volk im Jahre 1099 Papst Paschalis II. um Hilfe bat. Der Papst ordnete dreitägiges Gebet und Fasten an. Während dieser Zeit, so hieß es, erschien ihm die Jungfrau Maria und wies ihn an, am dritten Sonntag nach der Fastenzeit den Walnußbaum zu fällen und Neros Gebeine zu exhumieren. Anschließend sollten Baum und Gebeine verbrannt und die Asche in den Tiber gestreut werden. Der Papst befolgte wortgetreu die Anweisungen, und fortan soll dieser Ort nicht mehr von Neros Geist und seinen dämonischen Begleitern heimgesucht worden sein.

Bald nach der Austreibung wurde auf Wunsch des Volkes an der Stelle, an der der Nußbaum gestanden hatte, eine Kapelle errichtet. Im Jahre 1472 ersetzte Papst Sixtus V. die kleine, bescheidene Kirche durch Santa Maria del Popolo, ein majestätisches Bauwerk, das später von dem großen Bildhauer und Baumeister Giovanni Lorenzo Bernini noch einmal umgestaltet wurde. Wunderbare, vergoldete Flachreliefs an der Basilikadecke erinnern an die Geschichte der Bannung von Neros heimtückischen, bösen Geist.

Drei vergoldete Flachreliefs an der Decke von Santa Maria del Popolo erzählen die Geschichte von der Entstehung der Kirche. Auf dem ersten (oben) sieht man böse Geister bei einem Walnußbaum, unter dem Neros Gebeine ruhen. Einige der Dämonen greifen einen Vorbeikommenden an. Auf dem nächsten (Mitte) erscheint die Jungfrau Maria Papst Paschalis II. und sagt ihm, wie er Neros Geist bannen kann. Auf dem letzten Relief fällt der Papst den Baum, während Maria und Jesus zusehen.

Im Laufe der Jahre hat ihre Arbeit sie manches Mal mutlos gemacht. „All unsere Untersuchungen sind ohne Beweiskraft gewesen", sagte sie einmal. „Ich habe mich an so vielen Experimenten beteiligt und mit so vielen Forschern gearbeitet, aber ich frage mich wirklich, ob sie nicht nur die Zeit vertan und nichts erreicht haben." Und irgendwo hatte sie recht: Die Fallberichte über paranormale Ereignisse kommen nur selten zu einem eindeutigen Schluß – wie Garretts eigenes Erlebnis in Rose Hall auf Jamaika beweist, das einst als das größte Spukhaus in der westlichen Hemisphäre galt.

Als Garrett im Jahre 1952 mit einer Gruppe von Freunden ihren Winterurlaub auf Jamaika verbrachte, war Rose Hall nur noch eine Ruine, aber sein Ruf als Schreckenshaus hatte die Zeit überdauert. Hoch auf einem Hügel nahe der Montego Bay gelegen, war das im 18. Jahrhundert errichtete Herrenhaus 1818 in den Besitz eines gewissen John Rose Palmer übergegangen, der zwei Jahre später auch seine 18jährige Braut Annie dorthin brachte. Sie war halb englisch, halb irisch und der Überlieferung nach eine dunkle, atemberaubende Schönheit. Aber ihre Ehe lieferte nicht den Stoff für eine idyllische Inselromanze. Wie es scheint, war John ein tyrannischer Trunkenbold und Annie eine wilde, ausschweifende Frau mit grausamen Zügen, die sich im Laufe der Zeit immer stärker ausprägten. Es hieß, daß sie die schwarze Magie des Voodoo, die sie von einer einheimischen Priesterin auf Haiti, der Insel ihrer Kindheit, erlernt hatte, beherrschte und praktizierte.

Gerüchten zufolge nahm sich die junge Herrin von Rose Hall einen schönen Sklaven zum Liebhaber. Als John sie deswegen zur Rede stellte, vergiftete sie ihn. Während er qualvoll starb, verhöhnte sie ihn und befahl ihrem Geliebten, ihren Mann mit einem Kissen zu ersticken, um sein Ableben zu beschleunigen. Nach Johns Tod versteckten die Mörder seine Leiche – wie es scheint sehr gut, denn sie wurde nie gefunden. Einige Zeit nach dem Mord entledigte sich Annie dann des einzigen Zeugen, indem sie ihren Liebhaber von anderen Sklaven zu Tode peitschen ließ.

Danach regierte Annie Palmer das Anwesen mit grausamer Hand. Zwei weitere Ehemänner kamen und gingen – Opfer, wie es hieß, der Herrin auf Rose Hall. Aber offenbar konnte Annie ihre Grausamkeit nicht in ausreichendem Maß an ihren Ehemännern ausleben. Sie liebte wilde nächtliche Ritte über ihre riesige Plantage. Während dieser Ausflüge war sie wie ein Mann gekleidet und trug eine Peitsche, mit der sie erbarmungslos auf jeden Sklaven einschlug, der sich nach Anbruch der Dunkelheit ins Freie gewagt hatte.

Natürlich fürchteten und haßten die Sklaven ihre Herrin, und offenbar versuchte Annies eigenes Mädchen, sie zu vergiften. Nachdem das Mädchen für schuldig erklärt und hingerichtet worden war, verlangte Annie von den Behörden, ihr den Kopf der Dienerin zu übergeben. Noch bluttriefend wurde er in einem Korb nach Rose Hall gebracht, wo er, auf einen zugespitzten Bambusstock gespießt, dahinfaulte, bis nichts mehr von ihm übrig war als der Schädel, der weiß in der heißen Sonne Jamaikas schimmerte.

Im Jahre 1833 wurde Annie Palmer ermordet, offenbar von ihrem letzten Liebhaber, der damit möglicherweise seinem eigenen gewaltsamen Ableben vorbeugen wollte. Jedenfalls fanden Haussklaven in ihrem Schlafzimmer ihre erwürgte und verstümmelte Leiche. Sie setzten ihr Bett in Brand und weigerten sich später, ein Grab für sie auszuheben. Schließlich befahlen weiße Nachbarn ihren eigenen Dienern, Annie Palmer zu bestatten, aber nicht wie üblich auf dem Friedhof der Saint-James-Gemeinde, sondern unter einem halben Meter solidem Mauerwerk im Garten von Rose Hall. Offenbar waren ihre Mitbürger der Ansicht, daß Annie kein Platz auf geweihtem Boden gebührte und Mörtel vielleicht ihr böses Wesen daran hindern würde, über den Tod hinaus weiterzuexistieren. Als seine teuflische Herrin fort war, verfiel Rose Hall. Doch die Bewohner der Gegend schworen, daß ihr Geist noch in den Ruinen umging, die er nun mit Fledermäusen, Eulen und Spinnen teilte.

Für Eileen Garrett war die Legende von Rose Hall voller Faszination. Und obgleich das Medium die Plantage nicht als Sensitive oder PSI-Forscherin, sondern als Touristin besuchte, blieb der Ausflug nicht ohne Folgen. „Noch bevor ich das Haus betrat, wurde ich von hellsichtigen Eindrücken übermannt", schrieb Garrett später. Ihre Sekretärin, die sich an ihrer Seite befand, machte Notizen, während das Medium jene Bilder beschrieb, die vor ihrem geistigen Auge vorbeieilten. Garrett berichtete von einer Frau, „die gar nicht so attraktiv ist, wie gesagt wird. Sie scheint mir Ende vierzig zu sein ... Ich erhalte das Bild schwarzer Haare und blitzender, lebendiger blauer Augen ... Ihr erster Ehemann war merkwürdig, sadistisch, jähzornig und grausam ... Sie gibt zu verstehen, daß der Preis für dieses Fleckchen Land, das ihr gehörte, zu hoch war ... Sie kehrt zurück, damit hier niemand leben kann. Sie empfindet keinerlei Reue."

Nach diesem verheißungsvollen ersten Kontakt mit Annie kehrten das Medium und seine Freunde in der folgenden Nacht nach Rose Hall zurück. Als sie aus einem Gang traten, der unterhalb der Ruinen lag, begann Garrett, immer schneller zu gehen, sank dann stöhnend zu Boden und schien wieder in Trance zu fallen. Sie sprach mit der Stimme einer Frau, die ganz anders als ihre eigene klang, und sagte flehend: „Bitte, bitte, bitte." Ein Begleiter versuchte sie zu beruhigen: „In Gottes Namen, du hast nichts zu befürchten." Doch sie gab keine zusammenhängende Antwort. Statt dessen wälzte sich Eileen Garrett – oder war es Annie Palmer? – auf dem Boden, stöhnte, lachte und sang und flehte die Gruppe an, für sie zu beten.

Garrett kam noch zweimal nach Rose Hall. Einmal sah sie während eines offenbar hellsichtigen Erlebnisses Annie Palmer im Sterben liegen, „in der Nacht, langsam, qualvoll. Jetzt sehe ich ein graues Licht. Vielleicht ist es das Morgenlicht. Und ich sehe, wie jemand, der offenbar ein schlechtes Gewissen hat, sie aufhebt." Dann tat Annies angeblicher Geist durch Garrett einen schrecklichen Schwur: „Laßt niemand glauben, dies sei das Ende von mir ... Meine Schreie werden leben, und jene, die erben wollen, werden feststellen, daß ein Fluch auf ihnen liegt." Das war alles. Doch ungeachtet ihres Fluches wurde Annies Geist nach Eileen Garretts Besuch nie mehr gesehen. Erlöste das Medium den Geist? Existierte er überhaupt? Es gibt weder Beweise der einen noch der anderen Art, aber es heißt, daß Frieden in Rose Hall einkehrte. Annie Palmers ehemaliges Heim wurde in alter Pracht wiederaufgebaut, und ihr Geist, so es ihn je gab, existiert nur noch in der Erinnerung.

Eileen Garrett war nur eins von mehreren Medien, die sich während der Jahre, als Joseph Rhine von der Duke University das Feld der PSI-Forschung beherrschte, für Versuche zur Verfügung stellten. Unter Rhines Leitung bemühten sie und andere sich, den Fall von Würfeln zu beeinflussen oder Symbole auf Karten herauszufinden, die sie nicht sahen. Dem wahren Geisterjäger aber mußten solche Bemühungen unnütz erscheinen. In den 60er Jahren gingen die Forscher mit den im Labor erlernten Methoden wieder hinaus und versuchten, die Geister an den Orten, an denen sie umgingen, zu stellen, statt sich allein auf Fakten zu stützen, die auf empirischen Versuchen beruhten. Sie zogen mit neuen technologischen Waffen aus, wie beispielsweise Thermistoren, die kleinste Temperaturschwankungen messen, Mikrophonen, die Laute außerhalb des für das menschliche Ohr hörbaren Frequenzbereiches registrieren, und sogar Geräten, die auf normalerweise unmerkliche Bewegungen und Gerüche reagieren. Sie nutzten auch ihr Wissen über Sensoren nichttechnischer Art – wie beispielsweise Tiere.

Seit langem gilt als sicher, daß einige Tiere besonders empfindsam auf paranormale Phänomene reagieren, und diese Annahme testete man im Labor. 1972 berichtete Robert Morris von der Psychical Research Foundation im amerikanischen Durham über die Ergebnisse eines nicht genannten Forschers, der die Theorie vor Ort geprüft hatte.

Nachdem er von einem Haus in Kentucky gehört hatte, wo es angeblich in zwei Räumen spukte, begab sich der Forscher mit einem Hund, einer Katze, einer Klapperschlange und einer Ratte dorthin. Als man den Hund in einen der Spukräume brachte, begann er sofort zu knurren und wich zurück. Die Katze sprang auf die Schulter ihres Besitzers und dann auf den Boden, wo sie fauchend einen leeren Stuhl anstarrte. Auch die Klapperschlange ging sofort in Angriffsstellung, als sie den Stuhl sah, der schon die Katze erregt hatte. Allein die Ratte zeigte keine Reaktion. Als die Tiere schließlich in ein anderes, angeblich spukfreies Zimmer gebracht wurden, verhielten sie sich wieder völlig normal.

Zu den Pionieren, die sich bei Feldforschungen wissenschaftlicher Methoden bedienten, gehörte auch Gertrude R. Schmeidler. Während ihrer Zeit als Professorin am City College in New York übernahm sie 1966 ihren berühmtesten Fall. Damals hatte eine Freundin von ihr behauptet, daß es in ihrem Haus spuke. Wie die Frau und ihre beiden heranwachsenden Kinder übereinstimmend berichteten, spürten sie die Gegenwart eines unsichtbaren Geistes, den sie als sanftmütigen, ängstlichen Mann charakterisierten.

Schmeidler ließ von einem Architekten genaue Pläne des Hauses anfertigen, die in mehr als 300 Quadrate aufgerastert waren. Dann wurden die Hausbewohner gebeten, alle Stellen mit einem X zu markieren, an denen sie die Gegenwart des Geistes am deutlichsten empfanden. Anschlie-

Das Photo aus dem Jahre 1961 zeigt die Ruinen von Rose Hall vor dem Himmel Jamaikas. Lange

Zeit glaubte man, daß es dort spuke. Heute erstrahlt das Herrenhaus wieder im alten Glanz.

ßend gab man neun Sensitiven unmarkierte Pläne, die nun ebenfalls im Haus umhergehen und selbst eintragen sollten, wo sich ihrer Meinung nach möglicherweise ein Geist befand. Ferner erhielten sie eine Liste mit Adjektiven, von denen einige mit der Beschreibung des Phantoms durch die Familie übereinstimmten, die meisten jedoch nicht.

Nachdem die Sensitiven durch das Haus gegangen waren, machten zwei der neun Angaben, die denen der Familie entsprachen. Interessanterweise spürten einige von ihnen das seltsame Wesen auch im Keller, den die Familie auf dem Raster nicht markiert hatte. Vier der Sensitiven kreuzten dieselben Adjektive – *sanftmütig* und *ängstlich* – an, mit denen die Familie den Geist beschrieben hatte.

Wie Schmeidler sagte, waren diese Ergebnisse statistisch signifikant. Dennoch schloß sie ihren Bericht mit der vorsichtigen Feststellung: „Die Frage, worauf die Familie und die Sensitiven reagierten, ist nach wie vor ungeklärt."

Im Jahre 1973 bediente sich Michaeleen Maher, eine ehemalige Studentin Gertrude Schmeidlers, einer ähnlichen Methode, um mit vier Sensitiven eine Wohnung in New York zu untersuchen, in der eine Freundin und ihre Mutter „eine buckelige Gestalt in einem schwarzen Gewand" gesehen hatten. Nach Mahers Angaben waren die Ergebnisse von zwei der Sensitiven statistisch signifikant. Darüber hinaus zeigte eine Infrarotaufnahme, die während der Untersuchungen in einem Flur gemacht worden war, in dem sich der Geist angeblich häufig aufhielt, einen nicht erklärbaren Schleier. Und in einer Vorratskammer, in der ein Sensitiver die Gegenwart des Geistes wahrzunehmen glaubte, begann ein Geigerzähler wie wild zu ticken.

Insgesamt waren die Ergebnisse so faszinierend, daß Maher ihre Geisterforschung auch noch fortsetzte, als sie ihre Arbeit als Redakteurin für das *New York Magazine* aufnahm. Ende der 80er Jahre machte sie Versuche mit einem Apparat eines Kollegen, der scherzhaft Dämonendetektor genannt wird. Es handelt sich dabei um eine Art Zufallsgenerator, ein computergesteuertes Gerät, das an Stellen, an denen angeblich paranormale Phänomene auftreten, anormales Licht und ungewöhnliche Laute aufspüren soll. Maher und ihre Mitarbeiter hoffen, daß der Dämonendetektor eines Tages vielleicht von Geistwesen

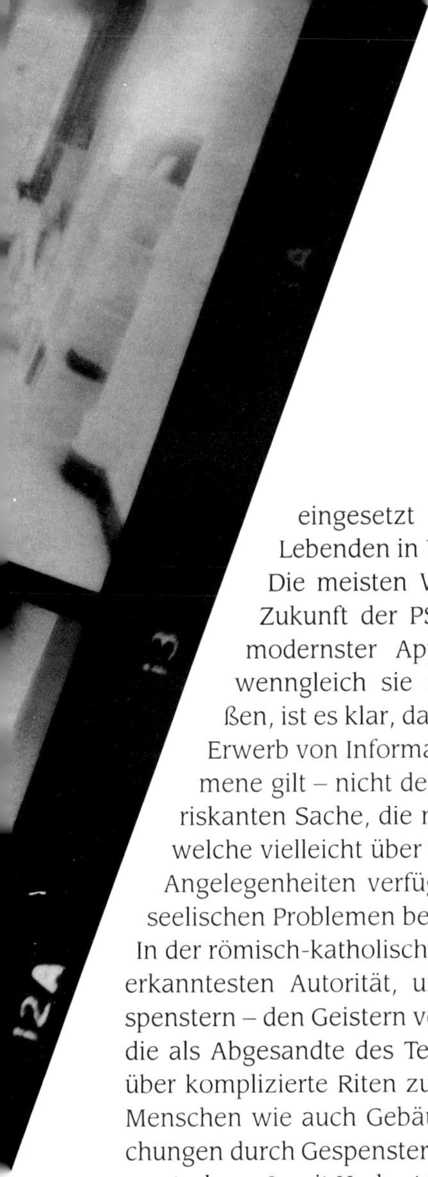

Diese Bilderfolge aus einem Infrarotfilm entstand 1974 bei der Untersuchung einer angeblichen Geistererscheinung in einem Haus in Greenwich Village. Nach Aussage der Forscher vor Ort zeigt die untere Aufnahme einen „parabolischen Diffusionseffekt" in einem Flur, in dem sich das Gespenst bemerkbar gemacht haben soll.

eingesetzt werden könnte, um mit den Lebenden in Verbindung zu treten.

Die meisten Wissenschaftler glauben, daß die Zukunft der PSI-Forschung in der Anwendung modernster Apparate wie diesem liegt. Doch wenngleich sie eine solche Entwicklung begrüßen, ist es klar, daß ihr Interesse in erster Linie dem Erwerb von Informationen über paranormale Phänomene gilt – nicht der Austreibung von Geistern, einer riskanten Sache, die man gewöhnlich Leuten überläßt, welche vielleicht über weniger Wissen in paranormalen Angelegenheiten verfügen, sich dafür aber intensiv mit seelischen Problemen befassen.

In der römisch-katholischen Kirche, der für Exorzismus anerkanntesten Autorität, unterscheidet man zwischen Gespenstern – den Geistern von Verstorbenen – und Dämonen, die als Abgesandte des Teufels gelten. Während die Kirche über komplizierte Riten zum Austreiben von Dämonen aus Menschen wie auch Gebäuden verfügt, hat sie für Heimsuchungen durch Gespenster kein offenes Ohr. Der inzwischen verstorbene Jesuit Herbert Thurston, Fachmann für Paranormales, bemerkte einmal: „Es scheint, als habe die katholische Kirche ... jenen Erscheinungen – oder Gespenstern –, die mitunter den Frieden in einem ganz gewöhnlichen Wohnhaus stören, nie große Beachtung geschenkt." Tatsächlich glaubte man lange, daß in der Kirche keine Exorzismusrituale zur Gespensteraustreibung existierten. Pater Thurston jedoch stieß auf einen Ritus, der zu passen schien, sofern die fraglichen Geister Böses im Schilde führten. Wie Thurston sagte, war er „zufällig auf ein Dokument im Anhang einer Ausgabe des *Rituale Romanum* gestoßen, die 1631 mit Genehmigung des Inquisitionsrates von der Königlichen Druckerei in Madrid veröffentlicht worden war". Die entscheidende Stelle in dem neuentdeckten Ritus lautete: „Tritt Du, oh Herr, gnädig in das Heim, das Dein ist; baue für Dich in den Herzen Deiner getreuen Diener eine bleibende Ruhestätte und gib, daß in diesem Haus niemals Gottlosigkeit oder böse Geister herrschen mögen."

Durch die Bekanntmachung seiner Entdeckung hoffte Thurston, daß diese Beschwörung vielleicht auch anderen helfen würde, die sich in Schwierigkeiten befanden. Jene Hoffnung blieb aber offenbar unerfüllt, da nirgendwo von der Anwendung des Rituals berichtet wird.

Ungeachtet der dogmatischen Zurückhaltung der katholischen Kirche sind Geistliche jedoch immer wieder gerufen worden, um Häuser von Gespenstern oder Poltergeistern zu befreien, wenngleich mit wechselndem Erfolg. In Ballechin House beispielsweise versuchte Pater Hayden vergeblich, den Geist mit Weihwasser und Gebeten zu vertreiben. Sogar ein Erzbischof wurde hinzugezogen, aber auch dessen Bemühungen schlugen fehl.

Andererseits gibt es auch dokumentierte Fälle von erfolgreichen Gespensteraustreibungen durch den Klerus. Einer der ersten Fälle trug sich 1323 zu. Damals beauftragte Papst Johannes XXII. den Prior von Alais in der Provence, Johannes Goby, in einem Spukfall nach dem Rechten zu sehen. Ein gewisser Guy de Torno war acht Tage zuvor in seinem Haus in Alais gestorben, und danach hatten die Hinterbliebenen mehrfach seine Stimme gehört. Mit mehr als 100 Laien und drei Benediktinermönchen im Gefolge erschien der Prior am ersten Weihnachtsfeiertag beim Haus de Tornos. Sein Vorgehen hätte jedem modernen Forscher zur Ehre gereicht, denn als erstes vergewisserte er sich, daß es sich nicht um Betrug oder ein abgekartetes Spiel handelte.

Mit dem Beginn ihrer Nachtwache zelebrierten Prior Johannes und seine Mönche die Totenmesse. Dann senkte sich angespanntes Schweigen auf sie herab. Bald wurde die Stille von einem seltsamen Geräusch unterbrochen, das klang, als würde jemand mit einem Besen kehren. Als man das Wesen fragte, ob er der Geist von Guy de Torno sei, erwiderte eine schwache Stimme: „Ja, der bin ich."

Während der anschließenden Unterhaltung behauptete die Stimme beharrlich, ein „guter Geist" zu sein, auch wenn er zu der Gespensterexistenz aufgrund ehelicher Sünden verdammt war, die de Torno zu Lebzeiten begangen hatte. Danach verschwand der angebliche Geist mit einem Windhauch. Im Ort hieß es, daß er als Taube zurückkehrte, doch Prior Johannes und sein Papst waren offenbar davon überzeugt, daß das Gespenst gebannt worden war.

Aber leider ist eine solche Gewißheit nur in seltenen Fällen gegeben und eher ein Produkt von persönlicher Erfahrung und Glauben als Experiment und Beweis. Denn ungeachtet aller Anstrengungen von Geisterjägern scheint eine Antwort auf die uralte Frage, ob der menschliche Geist in irgendeiner Form den Tod überdauern und die Lebenden heimsuchen kann, so fern wie eh und je.

DANKSAGUNG

Die Herausgeber möchten den folgenden Personen und Institutionen für ihre wertvolle Unterstützung bei der Vorbereitung des Bandes danken: Professor German de Argumosa, Madrid; Professor Hans Bender, Institut für Grenzgebiete der Psychologie und Psychohygiene, Freiburg; Massimo Biondi, Rom; Manfred Böckl, Lappersdorf; Cecelia Tobois Bonhomme, Fairfax, Virginia, USA; Dr. Adolf J. Eichenseer, Regensburg; Alexander Ernst, Institut für Grenzgebiete der Psychologie und Psychohygiene, Freiburg; Hilary Evans, London; Dr. Sigfrid Färber, Barbing-Eltheim; Leif Geiges, Staufen; Dr. Elmar Gruber, Bretten; Ho Wen-Hui, Chinese University of Hongkong, Hongkong; Peter Kempf, Fürstlich Hohenzollernsche Hofkammer, Sigmaringen; Nick Clark Lowes, London; Eleanor O'Keeffe, London; Miguel Rodriguez, Jaen, Spanien; Padre Umberto Sci-pioni, Rom; Dr. Rolf Streichardt, Institut für Grenzgebiete der Psychologie und Psychohygiene, Freiburg; Giorgio Harold Stuart, Montepulciano, Italien; Alan Wesencraft, Harry Price Library, University of London, London.

BIBLIOGRAPHIE

Alexander, John: *Ghosts: Washington's Most Famous Ghost Stories.* Washingtonian Books, Washington (D.C.) 1975

Alexander, Marc: *Haunted Castles.* Frederick Muller, London 1974

Alvarado, Carlos S.:
„Paranormal Faces: The Bélmez Case." *Theta*, Sommer 1983
„Poltergeist Research and Conceptualizations in the United States." *Theta*, Frühjahr 1983

Angoff, Allan: *Eileen Garrett and the World beyond the Senses.* William Morrow, New York 1974

Baird, A.T. (Hrsg.): *One Hundred Cases for Survival after Death.* Bernard Ackerman, New York 1944

Baker, Margaret: *Folklore of the Sea.* David & Charles, North Pomfret (Vermont) 1979

Bardens, Dennis: *Ghost and Hauntings.* Taplinger, New York 1968

Bassett, Wilbur: *Wander-Ships: Folk-Stories of the Sea.* Open Court, Chicago 1917

Bayless, Raymond:
„An Electronic 'Poltergeist'?" *Theta*, Sommer 1980
The Enigma of the Poltergeist. Parker, West Nyack (New York) 1967

Beale, Marie: *Decatur House and Its Inhabitants.* National Trust for Historic Preservation, Washington (D.C.) 1954

Betty, L. Stafford: „Kern City Poltergeist: A Case Severely Strainung the Living Agent Hypothesis." *Journal of the Society for Psychical Research*, Oktober 1984

Brown, Raymond Lamont:
fA Casebook of Military Mystery. Patrick Stephens, Cambridge (England) 1974
Phantoms of the Sea: Legends, Customs and Superstitions. Taplinger, New York 1972

Bunch, Kyle J., und White, Michael K.: „The Riddle of the Colorado Ghost Lights." *Skeptical Inquirer*, Frühjahr 1988

Cameron, Teresa, und Roll, William G.: „An Investigation of Apparitional Experiences." *Theta*, Winter 1983

Carrington, Hereward: *True Ghost Stories.* J.S. Ogilvie, New York 1915

Carrington, Hereward, und Fodor, Nandor: *Haunted People.* E.P. Dutton, New York 1951

Cochran, Tracy: „The Real Ghostbusters." *Omni*, August 1988

Compton, Piers: *The Story of Bisham Abbey.* Thames Valley Press, London 1973

Cornell, A.D.: "Further Experiments in Apparitional Observation." *Journal of the Society for Psychical Research*, Dezember 1960

Cornell, A. D., und Gauld, Alan: „A 'Ghost' on Television." *Journal of the Society for Psychical Research*, Bd. 45, Heft 739

De Leau, Esther: „An Unusual and Recurrent Experience." *Journal of the American Society for Psychical Research*, Oktober 1951

Dingwall, E.J., Goldney, K.M., und Hall, T.H.: „Mr. Hastings and the Borley Report." *Journal of the Society for Psychical Research*, Juni 1969

Dingwall, Eric J., und Hall, Trevor H.: *Four Modern Ghosts.* Gerald Duckworth, London 1958

Ebon, Martin (Hrsg.): *True Experiences with Ghosts.* New American Library, New York 1968

Eddington, Alexander: *Castles and Historic Homes of the Border.* Oliver and Boyd, Edinburgh 1949

Edinburgh Psychic College: „Penkaet Castle." *Journal of the American Society for Psychical Research*, Oktober 1947

Evans, Joan: „An End to *An Adventure.*" *Encounter*, Oktober 1976

Farson, Daniel: *The Hamlyn Book of Ghosts in Fact and Fiction.* Hamlyn, London 1978

Finucane, R.C.: *Appearances of the Dead: A Cultural History of Ghosts.* Prometheus Books, Buffalo (New York) 1984

„Fish and Men in the Maine Islands." *Harper's New Monthly Magazine*, September 1880

Flammarion, Camille: *Haunted Houses.* Tower Books, Detroit 1971 (Neuaufl. der Ausgabe von 1924)

Fodor, Nandor: *The Haunted Mind: A Psychoanalyst Looks at the Supernatural.* Helix Press, New York 1960

Forbes, William: *Hermitage Castle: Its Ruins and Historical and Traditional Associations.* W. & J. Kennedy, Hawick (England) 1839

Forman, Joan:
„A Stroll into the Past." *The Unexplained* (London), Bd. 4, Heft 45
„When Time Slips." *The Unexplained* (London), Bd. 3, Heft 33

Fraser, Antonia: *Maria, Königin der Schotten.* Claassen, Hamburg 1977

Friedrich, Otto: *Clover.* Simon and Schuster, New York 1979

Garrett, Eileen: *Many Voices: The Autobiography of a Medium.* G. P. Putnam's Sons, New York 1968

Gauld, Alan: „The Hauntings of Abbey House, Cambridge." *Journal of the Society for Psychical Research*, September 1972

Gauld, Alan, und Cornell, A.D.: *Poltergeists.* Routledge & Kegan Paul, London 1979

Gold, Peter: „Tibetan Ghost Exorcism Ceremony: Images and Captions" (Lichtbildervortrag). Peter Gold, © 1988

Goode, James M.: *The Outdoor Sculpture of Washington, D.C.* Smithsonian Institution Press, Washington (D.C.) 1974

Gruber, Elmar R.: „Four German Poltergeists." *Theta*, Winter 1980

Gurney, Gene: *Beautiful Washington, D.C.: A Picture Story of the Nation's Capital.* Crown, New York 1969

Haining, Peter: *Ghosts.* Book Club Associates, London 1974

Hall, Trevor H.:
New Light on Old Ghosts. Duckworth, London 1965
The Strange Story of Ada Goodrich Freer. Duckworth, London 1968

Hart, Hornell: „Six Theories about Apparitions." *Proceedings of the Society for Psychical Research*, Mai 1956

Hastings, Arthur C.: „The Oakland Poltergeist." *Journal of the American Society for Psychical Research*, Juli 1978

Hastings, Robert J.: „An Examination of the Dieppe Raid Case." *Journal of the Society for Psychical Research*, Juni 1969

Haynes, Renée: *The Society for Psychical Research 1882-1982: A History.* MacDonald, London 1982

Hibbert, Samuel: *Sketches of the Philosophy of Apparitions.* Arno Press, New York 1975

Hole, Christina: *Haunted England: A Survey of English Ghost-Lore.* Scribner's, New York 1941

Holms, A. Campbell: *The Facts of Psychic Science and Philosophy: Collated and Discussed.* University Books, New Hyde Park (N.Y.) 1969

Holzer, Hans:
Ghosts I've Met. Bobbs-Merrill, Indianapolis 1965
The Ghosts That Walk in Washington. Doubleday, Garden City (New York) 1971
The Great British Ghost Hunt. Bobbs-Merrill, Indianapolis 1975
Hans Holzer's Haunted Houses. Crown, New York 1971

Hope, Lord Charles, und Heywood, Mrs. Frank: „Report of a Visit to Brook House, Frimley." *Journal of the Society for Psychical Research*, Mai-Juni 1949

Hopkins, R. Thurston: *Ghosts over England.* Meridian Books, London 1952 (Neuaufl. der Ausgabe von 1915)

Huby, Pamela M.: „New Evidence about 'Rose Morton'." *Journal of the Society for Psychical Research*, Dezember 1970

Huggett, Richard: *Supernatural on Stage: Ghosts and Superstitions of the Theatre.* Taplinger, New York 1975

Huisman, Philippe, und Jallut, Marguerite: *Marie Antoinette.* Patrick Stephens mit Edita Lausanne, London 1970

Hyams, Joe: „Haunted". *The Saturday Evening Post*, 2. Juli 1966

Ingram, John H.: *The Haunted Homes and Family Traditions of Great Britain.* Gibbings, London 1901

Iremonger, L.: *The Ghosts of Versailles: A Critical Study.* Faber, London 1957

Kemp, Gérald Van der: *Versailles.* Klett-Cotta, Stuttgart 1979

Kurtz, Paul: „A Case Study of the West Pittston 'Haunted' House." *Skeptical Inquirer*, Winter 1986-1987

Kurtz, Paul (Hrsg.): *A Skeptic's Handbook of Parapsychology.* Prometheus Books, Buffalo (New York) 1985

Lamb, C., Gauld, Alan, und Cornell, A.D.: „An East Midlands Poltergeist." Teil 1 und 2. *Journal of the Society for Psychical Research*, März 1973

Lambert, G. W.:

„Antoine Richard's Garden: A Postscript to 'An Adventure'." Teil 1 und 2. *Journal of the Society for Psychical Research*, Juli–Oktober 1953

„Antoine Richard's Garden: A Postscript to 'An Adventure'." Teil 3. *Journal of the Society for Psychical Research*, März 1954

„Antoine Richard's Garden: A Postscript to 'An Adventure': A Supplementary Note." *Journal of the Society for Psychical Research*, März 1955

„Antoine Richard's Garden: Some Further Notes." *Journal of the Society for Psychical Research*, Bd. 38, Heft 699

„Beavor Lodge: An Old Ghost Story Retold." *Journal of the Society for Psychical Research*, Juni 1964

„The Geography of London Ghosts." *Journal of the Society for Psychical Research*, Dezember 1960

„Phantom Scenery." *Journal of the Society for Psychi-cal Research*, Bd. 42, Heft 721

Lambert, G.W., und Gay, Kathleen: „The Dieppe Raid Case: A Collective Auditory Hallucination." *Journal of the Society for Psychical Research*, Mai-Juni 1952

Lawden, D.F.: „On a Poltergeist Case." *Journal of the Society for Psychical Research*, Juni 1979

Leish, Kenneth W., und die Redakteure der Newsweek Book Division: *The White House.* Newsweek, New York 1972

Lindsay, Maurice: *The Castles of Scotland.* Constable, London 1986

Lisser, Herbert G. de: *The White Witch of Rosehall.* Macmillan Caribbean, Kingston (Jamaika) 1982 (Neuaufl. der Ausgabe von 1929)

McArthur, Margaret: *Scottish Ghosts.* James Pike, London 1975

McClenon, James: „A Summary of an Investigation of a Haunting in Baltimore." *Theta*, Herbst 1981

McEwan, P.J.M.: „The Ardachie Case." *Journal of the Society for Psychical Research*, Dezember 1955

McHarg, James F.: „A Vision of the Aftermath of the Battle of Nechtanesmere AD 685." *Journal of the Society for Psychical Research*, Dezember 1978

MacKenzie, Andrew:

Apparitions and Ghosts: A Modern Study. Arthur Barker, London 1971

„A Case of Haunting in Kent." *Journal of the Society for Psychical Research*, September 1967

A Gallery of Ghosts: An Anthology of Reported Experience. Taplinger, New York 1972

Hauntings and Apparitions. Granada, London 1983

The Seen und the Unseen. Weidenfeld & Nicolson, London 1987

The Unexplained: Some Strange Cases in Psychical Research. Arthur Barker, London 1966

Macnaghten, Angus: *Haunted Berkshire.* Countryside Books, Newbury (Berkshire, England) 1986

Maddocks, Melvin, und die Redakteure von Time-Life Books: *Die großen Passagierschiffe* (Aus der Reihe Die Seefahrer). Time-Life Books, Amsterdam 1979

Marsden, Simon: *The Haunted Realm: Ghosts, Spirits and Their Uncanny Abodes.* E.P. Dutton, New York 1986

„Medium Lays a Tudor Ghost." *News Chronicle* (London), 30. Oktober 1936

Miller, F.C.: „Mr. Miller's Statement." Brief an Maude Ffoulkes vom 19. Juli 1936. Society for Psychical Research, London (unveröffentlicht)

Moberley, C.A.E., und Jourdain, E.F.: *An Adventure.* Hrsg. von Joan Evans. Faber and Faber, London 1911

Morton, James: *The Poetical Remains of the Late Dr. John Leyden with Memoirs of His Life.* Longman, Hurst, Rees, Orme and Brown, London 1819

Myers, Arthur: *The Ghostly Register.* Contemporary Books, Chicago 1986

Nisbet, Brian C.:

„On Some Enquiries Answered on Behalf of the SPR during 1978." *Journal of the Society for Psychical Research*, Juni 1979

„A West Croydon 'Poltergeist'." *Journal of the Society for Psychical Research*, Dezember 1979

Osis, Karlis, und McCormick, Donna: „A Poltergeist Case without an Identifiable Living Agent." *Journal of the American Society for Psychical Research*, Januar 1982

Owen, A. R. G.: *Can We Explain the Poltergeist?* Gar-rett, New York 1964

Owen, Iris M. und Mitchell, Paulene: „The Alleged Haunting of Borley Rectory." *Journal of the Society for Psychical Research*, September 1979

Parks, Lillian Rogers, und Spatz Leighton, Frances: *My Thirty Years Backstairs at the White House.* Fleet, New York 1961

Parrott, Ian: *The Music of 'An Adventure.'* Regency Press, London 1966

Parsons, Coleman O.: *Witchcraft and Demonology in Scott's Fiction.* Oliver & Boyd, Edinburgh 1964

Parsons, Denys: „A Non-Existent Building Located." *Journal of the Society for Psychical Research*, Bd. 41, Heft 712

Permutt, Cyril: *Beyond the Spectrum: A Survey of Supernormal Photography.* Patrick Stephens, Cambridge (England) 1983

Persinger, Michael A., und Cameron, Robert A.: „Are Earth Faults at Fault in Some Poltergeist-Like Episodes?" *Journal of the American Society for Psychical Research*, Januar 1986

„Poltergeists Are Not to Blame, He Says." *Belfast Telegraph* (Nordirland), 10. Juni 1955

Price, H.H.: „Haunting and the 'Psychic Ether' Hypothesis." *Proceedings of the Society for Psychical Research*, Teil 160, 1939

Price, Harry: *Poltergeist over England: Three Centuries of Mischievous Ghosts.* Country Life, London 1945

Randi, James: „The Columbus Poltergeist Case: Part 1." *Skeptical Inquirer*, Frühjahr 1985

Rogo, D. Scott:

An Experience of Phantoms. Taplinger, New York 1974

The Haunted House Handbook. Grosset & Dunlap, New York 1978

„The Poltergeist and Family Dynamics: A Report on a Recent Investigation." *Journal of the Society for Psychical Research*, Februar 1982

The Poltergeist Experience. Penguin Books, Harmondsworth (Middlesex, England) 1979

„A Poltergeist in Los Angeles." *Theta*, Herbst 1980

Roll, William G.:

Der Poltergeist. Aurum Verlag, Freiburg 1976

„Queen Mary Investigation: Preliminary Report." West Georgia College and Psychical Research Foundation, Carrollton (Georgia), ohne Jahresangabe

Roll, William G. (Hrsg.): *Research in Parapsychology 1978.* Scarecrow Press, Metuchen (New Jersey) 1979

Roll, William G., Beloff, John, und White, Reah A. (Hrsg.): *Research in Parapsychology 1982.* Scarecrow Press, Metuchen (New Jersey) 1983

Rose Hall. Rose Hall Ltd., St. James Parish (Jamaika) 1973

Roy, Archie: „Living in the Past." *The Unexplained* (London), Bd. 8, Heft 86

Russell, Eric: *Ghosts.* B.T. Batsford, London 1970

Sabine, W.H.W.: „Is There a Case for Retrocognition?" *Journal of the American Society for Psychical Research*, April 1950

Salter, W.H.: *Ghosts and Apparitions.* G.Bell, London 1938

Scott, Sir Walter: *Die Braut von Lammermoor.* Goverts, Frankfurt 1975

Sergeant, Philip W.: *Historic British Ghosts.* Hutchinson, London 1936

Shaeffer, Robert: „The Haunting of the Ivan Vassilli." *Skeptical Inquirer*, Winter 1983-1984

Shay, Frank: *A Sailor's Treasury.* W.W. Norton, New York 1951

Shepard, Leslie A. (Hrsg.): *Encyclopedia of Occultism and Parapsychology.* Bd. 2. Gale Research, Detroit (Michigan) 1984

Shore, Joseph, und Stewart, John: *In Old St. James: A Book of Parish Chronicles.* Aston W. Gardner, Kingston (Jamaika) 1911

Sitwell, Sacheverell: *Poltergeists.* University Books, New York 1959

Smith, Susy:

Ghosts Around the House. World, New York 1970

Haunted Houses for the Millions. Dell, New York 1967

Prominent American Ghosts. World, Cleveland (Ohio) 1967

Smyth, Frank: „The Bell Witch Strikes." *The Unexplained*, Bd. 9, Heft 103

Stevenson, Ian: „Are Poltergeists Living or Are They Dead?" *Journal of the American Society for Psychical Research*, Juli 1972

Stirling, A.M.W.: *Ghosts Vivisected.* Citadel, New York 1958

„The Story of the Winchester House." Informationsbroschüre des Winchester Mystery House Gardens and Museum, San Jose (Kalifornien) 1985

Sturge-Whiting, J.R.: *The Mystery of Versailles: A Complete Solution.* Rider, London 1937

Tabori, Paul: *Harry Price: The Biography of a Ghost-Hunter.* Athenaeum Press, London 1950
Thurston, Herbert: *Poltergeister.* Hrsg. von J.H. Crehan. Räber, Luzern 1955
Tringale, Steven V.: „Two RSPK Cases in New England." *Theta*, Herbst 1980
Turner, K.H.: „A South Yorkshire Haunt." *Journal of the Society for Psychical Research,* September 1970
Tyrrell, G.N.M.:
Apparitions. Duckworth, London 1953
„Case: Haunted House." *Journal of the Society for Psychical Research*, November-Dezember 1943
Underwood, Peter:
A Gazetteer of British, Scottish and Irish Ghosts. Bell, New York 1973
The Ghost Hunters. Robert Hale, London 1985
Villiers, Alan: *Men, Ships and the Sea.* National Geographic Society, Washington (D.C.) 1973
Wainwright, F.T.: „Nechtanesmere." *Antiquity*, Juni 1948
West, D.J.:
„The 'Haunted' Dance Hall." *Journal of the Society for Psychical Research*, Oktober–November 1948
„Recent Cases of Haunting." Journal of the Society for Psychical Research, Dezember 1947
White, Rhea A.: *Surveys in Parapsychology: Reviews of the Literature, with Updated Bibliographies.* Scarecrow Press, Metuchen (New Jersey) 1976
Wilson, Colin: *Poltergeist! A Study in Destructive Haunting.* Hodder and Stoughton, London 1981
Woelfl, Genevieve: *Psychic Experience: An Introduction to Spiritualism.* Redwood, Menlo Park (Kalifornien), ohne Jahresangabe
Zorah, George, und MacKenzie, Andrew: „A Modern Haunting." *Journal of the Society for Psychical Research*, März 1980

QUELLENNACHWEIS DER ABBILDUNGEN

Abbildungen von links nach rechts sind durch Semikolon, solche von oben nach unten durch Gedankenstrich getrennt.

Einband: Illustration Bryan Leister, Reproduktion Larry Sherer. 7: *Country Life*, London, Ausschnitt der Seiten 12, 13. 8, 9: Crown Copyright: Royal Commission on Ancient Monuments, Schottland. 10, 11: Simon Marsden, London. 12, 13: *Country Life*, London. 14, 15: Alex Eberl, Regensburg. 16, 17: Simon Marsden, London. 19: Illustration Rebecca Butcher, Reproduktion Larry Sherer. 20, 21: Allan Grant, Los Angeles. 22, 23: Illustration Alfred T. Kamajian, Reproduktion Larry Sherer. 26: Syndication International Ltd., London - Mary Evans Picture Library/Society for Psychical Research, London. 27: National Maritime Museum, Greenwich, England. 28: North Tyneside Libraries, North Shields, Tyne and Wear, England. 31: Mit frdl. Genehmigung Kuratorium des Victoria and Albert Museum (Theatre Museum), London – mit frdl. Genehmigung Hampden-Booth Theatre Library at The Players, New York. 32, 33: Metz, Tübingen. 35: McEwan Gallery; Colin Godman, Bristol, England. 39: Northfield School, Watford, England; Mary Evans Picture Library/Society for Psychical Research, London. 40, 41: Hintergrund Eugene Atget, mit frdl. Genehmigung Gilman Paper Company Collection, © ARS/SPADEM, 1989; kleines Bild Bodleian Library, Oxford (mit frdl. Genehmigung T.M. Schuller, Oxford). 42, 43: Hintergrund, Dmitri Kessel, Paris, kleine Illustration von Wendy Popp; kleines Bild Bodleian Library, Oxford (mit frdl. Genehmigung T.M. Schuller, Oxford). 44, 45: Hintergrund, Roger-Viollet, Paris, kleine Illustration Wendy Popp; kleines Bild Bodleian Library, Oxford (mit frdl. Genehmigung T.M. Schuller, Oxford). 46, 47: kleines Bild Bodleian Library, Oxford (mit frdl. Genehmigung T.M. Schuller, Oxford); Hintergrund Roger-Viollet, Paris, kleine Illustration Wendy Popp. 48, 49: Kleines Bild Bodleian Library, Oxford (mit frdl. Genehmigung T.M. Schuller, Oxford); Hintergrund Eugene Atget/Archives Photographiques, Paris, © ARS/SPADEM, 1989, kleine Illustration Wendy Popp. 50, 51: Adolf Ulrik Wertmüller, „Marie Antoinette", aus dem Nationalmuseum, Stockholm; Pascal Lemaître, Paris, Collection Archives Départementales des Yvelines. 53: Illustration Rebecca Butcher, Reproduktion Larry Sherer. 54: Mary Evans Picture Library, London. 57: Mit frdl. Genehmigung British Library, London. 58: Massachusetts Historical Society, Boston. 59: Mansell Collection, London; Mary Evans Picture Library, London. 60: Mary Evans Picture Library, London. 61: Mary Evans Picture Library, London – National Portrait Gallery, London. 62: Hulton Picture Library, London. 63: Guildhall Library/Bridgeman Art Library, London. 65: Harry Price Collection, University of London. 66: Harry Price Collection, University of London – Mary Evans Picture Library, London/Harry Price Collection, University of London. 67: Aus *Hauntings* von Peter Underwood, J.M. Dent & Sons Ltd., London, 1977 – Harry Price Collection, University of London. 68, 69: Harry Price Collection, University of London. 71: Society for Psychical Research, London. 72, 73: William George Roll, West Georgia College, Carrollton. 75: Mit frdl. Genehmigung Queen Mary Historical Archives, Long Beach, Kalifornien, Ausschnitt der Seiten 82, 83. 76, 77: Mary Evans Picture Library, London. 78, 79: Aus einem Album im George Eastman House, Rochester, New York, Smithsonian Institution Neg. Nr. 47629. 80, 81: *Harpers New Monthly Magazine*, September 1880, mit frdl. Genehmigung Library of Congress. 82, 83: Mit frdl. Genehmigung Queen Mary Historical Archives, Long Beach, Kalifornien. 85: Illustration Rebecca Butcher, Reproduktion Larry Sherer. 87: Illustration Lisa F. Semerad. 88: Andrew Mac-Kenzie, London. 90, 91: Aus *Monks, Nuns and Monasteries*, von Sacheverall Sitwell, George Weidenfeld & Nicholson Ltd. Publishers, London 1965. 94: The Bettmann Archive, New York. 95: Aus *An Authenticated History of the Famous Bell Witch* von M.V. Ingram, Rare Book Reprints, Nashville, Tennessee, 1961. 96, 97: Elmar Gruber, Bretten; Miguel Rodriguez, Belmez, Spanien (3) – Institut für Grenzgebiete der Psychologie und Psychohygiene, Freiburg. 98: Harry Price Library, University of London. 99: Illustration Lisa F. Semerad. 100, 101: Raeanne Rubenstein/*PEOPLE Weekly*, © 1978 The Time Inc. Magazine Group, alle Rechte vorbehalten, kleines Bild Tony Korody/Sygma. 102: Illustration Lisa F. Semerad. 105: Llewellyn/Uniphoto, kleine Karte von Tina Taylor. 106, 107: Photomontage, Library of Congress; Rhoda Baer. 108, 109: Copyright bei der White House Historical Association, Photo The National Geographic Society; Photomontage, Derry Moore, London, Porträt Library of Congress. 110, 111: Photomontage, Ping Amranand, Porträt mit frdl. Genehmigung Independence National Historical Park Collection, Philadelphia; Rhoda Baer aus *Ghosts: Washington's Most Famous Ghost Stories* von John Alexander, Washingtonian Books, Washington, D.C., 1976. 112, 113: Nina Leen/*LIFE Magazine* © Time Inc.; Photomontage, Ping Amranand, Porträt mit frdl. Genehmigung Massachusetts Historical Society, Boston. 115: Illustration Rebecca Butcher, Reproduktion Larry Sherer. 116-19: Society for Psychical Research, London. 120, 121: Mit frdl. Genehmigung Winchester Mystery House, San Jose, Kalifornien. 122: Mary Evans Picture Library/Society for Psychical Research, London. 124: Society for Psychical Research, London. 125: E. Honeyman, Ballechin, Schottland. 126, 127: Peter Gold, Santa Fe. 129: Mary Evans Picture Library/Society for Psychical Research, London. 131: De Antonis, Rom, mit frdl. Genehmigung Santa Maria del Popolo, Rom. 134, 135: Mit frdl. Genehmigung Rollins Jamaica Ltd., Rose Hall, Jamaika. 136, 137: Marilyn Krauss, mit frdl. Genehmigung Michaeleen Maher, New York.

REGISTER

Kursiv gedruckte Seitenzahlen verweisen auf eine Abbildung zu dem betreffenden Stichwort.

TIME-LIFE BÜCHER

LEITUNG DER EUROPÄISCHEN REDAKTION:
Ellen Phillips
Direktor des Designs: Ed Skyner
Leitung der Administration: Samantha Hill
Chef-Assistentin: Ilse Gray

GEHEIMNISSE DES UNBEKANNTEN

DIREKTOR DER REIHE: Russell B. Adams, Jr.
Administration der Reihe: Myrna Traylor-Herndon
Designer: Susan K. White

Redaktionsstab für *Geisterphänomene:*
Redaktion: Scarlet Cheng (Bild); Janet Cave, Laura Foreman, Jim Hicks (Text)
Design: Susan M. Gibas
Dokumentation: Christian D. Kinney, Philip Murphy, Sharon Obermiller

Weitere Mitarbeiter: Christine Hinze (Bild); Mary Ford Dreesen, Sheila Greene, David Mitchell, Evelyn Prettyman, Jacqueline Shaffer, Pamela L. Whitney (Dokumentation); Janelle Biddinger, Sarah Brash, Leslie Carper, Champ Clark, Lydia Preston Hicks, Robert Kiener, John I. Merritt, Dirk Olin, Jake Page, Charles Phillips, Charles C. Smith, Daniel Stashower (Text); John Drummond (Design); Hazel Blumberg-McKee (Register)

Korrespondentinnen: Elisabeth Kraemer-Singh (Bonn); Vanessa Kramer (London); Maria Vincenza Aloisi (Paris); Ann Natanson (Rom)

Hilfreiche Unterstützung leisteten ebenfalls: Angelika Lemmer (Bonn); Judy Aspinall (London); Pilar Gore (Madrid); Elizabeth Brown, Christina Lieberman (New York); Ann Wise (Rom)

LEITUNG DER DEUTSCHEN REDAKTION:
Marianne Tölle
Textredaktion: Alžbeta Lettowsky

Aus dem Englischen übertragen von Angelika Feilhauer, Anne Höfler

Berater:
Marcello Truzzi, Professor für Soziologie an der Eastern Michigan University, ist auch der Leiter des Center for Scientific Anomalies Research (CSAR) und Herausgeber von dessen Zeitschrift *Zetetic Scholar.* Dr. Truzzi, der sich bezüglich des Paranormalen als „konstruktiver Skeptiker" bezeichnet, bemüht sich über das CSAR um Dialoge zwischen Kritikern und Verfechtern ungewöhnlicher wissenschaftlicher Thesen.

Dieser Band gehört zu einer Reihe, die sich mit rätselhaften Phänomenen befaßt, für die die Wissenschaft bis heute keine schlüssigen Erklärungen gefunden hat.

Lizenzausgabe für den ECO Verlag GmbH, Köln
Eltville/Rhein, 1999

ISBN 3 933468 85 X

Farbreproduktionen: Liberty Engraving Co., Chicago, USA
Satz: Utesch Satztechnik GmbH, Hamburg
Druck und Einband: Artes Gráficas Toledo, S.A.
D.L.TO: 348-1999